Novalis Schriften.

Kritische Neuausgabe
auf Grund des handschriftlichen
Nachlasses

von

Ernst Heilborn.

Zweyter Theil.
Erste Hälfte.

1901.
Druck und Verlag von Georg Reimer
Berlin.

Inhalt.

	Seite
Blüthenstaub [veröffentlicht 1798]	1
Glauben und Liebe, oder der König und die Königin [veröffentlicht 1798]	35
Philosophische (logologische) Fragmente [1797 (?)]	53
Logologische Fragmente [1797 (?)]	64
Fragmente [1797 (?)]	65
Fragmente [1797 (?)]	68
Fragmente [1798 (?)]	82
Fragmente oder Denkaufgaben [1798 (?)]	95
Fragmente [1798 (?)]	103
Fragmente	111
Fragmente [1798 (?)]	115
Fragmente [1799 (?)]	128
Fragmente [1799 (?)]	137
Fragmente [1799 (?)]	159
Fragmente [1799]	178
Mathematische Fragmente	222
Mathematische Fragmente	224
Fragmente (meist naturwissenschaftlichen Inhalts) . . .	228
Physicalische Bemerckungen	262
Fragmente [1799 (?)]	272
Fragmente [1799 (?)]	295
Fragmente [1799—1800 (?)]	325
Fragmente [1799]	342
Fragmente [1799 (?)]	346
Fragmente [1800]	355

Fragmente [1800] 365
Fragmente [1800 (?)] 378
Fragmente [1800] 385
Die „Christenheit" oder „Europa" [1799] 399
Materialien zur Encyclopädie [1798—1799] . . . 421
Aus philosophischen Studienheften 587
I 587
II 593
III (Wesen und Eigenschaft) 599
IV (Stoff und Form) 606
V (Ueber das Ich) 620
VI 622
VII Merckwürdige Stellen und Bemerckungen bey der Lektüre
    der Wissenschaftslehre 634
VIII (Hemsterhuis Studien) 636
Nachlese 649
Anmerkungen 663
Angaben über die in den Text nicht aufgenommenen Manu-
    skripte 682
Salinenschriften 695
Namenregister 699

Novalis Schriften.

Zweyter Theil.
Erste Hälfte.

Blüthenstaub.

Freunde, der Boden ist arm, wir müssen reichlichen Samen Ausstreun, daß uns doch nur mäßige Erndten gedeihn.

Wir suchen überall das Unbedingte, und finden immer nur Dinge. [1]

Die Bezeichnung durch Töne und Striche ist eine bewundernswürdige Abstraction. Vier Buchstaben bezeichnen mir Gott; einige Striche eine Million Dinge. Wie leicht wird hier die Handhabung des Universi, wie anschaulich die Concentricität der Geisterwelt! Die Sprachlehre ist die Dynamik des Geisterreichs. Ein Commandowort bewegt Armeen; das Wort Freyheit Nationen. [2]

Der Weltstaat ist der Körper, den die schöne Welt, die gesellige Welt, beseelt. Er ist ihr nothwendiges Organ. [3]

Lehrjahre sind für den poetischen, academische Jahre für den philosophischen Jünger.

Academie sollte ein durchaus philosophisches Institut seyn: nur Eine Facultät; die ganze Einrichtung zur Erregung und zweckmäßigen Uebung der Denkkraft organisirt. [4]

Lehrjahre im vorzüglichen Sinn sind die Lehrjahre der Kunst zu leben. Durch planmäßig geordnete Versuche lernt man ihre Grundsätze kennen und erhält die Fertigkeit, nach ihnen beliebig zu verfahren. [5]

Der Geist führt einen ewigen Selbstbeweis. (Ath. I,2 p. 78.)

Ganz begreifen werden wir uns nie, aber wir werden und können uns weit mehr als begreifen. [6]

Gewisse Hemmungen gleichen den Griffen eines Flötenspielers, der, um verschiedene Töne hervorzubringen, bald diese bald jene Oeffnung zuhält und willkührliche Verkettungen stummer und tönender Oeffnungen zu machen scheint. [7]

Der Unterschied zwischen Wahn und Wahrheit liegt in der Differenz ihrer Lebensfunctionen.
Der Wahn lebt von der Wahrheit; die Wahrheit lebt ihr Leben in sich. Man vernichtet den Wahn, wie man Kranckheiten vernichtet, und der Wahn ist also nichts, als logische Entzündung oder Verlöschung, Schwärmerey oder Philisterey. Jene hinterläßt gewöhnlich einen scheinbaren Mangel an Denkkraft, der durch nichts zu heben ist, als (durch) eine abnehmende Reihe von Incitamenten (Zwangsmitteln). Diese geht oft in eine trügliche Lebhaftigkeit über, deren gefährliche Revolutionssymptome nur durch eine zunehmende Reihe gewaltsamer Mittel vertrieben werden können. Beyde Dispositionen können nur durch chronische, streng befolgte Kuren verändert werden. [8]

Unser sämmtliches Wahrnehmungsvermögen gleicht dem Auge. Die Objekte müssen durch entgegengesezte Media durch, um richtig auf der Pupille zu erscheinen. [9]

Die Erfahrung ist die Probe des Rationalen, und so umgekehrt.
Die Unzulänglichkeit der bloßen Theorie in der Anwendung, über die der Practiker oft commentirt, findet sich gegenseitig in der rationellen Anwendung der bloßen Er-

fahrung und wird von dem ächten Philosophen, jedoch mit
Selbstbescheidung der Nothwendigkeit dieses Erfolgs, ver=
nehmlich genug bemerckt. Der Practiker verwirft deshalb
die bloße Theorie ganz, ohne zu ahnden, wie problematisch
die Beantwortung der Frage seyn dürfte: „Ob die Theorie
für die Anwendung, oder die Anwendung um der Theorie
willen sey?" [10]

Der Tod ist eine Selbstbesiegung — die, wie alle Selbst=
überwindung, eine neue, leichtere Existenz verschafft. (Ath. I, 2,
p. 79.)

Brauchen wir zum Gewöhnlichen und Gemeinen vielleicht
deswegen so viel Kraft und Anstrengung, weil für den
eigentlichen Menschen nichts ungewöhnlicher, nichts un=
gemeiner ist, als armselige Gewöhnlichkeit? (Ath. I, 2, p. 79.)

Das Höchste ist das Verständlichste, das Nächste, das
Unentbehrlichste. [11]

Nur durch Unbekanntschaft mit uns selbst, Entwöhnung
von uns selbst, entsteht hier eine Unbegreiflichkeit, die selbst
unbegreiflich ist.

Wunder stehn mit naturgesezlichen Wirckungen in Wechsel;
sie beschränken einander gegenseitig, und machen zusammen ein
Ganzes aus. Sie sind vereinigt, indem sie sich gegenseitig auf=
heben. Kein Wunder ohne Naturbegebenheit, und umgekehrt. [12]

Die Natur ist Feindin ewiger Besitzungen. Sie zerstört
nach festen Gesetzen alle Zeichen des Eigenthums, vertilgt
alle Merckmale der Formation. Allen Geschlechtern gehört
die Erde; jeder hat Anspruch auf alles. Die frühern dürfen
diesem Primogeniturzufalle keinen Vorzug verdanken. Das
Eigenthumsrecht erlischt zu bestimmten Zeiten. Die Amelioration und Deterioration steht unter unabänderlichen Beding-

ungen. Wenn aber der Körper ein Eigenthum ist, wodurch ich nur die Rechte eines activen Erdenbürgers erwerbe, so kann ich durch den Verlust dieses Eigenthums nicht mich selbst einbüßen. Ich verliere nichts, als die Stelle in dieser Fürstenschule, und trete in eine höhere Corporation, wohin mir meine geliebten Mitschüler nachfolgen. [13]

———

Leben ist der Anfang des Todes. Das Leben ist um des Todes willen. Der Tod ist Endigung und Anfang zugleich. Scheidung und nähere Selbstverbindung zugleich. Durch den Tod wird die Reduktion vollendet. [14]

———

Wir sind dem Aufwachen nah, wenn wir träumen, daß wir träumen. (Ath. I, 2, p. 78.)

———

Die Fantasie sezt die künftige Welt entweder in die Höhe, oder in die Tiefe, oder in der Metempsychose, zu uns. Wir träumen von Reisen durch das Weltall; ist denn das Weltall nicht in uns? Die Tiefen unsers Geistes kennen wir nicht. Nach Innen geht der geheimnißvolle Weg. In uns oder nirgends ist die Ewigkeit mit ihren Welten, die Vergangenheit und Zukunft. Die Außenwelt ist die Schattenwelt, sie wirft ihren Schatten in das Lichtreich. Jetzt scheints uns freylich innerlich so dunkel, einsam, gestaltlos. Aber wie ganz anders wird es uns dünken, wenn diese Verfinsterung vorbey und der Schattenkörper hinweggerückt ist. Wir werden mehr genießen, als je: denn unser Geist hat entbehrt. [16]

———

Darwin macht die Bemerckung, daß wir weniger vom Lichte beym Erwachen geblendet werden, wenn wir von sichtbaren Gegenständen geträumt haben. Wohl also denen, die hier schon vom Sehn träumten! Sie werden früher die Glorie jener Welt ertragen können! [17]

———

Wie kann ein Mensch Sinn für etwas haben, wenn er nicht den Keim davon in sich hat? Was ich verstehn soll, muß sich in mir organisch entwickeln; und was ich zu lernen scheine, ist nur Nahrung, Incitament des Organism. [18]

Der Sitz der Seele ist da, wo sich Innenwelt und Außenwelt berühren. Wo sie sich durchdringen, ist er in jedem Puncte der Durchdringung. [19]

Das Leben eines wahrhaft canonischen Menschen muß durchgehends symbolisch seyn. Wäre unter dieser Voraussetzung nicht jeder Tod ein Versöhnungstod? Mehr oder weniger, versteht sich; und ließen sich nicht mehrere höchst merckwürdige Folgerungen daraus ziehn? (Ath. I, 2, p. 78.)

Wer sucht, wird zweifeln! Das Genie sagt aber so dreist und sicher, was es in sich vorgehn sieht, weil es nicht in seiner Darstellung und also auch die Darstellung nicht in ihm befangen ist, sondern seine Betrachtung und das Betrachtete frey zusammen stimmen, zu Einem Wercke frey sich zu vereinigen scheinen. (Ath. I, 2, p. 77.)

Wenn wir von der Außenwelt sprechen, wenn wir wirckliche Gegenstände schildern, so verfahren wir wie das Genie.

So ist also das Genie das Vermögen von eingebildeten Gegenständen wie von wircklichen zu handeln, und sie auch, wie diese, zu behandeln. Das Talent darzustellen, genau zu beobachten, zweckmäßig die Beobachtung zu beschreiben, ist also vom Genie verschieden. Ohne dieses Talent sieht man nur halb — und ist nur ein halbes Genie; man kann genialische Anlage haben, die in Ermangelung jenes Talents nie zur Entwicklung kommt. [21]

Ohne Genialität existiren wir alle überhaupt nicht. Genie ist zu allem nöthig. Was man aber gewöhnlich Genie nennt — ist Genie des Genies.

Das willkührlichste Vorurtheil ist, daß dem Menschen das Vermögen außer sich zu seyn, mit Bewußtseyn jenseits der Sinne zu seyn, versagt sey. Der Mensch vermag in jedem Augenblicke ein übersinnliches Wesen zu seyn. Ohne dies wär er nicht Weltbürger — er wäre ein Thier. Freylich ist die Besonnenheit in diesem Zustande, die Sich=Selbst-Findung, sehr schwer, da er so unaufhörlich, so nothwendig mit dem Wechsel unsrer übrigen Zustände verbunden ist. Je mehr wir uns aber dieses Zustands bewußt zu seyn vermögen, desto lebendiger, mächtiger, zwingender ist die Ueberzeugung, die daraus entsteht — der Glaube an ächte Offenbarungen des Geistes. Es ist kein Schauen, Hören, Fühlen — es ist aus allen dreyen zusammengesezt — mehr, als alles dreyes — eine Empfindung unmittelbarer Gewisheit, eine Ansicht meines wahrhaftesten, eigensten Lebens — die Gedanken verwandeln sich in Gesetze, die Wünsche in Erfüllungen. Für den Schwachen ist das Factum dieses Moments ein Glaubensartikel.

Auffallend wird die Erscheinung besonders beym Anblick mancher menschlicher Gestalten und Gesichter — vorzüglich bey der Erblickung mancher Augen, mancher Minen, mancher Bewegungen — beym Hören gewisser Worte, beym Lesen gewisser Stellen — bey gewissen Hinsichten auf Leben, Welt und Schicksal. Sehr viele Zufälle, manche Naturereignisse, besondre Jahrs= und Tageszeiten liefern uns solche Erfahrungen. Gewisse Stimmungen sind vorzüglich solchen Offenbarungen günstig. Die Meisten sind augenblicklich, Wenige verziehend, die Wenigsten bleibend. Hier ist viel Unterschied zwischen den Menschen. Einer hat mehr Offenbarungsfähigkeit, als der Andre. Einer mehr Sinn, der

Andre mehr Verstand für dieselbe. Der Leztere wird immer in ihrem sanften Lichte bleiben; wenn der Erstere nur abwechselnde Erleuchtungen, aber hellere und mannichfaltigere hat. Dieses Vermögen ist ebenfalls Kranckheitsfähig, die entweder Ueberfluß an Sinn und Mangel an Verstand — oder Ueberfluß an Verstand und Mangel an Sinn bezeichnet. [22]

Wenn der Mensch nicht weiter kann, so hilft er sich mit einem Machtspruche, oder einer Machthandlung — einem raschen Entschluß. (Ath. I, 2, p. 77.)

Scham ist wohl ein Gefühl der Profanation. Freundschaft, Liebe und Pietät sollten geheimnißvoll behandelt werden. Man sollte nur in sellnen, vertrauten Momenten davon reden, sich stillschweigend darüber einverstehen. — Vieles ist zu zart, um gedacht, noch mehreres, um besprochen zu werden. [23]

Selbstentäußerung ist die Quelle aller Erniedrigung, so wie im Gegentheil der Grund aller ächten Erhebung. Der erste Schritt wird Blick nach innen, — absondernde Beschauung unsres Selbst. Wer hier stehn bleibt, geräth nur halb. Der zweite Schritt muß wircksamer Blick nach außen — selbstthätige, gehaltne Beobachtung der Außenwelt seyn. [24]

Der Mensch wird nie als Darsteller etwas Vorzügliches leisten, der nichts weiter darstellen mag, als seine Erfahrungen, seine Lieblingsgegenstände, der es nicht über sich gewinnen kann, auch einen ganz fremden, ihm ganz uninteressanten Gegenstand mit Fleiß zu studiren und mit Muße darzustellen. Der Darsteller muß alles darstellen können und wollen. Dadurch entsteht der große Styl der Darstellung, den man, mit Recht, an Göthe so sehr bewundert. [25]

Eine merckwürdige Eigenheit Göthes bemerckt man in seinen Verknüpfungen kleiner, unbedeutender Vorfälle mit wichtigern Begebenheiten. Er scheint keine andre Absicht dabey zu hegen, als die Einbildungskraft auf eine poetische Weise, mit einem mysteriösen Spiel, zu beschäftigen. Auch hier ist der sonderbare Mann der Natur auf die Spur gekommen und hat ihr einen artigen Kunstgriff abgemerckt. Das gewöhnliche Leben ist voll ähnlicher Zufälle. Sie machen ein Spiel aus, das, wie alles Spiel, auf Ueberraschung und Täuschung hinausläuft.

Mehrere Sagen des gemeinen Lebens beruhn auf einer Bemerckung dieses verkehrten Zusammenhangs, so z. B. bedeuten böse Träume Glück, Todtsagen langes Leben, ein Hase, der über den Weg läuft, Unglück. Fast der ganze Aberglaube des gemeinen Volks beruht auf Deutungen dieses Spiels. [27]

Die höchste Aufgabe der Bildung ist — sich seines transscendentalen Selbst zu bemächtigen — das Ich seines Ichs zugleich zu seyn. Um so weniger befremdlich ist der Mangel an vollständigen Sinn und Verstand für Andre. Ohne vollendetes Selbstverständniß wird man nie andre wahrhaft verstehn lernen. [28]

Nur dann zeig ich, daß ich einen Schriftsteller verstanden habe, wenn ich in seinem Geiste handeln kann, wenn ich ihn, ohne seine Individualität zu schmälern, übersetzen und mannichfach verändern kann. (Ath. I, 2, p. 78.)

Humor ist eine willkührlich angenommene Manier. Das Willkührliche ist das Piquante daran — Humor ist Resultat einer freyen Vermischung des Bedingten und Unbedingten. Durch Humor wird das eigenthümlich Bedingte allgemein interessant — und erhält objectiven Werth. Wo Fantasie und Urtheilskraft sich berühren, entsteht Witz. Wo sich

Vernunft und Willkühr paaren — Humor. Persifflage gehört zum Humor, ist aber um einen Grad geringer, sie ist nicht mehr rein artistisch, und viel beschränckter. [29]

In heitern Seelen giebts keinen Witz. Witz zeigt ein gestörtes Gleichgewicht an. Er ist die Folge der Störung, und zugleich das Mittel der Herstellung. Den stärksten Witz hat die Leidenschaft. Aecht geselliger Witz ist ohne Knall. Es giebt eine Art desselben, die nur magisches Farbenspiel in höhern Sphären ist. Der Zustand der Auflösung aller Verhältnisse, die Verzweiflung oder das geistige Sterben, ist am fürchterlichsten witzig.

Das Unbedeutende, Gemeine, Rohe, Häßliche, Ungesittete wird durch Witz allein gesellschaftsfähig. Es ist gleichsam nur um des Witzes willen. Seine Zweckbestimmung ist der Witz. [30]

Geistvoll ist das, worin sich der Geist unaufhörlich offenbart, wenigstens oft von neuem, in veränderter Gestalt wieder erscheint. Nicht blos etwa nur Einmal, so im Anfang, wie bey vielen philosophischen Systemen. (Ath. I, 2, p. 79.)

Wir sind auf einer Mission. Zur Bildung der Erde sind wir berufen. [32] Wenn uns ein Geist erschiene, so würden wir uns sogleich unsrer eignen Geistigkeit bemächtigen —, wir würden inspirirt seyn, durch uns und den Geist zugleich. Ohne Inspiration keine Geistererscheinung. Inspiration ist Erscheinung und Gegenerscheinung, Zueignung und Mittheilung zugleich. [33]

Der Mensch lebt, wirckt nur in der Idee fort — durch die Erinnerung an sein Daseyn. Vor der Hand giebts kein anderes Mittel der Geisterwirckungen auf dieser Welt. Daher ist es Pflicht, an die Verstorbenen zu denken. Es ist der einzige Weg, um in Gemeinschaft mit ihnen zu bleiben. Gott selbst ist auf keine andre Weise bey uns wircksam —, als durch den Glauben. [34]

Interesse ist Theilnahme an dem Leiden und der Thätigkeit eines Wesens. Mich interessirt etwas, wenn es mich zur Theilnahme zu erregen weiß. Kein Interesse ist interessanter, als was man an sich selbst nimmt — sowie der Grund einer merckwürdigen Freundschaft und Liebe die Theilnahme ist, zu der mich ein Mensch reizt, der mit sich selbst beschäftigt ist, der mich durch seine Mittheilung gleichsam einladet, an seinem Geschäfte Theil zu nehmen. [35]

Wer den Witz erfunden haben mag? Jede zur Besinnung gebrachte Eigenschaft, Handlungsweise unsers Geistes ist im eigentlichsten Sinn eine neu entdeckte Welt. [36]

Was Schlegel so scharf als Ironie charakterisirt, ist, meinem Bedünken nach, nichts anders, als die Folge, der Karakter der ächten Besonnenheit, der wahrhaften Gegenwart des Geistes.
Der Geist erscheint immer nur in fremder, luftiger Gestalt. [37]
Schlegels Ironie scheint mir ächter Humor zu seyn. Mehrere Namen sind einer Idee vortheilhaft.
Jetzt regt sich nur hie und da Geist — wenn wird der Geist sich im Ganzen regen? Wenn wird die Menschheit in Masse sich selbst zu besinnen anfangen? [38]

Der Mensch besteht in der Wahrheit. Giebt er die Wahrheit Preis, so giebt er sich selbst Preis. Wer die Wahrheit verräth, verräth sich selbst. Es ist hier nicht die Rede vom Lügen — sondern vom Handeln gegen Ueberzeugung. [39]

Von einem liebenswerthen Gegenstande können wir nicht genug hören, nicht genug sprechen. Wir freuen uns über jedes neue, treffende, verherrlichende Wort. Es liegt nicht an uns, daß er nicht Gegenstand aller Gegenstände wird. [41]

Wir halten einen leblosen Stoff wegen seiner Beziehungen, seiner Formen fest. Wir lieben den Stoff, insofern er zu einem geliebten Wesen gehört, seine Spur trägt, oder Aehnlichkeit mit ihm hat. [42]

Ein ächter Klubb ist eine Mischung von Institut und Gesellschaft. Er hat einen Zweck, wie das Institut, aber keinen bestimmten, sondern einen unbestimmten, freyen, — Humanität überhaupt. Aller Zweck ist ernsthaft; die Gesellschaft ist durchaus frölich. [43]

Die Gegenstände der gesellschaftlichen Unterhaltung sind nichts, als Mittel der Belebung. Dies bestimmt ihre Wahl, ihren Wechsel, ihre Behandlung. Die Gesellschaft ist nichts, als gemeinschaftliches Leben: Eine untheilbare, denkende und fühlende Person. Jeder Mensch ist eine kleine Gesellschaft. [44]

In sich zurückgehn bedeutet bey uns, von der Außenwelt abstrahiren. Bey den Geistern heißt analogisch das irrdische Leben eine innre Betrachtung, ein in sich Hineingehn, ein immanentes Wircken. So entspringt das irrdische Leben aus einer ursprünglichen Reflexion, einem primitiven Hineingehn, Sammeln in sich selbst, das so frey ist, als unsre Reflexion. Umgekehrt entspringt das geistige Leben in dieser Welt aus einem Durchbrechen jener primitiven Reflexion. Der Geist entfaltet sich wiederum, der Geist geht zu sich selbst wieder heraus, hebt zum Theil jene Reflexion wieder auf, und in diesem Moment sagt er zum erstenmal — Ich. Man sieht hier, wie relativ das Herausgehn und Hineingehn ist. Was wir Hineingehn nennen, ist eigentlich Herausgehn: eine Wiederannahme der anfänglichen Gestalt. [45]

———

Ob sich nicht etwas für die neuerdings so sehr gemißhandelten Alltagsmenschen sagen ließe? Gehört nicht zur beharrlichen Mittelmäßigkeit die meiste Kraft? und soll der Mensch mehr, als Einer aus dem Popolo seyn? [46]

Wo ächter Hang zum Nachdenken, nicht blos zum Denken dieses oder jenes Gedankens, herrschend ist, da ist auch Progredibilität. Sehr viele Gelehrte besitzen diesen Hang nicht. Sie haben schließen und folgern gelernt, wie ein Schuster das Schuhmachen, ohne je auf den Einfall zu gerathen, oder sich zu bemühen, den Grund der Gedanken zu finden. Dennoch liegt das Heil auf keinem andern Wege. Bey vielen währt dieser Hang nur eine Zeitlang. Er wächst und nimmt ab —, sehr oft mit den Jahren, oft mit dem Fund eines Systems, das sie nur suchten, um der Mühe des Nachdenkens ferner überhoben zu seyn. [47]

———

Irrthum und Vorurtheil sind Lasten, — indirekt reitzende Mittel für den Selbstthätigen, jeder Last Gewachsenen — für den Schwachen sind sie positiv schwächende Mittel. [48]

Das Volk ist eine Idee. Wir sollen ein Volk werden. Ein vollkommner Mensch ist ein kleines Volk. Aechte Popularität ist das höchste Ziel des Menschen. [49]

Jede Stufe der Bildung fängt mit Kindheit an. Daher ist der am meisten gebildete, irrdische Mensch dem Kinde so ähnlich. [50]

Der transscendentale Gesichtspunct für dieses Leben erwartet uns. Dort wird es uns erst recht interessant werden. (Ath. I, 2, p. 78.)

———

Jeder geliebte Gegenstand ist der Mittelpunct eines Paradieses. [51]

Das Interessante ist, was mich, nicht um mein selbst willen, sondern nur, als Mittel, als Glied in Bewegung sezt. Das Klassische stört mich gar nicht, es afficirt mich nur indirecte durch mich selbst. Es ist nicht für mich da, als klassisch, wenn ich es nicht setze, als ein solches, das mich nicht afficiren würde, wenn ich mich nicht selbst zur Hervorbringung desselben für mich bestimmte, anregte; wenn ich nicht ein Stück von mir selbst losrisse, und diesen Keim sich auf eine eigenthümliche Weise vor meinen Augen entwickeln ließe — eine Entwickelung, die oft nur einen Moment bedarf — und mit der sinnlichen Wahrnehmung des Objects zusammenfällt, so daß ich ein Object vor mir sehe, in welchem das gemeine Object und das Ideal, wechselseitig durchdrungen, nur Ein wunderbares Individuum bilden. [52]

Formeln für Kunstindividuen finden, durch die sie im eigentlichsten Sinn erst verstanden werden, macht das Geschäft eines artistischen Kritikers aus, — dessen Arbeiten die Geschichte der Kunst vorbereiten. [53]

Je verworrner ein Mensch ist (man nennt die Verworrenen Dummköpfe), desto mehr kann durch fleißiges Selbststudium aus ihm werden; dahingegen die geordneten Köpfe trachten müssen, wahre Gelehrte, gründliche Encyklopädisten zu werden. Die Verworrenen haben im Anfang mit mächtigen Hindernissen zu kämpfen, sie dringen nur langsam ein, sie lernen mit Mühe arbeiten — dann aber sind sie auch Herrn und Meister auf immer. Der Geordnete kommt geschwind hinein, aber auch geschwind heraus. Er erreicht bald die zweite Stufe, aber da bleibt er auch gewöhnlich stehn. Ihm werden die lezten Schritte beschwerlich, und selten kann er es über sich gewinnen, schon bey einem gewissen Grade von Meisterschaft sich wieder in den Zustand eines Anfängers zu versetzen. Verworrenheit deutet auf Ueberfluß an Kraft und Vermögen, — aber mangelhafte Verhältnisse; Bestimmtheit, auf richtige Verhältnisse, aber sparsames Vermögen und Kraft.

Daher ist der Verworrne so progressiv, so perfektibel, dahingegen der Ordentliche so früh als Philister aufhört.

Ordnung und Bestimmtheit ist allein nicht Deutlichkeit. Durch Selbstbearbeitung kommt der Verworrene zu jener himmlischen Durchsichtigkeit, zu jener Selbsterleuchtung, die der Geordnete so selten erreicht.

Das wahre Genie verbindet diese Extreme. Es theilt die Geschwindigkeit mit dem lezten und die Fülle mit dem ersten. [54]

Das Individuum interessirt nur. Daher ist alles Klassische nicht individuell. [55]

Genialer Scharfsinn ist scharfsinniger Gebrauch des Scharfsinns. (Ath. I, 2, p. 79.)

Der wahre Brief ist, seiner Natur nach, poetisch. [56]

Witz, als Princip der Verwandschaften, ist zugleich das menstruum universale. Witzige Vermischungen sind z. B. Jude und Cosmopolit, Kindheit und Weisheit, Räuberei und Edelmuth, Tugend und Hetärie, Ueberfluß und Mangel an Urtheilskraft in der Naivetät, und so fort in infinitum. [57]

Der Mensch erscheint am würdigsten, wenn sein erster Eindruck der Eindruck eines absolut witzigen Einfalls ist, — nemlich Geist und bestimmtes Individuum zugleich zu seyn. Einen jeden vorzüglichen Menschen muß gleichsam ein

Geist zu durchschweben scheinen, der die sichtbare Erscheinung idealisch parodirt.

Bey manchen Menschen zeigt oft dieser Geist der sichtbaren Erscheinung den Hintern. [58]

Gesellschaftstrieb ist Organisationstrieb. Durch diese geistige Assimilation entsteht oft aus gemeinen Bestandtheilen eine gute Gesellschaft um einen geistvollen Menschen her. [59]

Das Interessante ist die Materie, die sich um die Schönheit bewegt.

Wo Geist und Schönheit ist, häuft sich in concentrischen Schwingungen das Beste aller Naturen. [60]

Der Deutsche ist lange das Hänschen gewesen. Er dürfte aber wohl bald der Hans aller Hänse werden.

Es geht ihm, wie es vielen dummen Kindern gehn soll, — er wird leben und klug seyn, wenn seine frühklugen Geschwister längst vermodert sind, und er nun allein Herr im Hause ist. [61]

Das Beste an den Wissenschaften ist ihr philosophisches Ingrediens — wie das Leben am organischen Körper. Man dephilosophire die Wissenschaften — was bleibt übrig? — Erde, Luft und Wasser. [62]

Menschheit ist eine humoristische Rolle. [63]

Unsre alte Nationalität war, wie mich dünkt, ächt römisch — natürlich, weil wir auf eben dem Wege wie die Römer entstanden, — und so wäre der Name, römisches Reich, warlich ein artiger, sinnreicher Zufall.

Deutschland ist Rom, als Land. Ein Land ist ein großer Ort mit seinen Gärten. Das Kapitol ließe sich vielleicht nach dem Gänsegeschrey vor den Galliern bestimmen.

Die instinktartige Universalpolitik und Tendenz der Römer liegt auch im deutschen Volk. Das Beste, was die Fran=

zosen bey der Revolution gewonnen haben, ist eine Portion Deutschheit. [64]

Gerichtshöfe, Theater, Hof, Kirche, Regierung, öffentliche Zusammenkünfte, Academien, Collegien ꝛc. sind gleichsam die speciellen, innern Organe des mystischen Staatsindividuums. [65]

Alle Zufälle unsers Lebens sind Materialien, aus denen wir machen können, was wir wollen. Wer viel Geist hat, macht viel aus seinem Leben. Jede Bekanntschaft, jeder Vorfall, wäre für den durchaus Geistigen erstes Glied einer unendlichen Reihe, Anfang eines unendlichen Romans. [66]

Deutsche giebt es überall. Germanität ist so wenig wie Romanität, Gräcität oder Brittannität auf einen besondern Staat eingeschränkt. Es sind allgemeine Menschenkaraktere — die nur hie und da vorzüglich allgemein geworden sind. Deutschheit ist ächte Popularität, und darum ein Ideal. (Ath. I, 2, p. 79.)

Der edle Kaufmannsgeist, der echte Großhandel, hat nur im Mittelalter, und besonders zur Zeit der deutschen Hanse geblüht. Die Medicis, die Fugger waren Kaufleute, wie sie seyn sollten. Unsre Kaufleute im Ganzen, die Hopes und Teppers nicht ausgenommen, sind nichts als Krämer. [67]

Eine Uebersetzung ist entweder grammatisch, oder verändernd, oder mythisch. Mythische Uebersetzungen sind Uebersetzungen im höchsten Styl. Sie stellen den reinen, vollendeten Karacter des individuellen Kunstwercks dar. Sie geben uns nicht das wirckliche Kunstwerck, sondern das Ideal desselben. Noch existirt, wie ich glaube, kein ganzes Muster derselben. Im Geist mancher Kritiken und Beschreibungen von Kunstwercken trifft man aber helle Spuren. Es gehört ein Kopf dazu, in dem sich poetischer Geist und philosophischer Geist in ihrer ganzen Fülle durchdrungen haben. Die griechische Mythologie ist zum Theil eine solche Uebersetzung einer Nationalreligion. Auch die moderne Madonna ist ein solcher Mythus.

Grammatische Uebersetzungen sind die Uebersetzungen im gewöhnlichen Sinn. Sie erfordern sehr viel Gelehrsamkeit — aber nur discursive Fähigkeiten.

Zu den verändernden Uebersetzungen gehört, wenn sie ächt seyn sollen, der höchste, poetische Geist. Sie streifen leicht in die Travestie — wie Bürgers Homer in Jamben, Popens Homer, die französischen Uebersetzungen insgesammt. Der wahre Uebersetzer dieser Art muß in der That der Künstler selbst seyn, und die Idee des Ganzen beliebig so oder so geben können. Er muß der Dichter des Dichters seyn, und ihn also nach seiner und des Dichters eigner Idee zugleich reden lassen können. In einem ähnlichen Verhältnisse steht der Genius der Menschheit mit jedem einzelnen Menschen.

Nicht blos Bücher, alles kann auf diese drey Arten übersezt werden. [68]

Im höchsten Schmerz tritt zuweilen eine Paralysis der Empfindsamkeit ein. Die Seele zersezt sich. Daher der tödtliche Frost, die freye Denkkraft, der schmetternde, unaufhörliche Witz dieser Art von Verzweiflung. Keine Neigung ist mehr vorhanden — der Mensch steht, wie eine verderbliche Macht, allein. Unverbunden mit der übrigen Welt verzehrt er sich allmälich selbst, und ist seinem Prinzip nach Misanthrop und Misotheos. [69]

Unsere Sprache ist entweder mechanisch, atomistisch, oder dynamisch. Die ächt poetische Sprache soll aber organisch, lebendig seyn. Wie oft fühlt man die Armut an Worten — um mehrere Ideen mit Einem Schlage zu treffen! [70]

Im Staat ist alles Schauhandlung — im Volk alles Schauspiel. Das Leben des Volks ist ein Schauspiel.

Schriften sind die Gedanken des Staats — die Archive sein Gedächtniß. [72]

Je mehr sich unsre Sinne verfeinern, desto fähiger werden sie zur Unterscheidung der Individuen. Der höchste Sinn wäre die höchste Empfänglichkeit für eigenthümliche Natur. Ihm entspräche das Talent der Fixirung des Individuums, dessen Fertigkeit und Energie relativ ist. Wenn der Willen sich in Beziehung auf diesen Sinn äußert, so entstehn die Leidenschaften für oder gegen Individualitäten — Liebe und Haß. Die Meisterschaft im Spiel seiner eignen Rolle verdanckt man der Richtung dieses Sinns auf sich selbst bey herrschender Vernunft. [73]

Nichts ist zur wahren Religiosität unentbehrlicher, als ein Mittelglied — das uns mit der Gottheit verbindet. Unmittelbar kann der Mensch schlechterdings nicht mit derselben in Verhältniß stehn. In der Wahl dieses Mittelglieds muß der Mensch durchaus frey seyn. Der mindeste Zwang hierinn schadet seiner Religion. Die Wahl ist charakteristisch, und es werden mithin die gebildeten Menschen ziemlich gleiche Mittelglieder wählen — dahingegen der Ungebildete gewöhnlich durch Zufall hier bestimmt werden wird. Da aber so wenig Menschen einer freyen Wahl überhaupt fähig sind, so werden manche Mittelglieder allgemeiner werden — sey es durch Zufall, durch Association, oder ihre besondre Schicklichkeit dazu. Auf diese Art entstehn Landesreligionen. Je selbstständiger der Mensch wird, desto mehr vermindert sich die

Quantität des Mittelglieds, die Qualität verfeinert sich — und seine Verhältnisse zu demselben werden mannichfaltiger und gebildeter: Fetische, Gestirne, Thiere, Helden, Götzen, Götter, Ein Gottmensch. Man sieht bald, wie relativ diese Wahlen sind, und wird unvermerckt auf die Idee getrieben, daß das Wesen der Religion wohl nicht von der Beschaffenheit des Mittlers abhänge, sondern lediglich in der Ansicht desselben, in den Verhältnissen zu ihm bestehe.

Es ist ein Götzendienst im weitern Sinn, wenn ich diesen Mittler in der That für Gott selbst ansehe. Es ist Irreligion, wenn ich gar keinen Mittler annehme — und insofern ist Aberglaube oder Götzendienst, und Unglaube oder Theismus, den man auch ältern Judaism nennen kann, beydes Irreligion. Hingegen ist Atheism nur Negation aller Religion überhaupt und hat also gar nichts mit der Religion zu schaffen. Wahre Religion ist, die jenen Mittler als Mittler annimmt — ihn gleichsam für das Organ der Gottheit hält, für ihre sinnliche Erscheinung. In dieser Hinsicht erhielten die Juden zur Zeit der Babylonischen Gefangenschaft eine ächt religiöse Tendenz, eine religiöse Hoffnung — einen Glauben an eine künftige Religion, der sie auf eine wunderbare Weise von Grund aus umwandelte und sie in der merckwürdigsten Beständigkeit bis auf unsre Zeiten erhielt. —

Die wahre Religion scheint aber bey einer nähern Betrachtung abermals antinomisch getheilt — in Pantheismus und Entheismus. Ich bediene mich hier einer Licenz, indem ich Pantheism nicht im gewöhnlichen Sinn nehme, sondern darunter die Idee verstehe, daß alles Organ der Gottheit — Mittler seyn könne, indem ich es dazu erhebe; so wie Entheism im Gegentheil den Glauben bezeichnet, daß es nur Ein solches Organ in der Welt für uns gebe, das allein der Idee eines Mittlers angemessen sey, und wodurch Gott allein sich vernehmen lasse — welches ich also zu wählen durch mich selbst genöthigt werde, denn ohnedem würde der Entheism nicht wahre Religion seyn.

So unverträglich auch beyde zu seyn scheinen, so läßt sich doch ihre Vereinigung bewerckstelligen, wenn man den entheistischen Mittler zum Mittler der Mittelwelt des Pantheisten macht, und diese gleichsam durch ihn zentrirt, so daß beyde einander, jedoch auf verschiedene Weise, necessitiren.

Das Gebet, oder der religiöse Gedanke besteht also aus einer dreyfach auffsteigenden, untheilbaren Abstraction oder Setzung. Jeder Gegenstand kann dem Religiösen ein Tempel, im Sinn der Auguren, seyn. Der Geist dieses Tempels ist der allgegenwärtige Hohepriester, der entheistische Mittler, welcher allein im unmittelbaren Verhältnisse mit dem Allvater steht. [74]

Die Basis aller ewigen Verbindung ist eine absolute Tendenz, nach allen Richtungen. Darauf beruht die Macht der Hierarchie, der ächten Masonnerie, und des unsichtbaren Bundes ächter Denker — hierinn liegt die Möglichkeit einer Universalrepublik, welche die Römer bis zu den Kaysern zu realisiren begonnen hatten. Zuerst verließ August diese Basis — und Hadrian zerstörte sie ganz. [75]

Fast immer hat man den Anführer, den ersten Beamten des Staats, mit dem Repräsentanten des Genius der Menschheit vermengt, der zur Einheit der Gesellschaft oder des Volks gehört. Im Volk ist, wie schon oben gesagt wurde, alles Schauspiel, — mithin muß auch der Geist des Volks sichtbar seyn. Dieser sichtbare Geist kommt entweder, wie im tausendjährigen Reiche, ohne unser Zuthun, oder er wird einstimmig durch ein lautes oder stilles Einverständniß gewählt.

Es giebt viel interessante hieher gehörige Züge aus der Geschichte, z. B.: In Indien ist an einigen Orten Feldherr und Priester getrennt gewesen, und der Feldherr hat die zweite Rolle gespielt.

Der Priester muß uns nicht irre machen. Dichter und Priester waren im Anfang Eins — und nur spätere Zeiten haben sie getrennt. Der ächte Dichter ist aber immer Priester, so wie der ächte Priester immer Dichter geblieben, — und sollte die Zukunft nicht den alten Zustand der Dinge wieder herbeyführen? [71] Jener Repräsentant des Genius der Menschheit dürfte leicht der Dichter katexochin seyn.

Uebrigens aber ist es eine unwidersprechliche Thatsache, daß die meisten Fürsten nicht eigentlich Fürsten — sondern gewöhnlich mehr oder minder eine Art von Repräsentanten des Genius ihrer Zeit waren, und die Regierung mehrentheils, wie billig, in subalternen Händen sich befand. [76]

Unser Alltagsleben besteht aus lauter erhaltenden, immer wiederkehrenden Verrichtungen. Dieser Zirkel von Gewohnheiten ist nur Mittel zu einem Hauptmittel, unserem irrdischen Daseyn überhaupt, — das aus mannichfaltigen Arten zu existiren gemischt ist.

Philister haben nur ein Alltagsleben. Das Hauptmittel scheint ihr einziger Zweck zu seyn. Sie thun das alles, um des irrdischen Lebens willen, wie es scheint, und nach ihren eignen Aeußerungen scheinen muß. Poesie mischen sie nur zur Nothdurft unter, weil sie nun einmal an eine gewisse Unterbrechung ihres täglichen Laufs gewöhnt sind. In der Regel erfolgt diese Unterbrechung alle sieben Tage — und könnte ein poetisches Septanfieber heißen. Sonntags ruht die Arbeit, — sie leben ein bischen besser als gewöhnlich, und dieser Sonntagsrausch endigt sich mit einem etwas tiefern Schlafe als sonst; daher auch Montags alles noch einen raschern Gang hat. Ihre Parties de Plaisir müssen conventionell, gewöhnlich, modisch seyn — aber auch ihr Vergnügen verarbeiten sie, wie alles, mühsam und förmlich. Den höchsten Grad seines poetischen Daseyns erreicht er bey einer Reise, Hochzeit, Kindtaufe, und in der Kirche. Hier werden seine kühnsten Wünsche befriedigt und oft übertroffen.

Ihre Religion wirckt blos, wie ein Opiat — reitzend, betäubend, Schmerzen aus Schwäche stillend. Ihre Früh- und Abendgebete sind ihnen, wie Frühstück und Abendbrot, nothwendig. Sie könnens nicht mehr lassen. Der derbe Philister stellt sich die Freuden des Himmels unter dem Bilde einer Kirmeß — einer Hochzeit — einer Reise oder eines Balls vor. Der sublimirte macht aus dem Himmel eine prächtige Kirche, mit schöner Musik, vielem Gepränge, mit Stühlen für das gemeine Volk parterre und Kapellen und Emporkirchen für die Vornehmern.

Die Schlechtesten unter ihnen sind die revolutionairen Philister, wozu auch der Hefen der fortgehenden Köpfe, die habsüchtige Race gehört.

Grober Eigennutz ist das nothwendige Resultat arm- seeliger Beschränktheit. Die gegenwärtige Sensation ist die lebhafteste, die höchste eines Jämmerlings. Ueber diese kennt er nichts Höheres. Kein Wunder, daß der durch die äußern Verhältnisse par force dressirte Verstand nur der listige Sklav eines solchen stumpfen Herrn ist und nur für Lüste sinnt und sorgt. [77]

In den ersten Zeiten der Entdeckung der Urtheilskraft war jedes neue Urtheil ein Fund. Der Werth dieses Fundes stieg, je anwendbarer, je fruchtbarer dieses Urtheil war. Zu Sentenzen, die uns jezt sehr gemein vorkommen, gehörte damals noch ein ungewöhnlicher Grad Leben des Verstandes. Man mußte Genie und Scharfsinn aufbieten, um, mittelst des neuen Werckzeugs, neue Verhältnisse zu finden. Die Anwendung desselben auf die eigenthümlichsten, interessantesten und allgemeinsten Seiten der Menschheit mußte vorzügliche Bewunderung erregen und die Aufmercksamkeit aller guten Köpfe auf sich ziehn. So entstanden die gnomischen Massen, die man zu allen Zeiten und bey allen Völkern so hoch geschäzt hat. Es wäre leicht möglich, daß unsere jetzigen, genialischen Entdeckungen im Laufe der Zeiten ein ähnliches Schicksal träfe. Es könnte leicht eine Zeit kommen, wo das alles so gemein wäre, wie jezt Sittensprüche, und neue, erhabnere Entdeckungen den rastlosen Geist der Menschen beschäftigten. [78]

Ein Gesetz ist seinem Begriffe nach wircksam. Ein unwircksames Gesetz ist kein Gesetz. Gesetz ist ein causaler Begriff — Mischung von Kraft und Gedanken. Daher ist man sich nie eines Gesetzes, als solchen, bewußt. Insofern man an ein Gesetz denkt, ist es nur ein Satz, i. e. ein Gedanke mit einem Vermögen verbunden. Ein wiederstehender, ein beharrlicher Gedanke ist ein strebender Gedanke und vermittelt das Gesetz und den bloßen Gedanken. [79]

Eine allzugroße Dienstfertigkeit der Organe würde dem irrdischen Daseyn gefährlich seyn. Der Geist in seinem jetzigen Zustande würde eine zerstörende Anwendung davon machen. Eine gewisse Schwere des Organs hindert ihn an allzu willkührlicher Thätigkeit, und reizt ihn zu einer regelmäßigen Mitwirckung, wie sie sich für die irrdische Welt schickt. Es ist unvollkommener Zustand desselben, daß ihn diese Mitwirckung so ausschließlich an diese Welt bindet — daher ist sie, ihrem Prinzip nach, terminirt. [80]

Die Rechtslehre entspricht der Physiologie — die Moral der Psychologie. Die Vernunftgesetze der Rechts- und Sittenlehre, in Naturgesetze verwandelt, giebt die Grundsätze der Physiologie und Psychologie. [81]

Flucht des Gemeingeistes ist Tod. [82]

In den meisten Religionssystemen werden wir als Glieder der Gottheit betrachtet, die, wenn sie nicht den Impulsionen des Ganzen gehorchen, die, wenn sie auch nicht absichtlich gegen die Gesetze des Ganzen agiren, sondern nur ihren eignen Gang gehn und nicht Glieder seyn wollen, von der Gottheit ärztlich behandelt — und entweder schmerzhaft geheilt, oder gar abgeschnitten werden. [83]

Jede specifische Incitation verräth einen specifischen Sinn. Je neuer sie ist, desto plumper, aber desto stärker. Je bestimmter, je ausgebildeter, mannichfacher sie wird, desto schwächer. So erregte der erste Gedanke an Gott eine gewaltsame Emotion im ganzen Individuo — so die erste Idee von Philosophie, von Menschheit, Weltall u. s. w. [84]

Innigste Gemeinschaft aller Kenntnisse — scientifische Republik ist der hohe Zweck der Gelehrten. [85]

Sollte nicht die Distanz einer besondern Wissenschaft von der Allgemeinen — und so der Rang der Wissenschaften untereinander — nach der Zahl ihrer Grundsätze zu rechnen seyn? Je weniger Grundsätze, desto höher die Wissenschaft. [86]

Man versteht das Künstliche gewöhnlich besser, als das Natürliche. Es gehört mehr Geist auch zum Einfachen als zum Complicirten — aber weniger Talent. [87]

Werckzeuge armiren den Menschen. Man kann wohl sagen, der Mensch versteht eine Welt hervorzubringen —, es mangelt ihm nur am gehörigen Apparat, an der verhältnißmäßigen Armatur seiner Sinneswerckzeuge. Der Anfang ist da. So liegt das Princip eines Kriegsschiffs in der Idee des Schiffbaumeisters, der durch Menschenhaufen und gehörige Werckzeuge und Materialien diesen Gedanken zu verkörpern vermag — indem er durch alles dieses sich gleichsam zu einer ungeheuern Maschine macht.

So erfordert die Idee eines Augenblicks oft ungeheure Organe — ungeheure Massen von Materien, und der Mensch ist also, wo nicht actu, doch potentia, Schöpfer. [88]

In jeder Berührung entsteht eine Substanz, deren Wirckung so lange, als die Berührung, dauert. Dies ist der Grund aller synthetischen Modificationen des Individuums.

Es giebt aber einseitige und wechselseitige Berührungen. Jene begründen diese. [89]

Je unwissender man von Natur ist, desto mehr Capacität für das Wissen. Jede neue Erkenntniß macht einen viel tiefern, lebendigern Eindruck. Man bemerckt dieses deutlich beym Eintritt in eine Wissenschaft. Daher verliert man durch zu vieles Studiren an Capacität. Es ist eine der ersten Unwissenheit entgegengesetzte Unwissenheit. Jene ist Unwissenheit aus Mangel — diese aus Ueberfluß der Erkenntnisse. Leztere pflegt die Symptome des Skepticismus zu haben. Es ist aber ein Skepticismus spurius aus indirecter Schwäche unsres Erkenntnißvermögens. Man ist nicht im Stande die Masse zu durchdringen und sie in bestimmter Gestalt vollkommen zu beleben — die plastische Kraft reicht nicht zu. So wird der Erfindungsgeist junger Köpfe und der Schwärmer, sowie der glückliche Griff des geistvollen Anfängers oder Laien leicht erklärbar. [90]

Welten bauen genügt nicht dem tiefer langenden Sinne,
Aber ein liebendes Herz sättigt den strebenden Geist. [91]

Wir stehn in Verhältnissen mit allen Theilen des Universums — so wie mit Zukunft und Vorzeit.

Es hängt nur von der Richtung und Dauer unsrer Aufmercksamkeit ab, welches Verhältniß wir vorzüglich ausbilden, welches für uns vorzüglich wichtig — und wircksam werden soll. Eine ächte Methodik dieses Verfahrens dürfte nichts weniger, als jene längst gewünschte Erfindungskunst seyn. Es dürfte wohl mehr noch als diese seyn. Der Mensch verfährt stündlich nach ihren Gesetzen, und die Möglichkeit dieselben durch geniale Selbstbeobachtung zu finden, ist unzweifelhaft. [92]

Der Geschichtschreiber organisirt historische Wesen. Die Data der Geschichte sind die Masse, der der Geschichtschreiber Form giebt — durch Belebung. Mithin steht auch die Geschichte unter den Grundsätzen der Belebung und Organisation überhaupt, und bevor nicht diese Grundsätze da sind, giebt es auch keine ächten historischen Kunstgebilde — sondern nichts, als hie und da, Spuren zufälliger Belebungen, wo unwillkührliches Genie gewaltet hat. [93]

Beynah alles Genie war bisher einseitig — Resultat einer franckhaften Konstitution. Die Eine Klasse hatte zu viel äußern, die andre zu viel innern Sinn. Selten gelang der Natur ein Gleichgewicht zwischen beyden, eine vollendete, genialische Constitution. Durch Zufälle entstand oft eine vollkommne Proportion, aber nie konnte diese von Dauer seyn, weil sie nicht durch den Geist aufgefaßt und fixirt ward: es blieb bey glücklichen Augenblicken. Das erste Genie, das **sich selbst durchdrang**, fand hier den typischen Keim einer unermeßlichen Welt. Es machte eine Entdeckung, die die merckwürdigste in der Weltgeschichte seyn mußte, denn es beginnt damit eine ganz neue Epoche der Menschheit — und auf dieser Stufe wird erst wahre Geschichte aller Art möglich, denn der Weg, der bisher zurückgelegt wurde, macht nun ein eignes, durchaus erklärbares Ganze aus.

Jene Stelle außer der Welt ist gegeben, und Archimedes kann nun sein Versprechen erfüllen. [94]

Vor der Abstraction ist alles Eins — aber eins, wie das Chaos; nach der Abstraction ist wieder alles vereinigt — aber diese Vereinigung ist eine freye Verbindung selbstständiger, selbstbestimmter Wesen. Aus einem Haufen ist eine Gesellschaft geworden — das Chaos ist in eine mannichfaltige Welt verwandelt. [95]

Wenn die Welt gleichsam ein Niederschlag aus der Menschennatur ist, so ist die Götterwelt eine Sublimation derselben. Beyde geschehn uno actu. Keine Präcipitation ohne Sublimation. Was dort an Agilität verloren geht, wird hier gewonnen. [96]

Wo Kinder sind, da ist ein goldnes Zeitalter. [97]

Sicherheit für sich selbst und den unsichtbaren Mächten war die Basis der bisherigen geistlichen Staaten. [98]

Der Gang der Approximation ist aus zunehmenden Progressen und Regressen zusammengesezt. Beyde retardiren, beyde beschleunigen, beyde führen zum Ziel. So scheint sich im Roman der Dichter bald dem Ziel zu nähern, bald wieder zu entfernen, und nie ist es näher, als wenn es am entferntesten zu seyn scheint. [99]

Ein Verbrecher kann sich über Unrecht nicht beklagen, wenn man ihn hart und unmenschlich behandelt. Sein Verbrechen war ein Eintritt ins Reich der Gewalt, der Tyranney. Maaß und Proportion giebt es nicht in dieser Welt — daher darf ihn die Unverhältnißmäßigkeit der Gegenwirkung nicht befremden. [100]

Die Fabellehre enthält die Geschichte der urbildlichen Welt. Sie begreift Vorzeit, Gegenwart und Zukunft. [101]

Die Menschenwelt ist das gemeinschaftliche Organ der Götter; Poesie vereinigt sie, wie uns. [110]

Schlechthin ruhig erscheint, was in Rücksicht der Außenwelt schlechthin unbeweglich ist. So mannichfach es sich auch verändern mag, so bleibt es doch in Beziehung auf die Außenwelt immer in Ruhe. Dieser Satz bezieht sich auf alle Selbstmodificationen. Daher erscheint das Schöne so ruhig. Alles Schöne ist ein selbsterleuchtetes, vollendetes Individuum. [111]

Jede Menschengestalt belebt einen individuellen Keim im Betrachtenden. Dadurch wird diese Anschauung unendlich. Sie ist mit dem Gefühl einer unerschöpflichen Kraft verbunden — und darum so absolut belebend. Indem wir uns selbst betrachten — beleben wir uns selbst.

Ohne diese sichtbare und fühlbare Unsterblichkeit — sit venia verbis — würden wir nicht wahrhaft denken können.

Diese wahrnehmbare Unzulänglichkeit des irrdischen Körpergebildes zum Ausdruck und Organ des inwohnenden Geistes ist der unbestimmte, treibende Gedanke, der die Basis aller ächten Gedanken wird — der Anlaß zur Evolution der Intelligenz — dasjenige, was uns zur Annahme einer intelligiblen Welt und einer unendlichen Reihe von Ausdrücken und Organen jedes Geistes, deren Exponent, oder Wurzel, seine Individualität ist, nöthigt. [112]

Je bornirter ein System ist, desto mehr wird es den Weltklugen gefallen. So hat das System der Materialisten, die Lehre des Helvetius und auch Locke, den meisten Beyfall unter dieser Klasse erhalten. So wird Kant jetzt noch immer mehr Anhänger als Fichte finden. [113]

Die Kunst Bücher zu schreiben ist noch nicht erfunden. Sie ist aber auf dem Punkt erfunden zu werden. Fragmente dieser Art sind litterairische Sämereyen. Es mag freylich manches taube Körnchen darunter seyn — indeß, wenn nur einiges aufgeht. [114]

[Schlegels Schriften sind lyrische Philosopheme. Sein Forster und Lessing sind vorzügliche Minus Poesieen und ähneln den Pindarischen Hymnen. Der lyrische Prosaist wird logische Epigramme schreiben. Ist er ganz lebenstrunken, so werden es Dithyramben seyn, die man freylich als Dithyramben genießen und beurtheilen muß. Halb berauscht kann ein Kunstwerck seyn: Im gantzen Rausche zerfließt das Kunstwerck. Aus dem Menschen wird ein Thier. Der Karacter des Thiers ist dithyrambisch. Das Thier ist ein übersättigtes Leben, die Pflanze ein mangelhaftes Leben, der Mensch ein freyes Leben.]

[Hemsterhuis ist sehr oft logischer Homeride.]

[Göthens Philosopheme sind ächt episch.]

Wenn der Geist heiligt, so ist jedes ächte Buch Bibel. [102]

Jedes Individuum ist der Mittelpunct eines Emanationssystems.

Wenn Geist gleich edlem Metall ist, so sind die meisten Bücher Ephraimiten.
Jedes nützliche Buch muß wenigstens starck legirt seyn. Rein ist das edle Metall in Handel und Wandel nicht zu brauchen.
So selten wird ein Buch um des Buchs willen geschrieben.
Vielen wahren Büchern geht es wie den Goldklumpen in Irland. Sie dienen lange Jahre nur als Gewichte. [102]

Unsre Bücher sind ein unförmliches Papiergeld, das die Gelehrten in Kurs bringen. Diese Papiermünzliebhaberey der modernen Welt ist der Boden, auf den sie, oft in Einer Nacht, emporschießen.

[Manche Bücher sind länger, als sie scheinen. Sie haben in der That kein Ende. Die Langeweile, die sie erregen, ist wahrhaft absolut und unendlich. Musterhafte Beyspiele dieser Art hat der Herr Professor Heydenreich, Jakob, Abicht und Pölitz aufgestellt. Hier ist ein Stock, den jeder mit seinen Bekannten der Art vergrößern kann.] [103]

In sehr vielen Schriften ist das Raisonnement des Autors, oder diejenige Masse, worauf die Thatsachen und Erfahrungen geklebt sind, ein Zusammenfluß der merckwürdigsten psychischen Phaenomene — äußerst lehrreich für den Anthropognosten — voller Spuren asthenischer Anlagen und indirecter Entzündungen.

Recensenten sind litterarische Politzeybeamten. Ärzte gehören zu den Politzeybeamten. Daher sollte es kritische Journale geben, die die Autoren kunstmäßig medicinisch und chirurgisch behandelten, und nicht blos die Kranckheit aufspürten und mit Schadenfreude bekannt machten. Die bisherigen Kurmethoden waren größestentheils barbarisch.

Ächte Politzey ist nicht blos defensiv und polemisch gegen das vorhandne Übel, sondern sie sucht die kränckliche Anlage zu verbessern.

[Die Allg. Litt. Zeitung gehört zu den Personen, die aus Anhänglichkeit an die Güter dieses Lebens nur das Leben so lang als möglich zu erhalten suchen. Hufelands Makrobiotik ist von der Expedition der Allg. Litt. Zeit. schon früher in Ausübung gebracht worden. Im Anfang debauchirte sie mit neuen Ideen. Eine schwächliche Constitution hatte sie von jeher. Der lange Gebrauch der Kantischen Begriffe hat ihr vielen Schaden gethan. Nun ist sie behutsamer geworden und sucht nun durch Fastenspeise, seltnen Gebrauch spirituöser Mittel und Bequemung nach den Einflüssen der Witterung, nach Hufelands belobten Princip der Mediocrität, sich den goldnen Traum des irrdischen Daseyns so lange, als möglich, zu verlängern.]

[Es sind viele antirevolutionaire Bücher für die Revolution geschrieben worden. Burke hat aber ein revolutionaires Buch gegen die Revolution geschrieben.] [104]

[Die meisten Beobachter der Revolution, besonders die Klugen und Vornehmen haben sie für eine lebensgefährliche und ansteckende Kranckheit erklärt — sie sind bey den Symptomen stehn geblieben, und haben diese auf eine mannichfaltige Weise durcheinander geworfen und erklärt — manche haben es für eine blos locale Kranckheit gehalten — die genievollsten Gegner drangen auf Castration. Sie merckten wohl, daß diese angebliche Kranckheit nichts, als Krise der eintretenden Pubertät sey.] [105]

[Wie wünschenswerth ist es nicht, Zeitgenoß eines wahrhaft großen Manns zu seyn? Die jetzige Majorität der cultivirten Deutschen ist dieser Meynung nicht. Sie ist fein genug, um alles Große wegzuläugnen, und befolgt das Planirungssystem. Wenn das Copernikanische System nur nicht so fest stände, so würd es ihnen sehr bequem seyn, Sonne und Gestirne wieder zu Irwischen und die Erde zum Universo zu machen. Ein großer Mann, der jetzt unter uns ist, wird daher so gemein als möglich behandelt und schnöde angesehn, wenn er die Erwartungen des gewöhnlichen Zeitvertreibs nicht befriedigt, und sie einen Augenblick in Verlegenheit gegen sich selbst sezt. Ein interessantes Symptom dieser directen Schwäche der Seele ist die Aufnahme von Hermann und Dorothea.] [106]

Göthe ist jezt der wahre Statthalter des poetischen Geistes auf Erden.

[Menschen zu beschreiben ist deswegen bis jezt unmöglich gewesen, weil man nicht gewußt hat, was ein Mensch ist. Wenn man erst wissen wird, was ein Mensch ist, so wird man auch Individuen wahrhaft genetisch beschreiben können.] [108]

[Wer Fragmente dieser Art beym Worte halten will, der mag ein ehrenvester Mann seyn — nur soll er sich nicht für einen Dichter ausgeben. Muß man denn immer bedächtig seyn? Wer zu alt zum Schwärmen ist, vermeide doch jugendliche Zusammenkünfte. Jezt sind litterärische Saturnalien. Je bunteres Leben, desto besser.]

[Die Geognosten glauben, daß der physische Schwerpunct unter Fez und Marocco liege — Göthe, als Anthropognost meynt im Meister, der intellectuelle Schwerpunct liege unter der deutschen Nation.] [107]

[Wo die Majorität entscheidet, herrscht die Kraft über die Form; umgekehrt, wo die Minorität die Oberhand hat.

Kühnheit kann man den theoretischen Politikern nicht vorwerfen. Keinem ist noch eingefallen zu versuchen, ob nicht Monarchie und Demokratie schlechterdings als Elemente eines wahren Universalstaats vereinigt werden müßten und könnten.

Eine wahre Demokratie ist ein absoluter Minus=Staat. Eine wahre Monarchie ist ein absoluter Plus=Staat. Die Konstitution der Monarchie ist der Karacter des Regenten. Ihre Garantie ist sein Wille. Demokratie, im gewöhnlichen

Sinn, ist im Grunde von der Monarchie nicht verschieden, nur daß hier der Monarch eine Masse von Köpfen ist. Ächte Demokratie ist Protestantismus — politischer Naturstand, wie der Protestantism im engern Sinn religiöser Naturstand.

Die gemäßigte Regierungsform ist halber Staat und halber Naturstand; es ist eine künstliche, sehr zerbrechliche Maschine, daher allen genialischen Köpfen höchst zuwider, aber das Steckenpferd unsrer Zeit. Ließe sich diese Maschine in ein lebendiges, autonomes Wesen verwandeln, so wäre das große Problem gelöst. Naturwillkühr und Kunstzwang durchdringen sich, wenn man sie in Geist auflöst. Der Geist macht beydes flüssig. Der Geist ist jederzeit poetisch. Der poetische Staat ist der wahrhafte, vollkommne Staat.

Ein sehr geistvoller Staat wird von selbst poetisch seyn. Je mehr Geist und geistiger Verkehr im Staate ist, desto mehr wird er sich dem poetischen nähern, desto freudiger wird jeder darinn aus Liebe zu dem Schönen, großen Individuo, seine Ansprüche beschränken und die nöthigen Aufopferungen machen wollen, desto weniger wird der Staat es bedürfen, desto ähnlicher wird der Geist des Staats dem Geiste eines Einzelnen musterhaften Menschen seyn, der nur ein einziges Gesetz auf immer ausgesprochen hat. Sey so gut und poetisch, als möglich.]

[Nichts ist poetischer, als Erinnerung und Ahndung, oder Vorstellung der Zukunft. Die gewöhnliche Gegenwart verknüpft beyde durch Beschränkung, es entsteht Contiguität durch Erstarrung, Crystallisation. Es giebt aber eine geistige Gegenwart, die beyde durch Auflösung identificirt, und diese Mischung ist das Element, die Atmosphäre des Dichters. Nicht=Geist ist Stoff.]

[Die Vorstellungen der Vorzeit ziehn uns zum Sterben, zum Verfliegen an; die Vorstellungen der Zukunft treiben

uns zum Beleben, zum Verkörpern, zur assimilirenden Wirck=
samkeit.

Daher ist alle Erinnerung wehmüthig, alle Ahndung
freudig. Jene mäßigt die allzugroße Lebhaftigkeit, diese
erhebt ein zu schwaches Leben.] [109]

Der wahre Leser muß der erweiterte Autor seyn. Er ist
die höhere Instanz, die die Sache von der niedern Instanz
schon vorgearbeitet erhält. Das Gefühl, vermittelst dessen
der Autor die Materialien seiner Schrift geschieden hat,
scheidet beym Lesen wieder das Rohe und Gebildete des
Buchs, und wenn der Leser das Buch nach seiner Idee
bearbeiten würde, so würde ein zweiter Leser noch mehr
läutern, und so wird dadurch, daß die bearbeitete Masse
immer wieder in frischthätige Gefäße kömmt, die Masse
endlich wesentlicher Bestandtheil, Glied des wircksamen
Geistes.

Durch unparteyisches Wiederlesen seines Buchs kann der
Autor es selbst läutern. Bey fremden geht gewöhnlich das
Eigenthümliche mit verloren, weil die Gabe so selten ist,
völlig in eine fremde Idee hineinzugehn. Oft selbst beym
Autor. Es ist kein Merckmal größerer Bildung und größerer
Kräfte, daß man über ein Buch richtigen Tadel fällt. Bey
neuen Eindrücken ist die größere Schärfe des Sinns ganz
natürlich.

Glauben und Liebe
oder
der König und die Königin.

Vorrede.

1.

Wenn man mit Wenigen, in einer großen, gemischten Gesellschaft etwas heimliches reden will, und man sitzt nicht neben einander, so muß man in einer besondern Sprache reden. Diese besondre Sprache kann entweder eine dem Ton nach, oder den Bildern nach fremde Sprache seyn. Dies letztere wird eine Tropen und Räthselsprache seyn.

2.

Viele haben gemeynt, man solle von zarten, mißbrauchbaren Gegenständen, eine gelehrte Sprache führen, z. B. lateinisch von Dingen der Art schreiben. Es käme auf einen Versuch an, ob man nicht in der gewöhnlichen Landessprache so sprechen könnte, daß es nur der verstehn könnte, der es verstehn sollte. Jedes wahre Geheimniß muß die Profanen von selbst ausschließen. Wer es versteht ist von selbst, mit Recht, Eingeweihter.

3.

Der mystische Ausdruck ist ein Gedankenreiz mehr. Alle Wahrheit ist uralt. Der Reiz der Neuheit liegt nur in den

Variationen des Ausdrucks. Je contrastirender die Erscheinung, desto größer die Freude des Wiedererkennens.

4.

Was man liebt, findet man überall, und sieht überall Ähnlichkeiten. Je größer die Liebe, desto weiter und mannichfaltiger diese ähnliche Welt. Meine Geliebte ist die Abbreviatur des Universums, das Universum die Elongatur meiner Geliebten. Dem Freunde der Wissenschaften bieten sie alle, Blumen und Souvenirs, für seine Geliebte.

5.

Aber woher die ernsten, mystisch=politischen Philosopheme? Ein Begeisterter äußert sein höheres Leben in allen seinen Functionen; also philosophirt er auch, und zwar lebhafter als gewöhnlich, poetischer. Auch dieser tiefe Ton gehört in die Symphonie seiner Kräfte, und Organe. Gewinnt aber nicht das Allgemeine durch individuelle, das Individuelle durch allgemeine Beziehungen?

6.

Laßt die Libellen ziehn; unschuldige Fremdlinge sind es
Folgen dem Doppelgestirn froh, mit Geschenken, hieher.

Ein blühendes Land ist doch wohl ein königlicheres Kunstwerk, als ein Park. Ein geschmackvoller Park ist eine englische Erfindung. Ein Land, das Herz und Geist befriedigt, dürfte eine deutsche Erfindung werden; und der Erfinder wäre doch wohl der König aller Erfinder.

Der Beste unter den ehemaligen französischen Monarchen hatte sich vorgesetzt, seine Unterthanen so wohlhabend zu machen, daß jeder alle Sonntage ein Huhn mit Reiß auf seinen Tisch bringen könnte. Würde nicht die Regierung aber vorzuziehn seyn, unter welcher der Bauer lieber ein Stück verschimmelt Brod äße, als Braten in einer andern, und Gott für das Glück herzlich dankte, in diesem Lande geboren zu seyn?

———

Wenn ich morgen Fürst würde, so bät ich zuerst den König um einen Eudiometer, wie den Seinigen. Kein Instrument ist einem Fürsten nöthiger. Auch würde ich, wie er, die Lebensluft für meinen Staat mehr aus blühenden Pflanzungen, als aus Salpeter zu ziehen suchen.

Gold und Silber sind das Blut des Staats. Häufungen des Bluts am Herzen und im Kopfe verrathen Schwäche in beiden. Je stärker das Herz ist, desto lebhafter und freigebiger treibt es das Blut nach den äußern Theilen. Warm und belebt ist jedes Glied, und rasch und mächtig strömt das Blut nach dem Herzen zurück.

Ein einstürzender Thron ist wie ein fallender Berg, der die Ebene zerschmettert und da ein todtes Meer hinterläßt, wo sonst ein fruchtbares Land und lustige Wohnstätte war.

Macht nur die Berge gleich, das Meer wird es euch Dank wissen. Das Meer ist das Element von Freiheit und Gleichheit. Indeß warnt es, auf Lager von Schwefelkies zu treten; sonst ist der Vulkan da und mit ihm der Keim eines neuen Continents.

Die mephitischen Dünste der moralischen Welt verhalten sich anders, wie ihre Namensvettern in der Natur. Jene steigen gern in die Höhe, da diese am Boden hängen bleiben. Für die Höhenbewohner ist kein besseres Mittel dagegen, als Blumen und Sonnenschein. Beides hat sich nur selten auf Höhen zusammen getroffen. Auf einer der höchsten moralischen Erdhöhen, kann man aber jetzt die reinste Luft genießen und eine Lilie an der Sonne sehn.

Es war kein Wunder, wenn die Bergspitzen meistentheils

nur auf die Thäler herabdonnerten und die Fluren ver=
wüsteten. Böse Wolken zogen sich meist um sie her, und
verbargen ihnen ihre Abkunft vom Lande; dann erschien
ihnen die Ebene nur wie ein dunkler Abgrund, über
welchen sie die Wolken zu tragen schienen, oder wie ein
empörtes Meer, da doch nichts eigentlich gegen sie empört
war, und sie allmählig abstumpfte und herunterwusch, als
die anhänglich scheinenden Wolken.

Ein wahrhaftes Königspaar ist für den ganzen Menschen,
was eine Constitution für den bloßen Verstand ist. Man
kann sich für eine Constitution nur, wie für einen Buchstaben
interessiren. Ist das Zeichen nicht ein schönes Bild, oder
ein Gesang, so ist Anhänglichkeit an Zeichen, die verkehrteste
aller Neigungen. — Was ist ein Gesetz, wenn es nicht
Ausdruck des Willens einer geliebten, achtungswerthen Person
ist? Bedarf der mystische Souverain nicht, wie jede Idee,
eines Symbols, und welches Symbol ist würdiger und
passender, als ein liebenswürdiger treflicher Mensch? Die
Kürze des Ausdrucks ist doch wohl etwas werth, und ist
nicht ein Mensch ein kürzerer, schönerer Ausdruck eines
Geistes als ein Collegium? Wer recht viel Geist hat, den
hemmen Schranken und Unterschiede nicht; sie reizen ihn
vielmehr. Nur der Geistlose fühlt Last und Hemmung.
Uebrigens ist auch ein geborner König besser, als ein ge=
machter. Der beste Mensch wird eine solche Erhebung nicht
ohne Alteration ertragen können. Wer so geboren ist, dem
schwindelt nicht, den überreizt auch eine solche Lage nicht.
Und ist denn am Ende nicht die Geburt die primitive
Wahl? Die müssen sich nicht lebendig in sich gefühlt haben,
die die Freiheit dieser Wahl, die Einmüthigkeit bey derselben
bezweifeln.

Wer hier mit seinen historischen Erfahrungen angezogen
kömmt, weiß gar nicht, wovon ich rede, und auf welchem

Standpunct ich rede; dem sprech ich arabisch, und er thut am besten, seines Wegs zu gehn und sich nicht unter Zuhörer zu mischen, deren Idiom und Landesart ihm durchaus fremd ist.

Meinethalben mag jetzt der Buchstabe an der Zeit seyn. Es ist kein großes Lob für die Zeit, daß sie so weit von der Natur entfernt, so sinnlos für Familienleben, so abgeneigt der schönsten poetischen Gesellschaftsform ist. Wie würden unsre Kosmopoliten erstaunen, wenn ihnen die Zeit des ewigen Friedens erschiene und sie die höchste gebildetste Menschheit in monarchischer Form erblickten? Zerstäubt wird dann der papierne Kitt seyn, der jetzt die Menschen zusammenkleistert, und der Geist wird die Gespenster, die statt seiner in Buchstaben erschienen und von Federn und Pressen zerstückelt ausgingen, verscheuchen, und alle Menschen wie ein paar Liebende zusammen schmelzen.

Der König ist das gediegene Lebensprinzip des Staats; ganz dasselbe, was die Sonne im Planetensystem ist. Zunächst um das Lebensprinzip her, erzeugt sich mithin das höchste Leben im Staate, die Lichtatmosphäre. Mehr oder weniger vererzt ist es in jedem Staatsbürger. Die Aeußerungen des Staatsbürgers in der Nähe des Königs werden daher glänzend, und so poetisch als möglich, oder Ausdruck der höchsten Belebung seyn. Da nun in der höchsten Belebung der Geist zugleich am wirksamsten ist, die Wirkungen des Geistes Reflexionen sind, die Reflexion aber, ihrem Wesen nach, bildend ist, mit der höchsten Belebung also die schöne, oder vollkommene Reflexion verknüpft ist, so wird auch der Ausdruck des Staatsbürgers in der Nähe des Königs, Ausdruck der höchsten, zurückgehaltenen Kraftfülle, Ausdruck der lebhaftesten Regungen, beherrscht durch die achtungsvollste Besonnenheit, ein unter Regeln zu bringendes Betragen seyn.

Ohne Etiquette kann kein Hof bestehn. Es giebt aber eine natürliche Etiquette, die schöne, und eine erkünstelte, modische, die häßliche. Herstellung der erstern wird also keine unwichtige Sorge des denkenden Königs seyn, da sie einen bedeutenden Einfluß auf den Geschmack und die Liebe für die monarchische Form hat.

———

Jeder Staatsbürger ist Staatsbeamter. Seine Einkünfte hat er nur, als solcher. Man hat sehr unrecht, den König den ersten Beamten des Staats zu nennen. Der König ist kein Staatsbürger, mithin auch kein Staatsbeamter. Das ist eben das Unterscheidende der Monarchie, daß sie auf den Glauben an einen höhergebornen Menschen, auf der freiwilligen Annahme eines Idealmenschen, beruht. Unter meines Gleichen kann ich mir keinen Obern wählen; auf Einen, der mit mir in der gleichen Frage befangen ist, nichts übertragen. Die Monarchie ist deswegen ächtes System, weil sie an einen absoluten Mittelpunct geknüpft ist; an ein Wesen, was zur Menschheit, aber nicht zum Staate gehört. Der König ist ein zum irdischen Fatum erhobener Mensch. Diese Dichtung drängt sich dem Menschen nothwendig auf. Sie befriedigt allein eine höhere Sehnsucht seiner Natur. Alle Menschen sollen thronfähig werden. Das Erziehungsmittel zu diesem fernen Ziel ist ein König. Er assimilirt sich allmählich die Masse seiner Unterthanen. Jeder ist entsprossen aus einem uralten Königsstamm. Aber wie wenige tragen noch das Gepräge dieser Abkunft?

———

Ein großer Fehler unserer Staaten ist es, daß man den Staat zu wenig sieht. Überall sollte der Staat sichtbar, jeder Mensch, als Bürger characterisirt seyn. Ließen sich nicht Abzeichen und Uniformen durchaus einführen? Wer so etwas für geringfügig hält, kennt eine wesentliche Eigenthümlichkeit unsrer Natur nicht.

———

Ein Regent kann für die Erhaltung seines Staats in den jetzigen Zeiten gewiß nicht zweckmäßiger sorgen, als wenn er ihn vielmöglichst zu individualisiren sucht.

Die alte Hypothese, daß die Cometen die Revolutionsfackeln des Weltsystems wären, gilt gewiß für eine andre Art von Cometen, die periodisch das geistige Weltsystem revolutioniren und verjüngen. Der geistige Astronom bemerkt längst den Einfluß eines solchen Cometen auf einen beträchtlichen Theil des geistigen Planeten, den wir die Menschheit nennen. Mächtige Ueberschwemmungen, Veränderungen der Klimate, Schwankungen des Schwerpuncts, allgemeine Tendenz zum Zerfließen, sonderbare Meteore sind die Symptome dieser heftigen Incitation, deren Folge den Inhalt eines neuen Weltalters ausmachen wird. So nöthig es vielleicht ist, daß in gewissen Perioden alles in Fluß gebracht wird, um neue, nothwendige Mischungen hervorzubringen, und eine neue, reinere Krystallisation zu veranlassen, so unentbehrlich ist es jedoch ebenfalls diese Krisis zu mildern und die totale Zerfließung zu behindern, damit ein Stock übrig bleibe, ein Kern, an den die neue Masse anschieße, und in neuen schönen Formen sich um ihn her bilde. Das Feste ziehe sich also immer fester zusammen, damit der überflüssige Wärmestoff vermindert werde, und man spare kein Mittel um das Zerweichen der Knochen, das Zerlaufen der typischen Faser zu verhindern.

Würde es nicht Unsinn seyn, eine Krisis permanent zu machen und zu glauben, der Fieberzustand sey der ächte, gesunde Zustand, an dessen Erhaltung dem Menschen alles gelegen seyn mußte? Wer möchte übrigens an seiner Nothwendigkeit, an seiner wohlthätigen Wirksamkeit zweifeln.

Es wird eine Zeit kommen und das bald, wo man allgemein überzeugt seyn wird, daß kein König ohne Republik, und keine Republik ohne König bestehn könne, daß beide so untheilbar sind, wie Körper und Seele, und daß ein König ohne Republik, und eine Republik ohne König, nur Worte ohne Bedeutung sind. Daher entstand mit einer ächten Republik immer ein König zugleich, und mit einem ächten König eine Republik zugleich. Der ächte König wird Republik, die ächte Republik König seyn.

Diejenigen, die in unsern Tagen gegen Fürsten, als solche, declamiren, und nirgends Heil statuiren, als in der neuen, französischen Manier, auch die Republik nur unter der representativen Form erkennen, und apodiktisch behaupten, daß nur da Republik sey, wo es Primair= und Wahlversammlungen, Direktorium und Räthe, Munizipalitäten und Freiheitsbäume gäbe, die sind armselige Philister, leer an Geist und arm an Herzen, Buchstäbler, die ihre Seichtigkeit und innerliche Blöße hinter den bunten Fahnen der triumphirenden Mode, unter der imposanten Maske des Kosmopolitismus zu verstecken suchen, und die Gegner, wie die Obscuranten verdienen, damit der Frosch= und Mäusekrieg vollkommen versinnlicht werde.

Wird nicht der König schon durch das innige Gefühl Ihres Werths zum König?

Was bey andern Fürsten der erste Tag war, wird hier der Lebenstag des Königs seyn. Die Regierungszeit der Meisten ist nur der erste Tag. Der erste Tag ist das Leben dieser Ephemeren. Dann sterben sie, und mit ihren Reliquien wird nun mannichfacher Mißbrauch getrieben. So sind die meisten sogenannten Regierungen Interregna; die Fürsten nur das rothe, heilige Wachs, welches die Befehle sanctionirt.

Was sind Orden? Irwische, oder Sternschnuppen. Ein Ordensband sollte eine Milchstraße seyn, gewöhnlich ist es nur ein Regenbogen, eine Einfassung des Ungewitters. Ein Brief, ein Bild der Königin; das wären Orden, Auszeichnungen der höchsten Art; Auszeichnungen, die zu den ausgezeichnetsten Thaten entzündeten. Auch verdienstvolle Hausfrauen sollten ähnliche Ehrenzeichen bekommen.

Die Königin hat zwar keinen politischen, aber einen häuslichen Wirkungskreis im Großen. Vorzüglich kommt ihr die Erziehung ihres Geschlechts, die Aufsicht über die Kinder des ersten Alters, über die Sitten im Hause, die Verpflegung der Hausarmen und Kranken, besonders der von ihrem Geschlechte, die geschmackvolle Verzierung des Hauses, die Anordnung der Familienfeste, und die Einrichtung des Hoflebens von rechtswegen zu. Sie sollte ihre eigne Kanzlei haben, und ihr Mann wäre ihr erster Minister, mit dem sie alles überlegte. Zur Erziehung ihres Geschlechts würde Abschaffung der ausdrücklichen Anstalten seiner Corruption gehören. Sollte der Königin nicht beim Eintritt in eine Stadt schaudern, wo die tiefste Herabwürdigung ihres Geschlechts ein öffentliches Gewerbe ist? Die härtesten Strafen würden für diese ächten Seelenverkäufer nicht zu hart seyn. Ein Mord ist weit schuldloser. Die gepriesene Sicherheit, die dadurch beabsichtigt wird, ist eine sonderbare Begünstigung der Brutalität. So wenig sich die Regierung in Privatangelegenheiten mischen dürfte, so sollte sie doch jede Beschwerde, jedes öffentliche Skandal, jede Anzeige, oder Klage eines entehrten Gegenstandes auf das strengste untersuchen. Wem steht das Schutzrecht des beleidigten Geschlechts mehr zu, als der Königin? Sie muß für den Aufenthalt in einer Stadt erröthen, die Asyle und Bildungsinstitute der Verworfenheit in sich befaßt.

Ihr Beispiel wird übrigens unendlich viel wirken. Die glücklichen Ehen werden immer häufiger und die Häuslichkeit mehr, als Mode werden. Sie wird zugleich ächtes Muster des weiblichen Anzugs seyn. Der Anzug ist gewiß ein sehr richtiger Ethometer. Er hat leider in Berlin immer auf einem sehr niedrigen Puncte gestanden, oft unter Null. Was könnte nicht die Gesellschaft der Königin auf die jungen Weiber und Mädchen in Berlin würken? Es wäre an sich schon eine ehrenvolle Distinktion und würde die öffentliche Meinung nothwendig wieder sittlich stimmen; und am Ende ist doch die öffentliche Meinung das kräftigste Restaurations- und Bildungsmittel der Sitten.

Von der öffentlichen Gesinnung hängt das Betragen des Staats ab. Veredlung dieser Gesinnung ist die einzige Basis der ächten Staatsreform. Der König und die Königin können und müssen als solche das Prinzip der öffentlichen Gesinnung seyn. Dort giebt es keine Monarchie mehr wo der König und die Intelligenz des Staats nicht mehr identisch sind. Daher war der König von Frankreich schon lange vor der Revolution dethronisirt, und so die meisten Fürsten Europas. Es würde ein sehr gefährliches Symptom des Neupreußischen Staats seyn, wenn man zu stumpf für die wohlthätigen Einflüsse des Königs und der Königin wäre, wenn es in der That an Sinn für dieses klassische Menschenpaar gebräche. Das muß sich in Kurzem offenbaren. Wirken diese Genien nichts, so ist die vollkommene Auflösung der modernen Welt gewiß, und die himmlische Erscheinung ist nichts, als das Aufblitzen der verfliegenden Lebenskraft, die Sphärenmusik eines Sterbenden, die sichtbare Ahndung einer bessern Welt, die edlern Generationen bevorsteht.

Der Hof ist eigentlich das große Muster einer Haushaltung. Nach ihm bilden sich die großen Haushaltungen des Staats, nach diesen die kleinern, und so herunter. Wie mächtig könnte nicht eine Hofreform wirken! Der König soll nicht frugal, wie ein Landmann, oder ein begüterter

Privatmann seyn; aber es giebt auch eine königliche Frugalität, und diese scheint der König zu kennen. Der Hof soll das klassische Privatleben im Großen seyn. Die Hausfrau ist die Feder des Hauswesens. So die Königin, die Feder des Hofs. Der Mann fournirt, die Frau ordnet und richtet ein. Ein frivoles Hauswesen ist meistentheils die Schuld der Frau. Daß die Königin durchaus antifrivole ist, weiß jedermann. Daher begreife ich nicht, wie sie das Hofleben, wie es ist, ertragen kann. Auch ihrem Geschmack, der so innig eins mit ihrem Herzen ist, muß die fade Monotonie desselben unerträglich auffallen.

Das Schauspiel und Conzert, und hin und wieder die Zimmerverzierungen ausgenommen, trifft man fast keine Spur von Geschmack im gewöhnlichen europäischen Hofleben, und auch jene Ausnahmen, wie oft sind sie geschmacklos, wie oft werden sie nicht geschmacklos genossen. Wie äußerst mannichfaltig könnte es aber seyn? Ein geistvoller Maitre des Plaisirs könnte, geleitet vom Geschmack der Königin, aus dem Hofe ein irdisches Paradies machen, könnte das einfache Thema des Lebensgenusses durch unerschöpfliche Variationen führen, und uns so die Gegenstände der allgemeinen Anbetung in einer immer neuen, immer reizenden Umgebung erblicken lassen. Welches Gefühl aber ist himmlischer, als das, seine Geliebten im wahrhaftesten Lebensgenusse begriffen zu wissen.

———

Jede gebildete Frau und jede sorgfältige Mutter sollte das Bild der Königin, in ihrem oder ihrer Töchter Wohnzimmer haben. Welche schöne kräftige Erinnerung an das Urbild, das jede zu erreichen sich vorgesetzt hätte. Ähnlichkeit mit der Königin würde der Karakterzug der Neupreußischen Frauen, ihr Nationalzug. Ein liebenswürdiges Wesen unter tausendfachen Gestalten. Mit jeder Trauung ließe sich leicht eine bedeutungsvolle Huldigungszeremonie der Königin einführen; und so sollte man mit dem König und der Königin das gewöhnliche Leben veredeln, wie sonst die Alten es mit ihren Göttern thaten. Dort entstand ächte Religiosität durch diese unaufhörliche Mischung der Götterwelt in das Leben. So könnte hier durch diese beständige Verwebung des königlichen Paars in das häusliche und öffentliche Leben, ächter Patriotism entstehen.

Die Gruppe von Schadow sollte die gute Gesellschaft in Berlin zu erhalten suchen, eine Loge der sittlichen Grazie stiften und sie in dem Versammlungssaale aufstellen. Diese Loge könnte eine Bildungsanstalt der jungen weiblichen Welt aus den kultivirtern Ständen seyn, und der Königsdienst wäre dann, was der Gottesdienst auf eine ähnliche Weise seyn sollte, ächte Auszeichnung und Belohnung der trefflichsten ihres Geschlechts.

Sonst mußte man sich vor den Höfen, wie vor einem ansteckenden Orte, mit Weib und Kindern flüchten. An einen Hof wird man sich jetzt vor der allgemeinen Sittenverderbniß, wie auf eine glückliche Insel zurückziehen können. Um eine treffliche Frau zu finden, mußte ein behutsamer junger Mann sonst in die entlegenern Provinzen, wenigstens in die gänzlich von Stadt und Hof entfernten Familien gehn; künftig wird man, wie es nach dem ursprünglichen Begriff seyn sollte, an Hof, als zum Sammelplatz des besten und schönsten gehn, und sich glücklich preisen können, eine Frau aus der Hand der Königin zu empfangen.

Dieser König ist der Erste König von Preußen. Er setzt sich alle Tage die Krone selbst auf, und zu seiner Anerkennung bedarf es keiner Negotiationen.

Der König und die Königin beschützen die Monarchie mehr, als 200,000 Mann.

Nichts ist erquickender als von unsern Wünschen zu reden, wenn sie schon in Erfüllung gehn.

Kein Staat ist mehr als Fabrik verwaltet worden, als Preußen, seit Friedrich Wilhelm des Ersten Tode. So nöthig vielleicht eine solche maschinistische Administration zur physischen Gesundheit, Stärkung und Gewandheit des Staats seyn mag, so geht doch der Staat, wenn er bloß auf diese Art behandelt wird, im Wesentlichen darüber zu Grunde. Das Prinzip des alten berühmten Systems ist, jeden durch Eigennutz an den Staat zu binden. Die klugen Politiker hatten das Ideal eines Staats vor sich, wo das Interesse des Staats, eigennützig, wie das Interesse der Unterthanen, so künstlich jedoch mit demselben verknüpft wäre, daß beide einander wechselseitig beförderten.

An diese politische Quadratur des Zirkels ist sehr viel Mühe gewandt worden: aber der rohe Eigennutz scheint durchaus unermeßlich, antisystematisch zu seyn. Er hat sich durchaus nicht beschränken lassen, was doch die Natur jeder Staatseinrichtung nothwendig erfordert. Indeß ist durch diese förmliche Aufnahme des gemeinen Egoismus, als Prinzip, ein ungeheurer Schade geschehn, und der Keim der Revolution unserer Tage liegt nirgends, als hier.

Mit wachsender Kultur mußten die Bedürfnisse mannich= facher werden und der Werth der Mittel ihrer Befriedigung um so mehr steigen, je weiter die moralische Gesinnung hinter allen diesen Erfindungen des Luxus, hinter allen Raffine= ments des Lebensgenusses und der Bequemlichkeit zurück= geblieben war. Die Sinnlichkeit hatte zu schnell ungeheures Feld gewonnen. In eben dem Verhältnisse, als die Menschen auf dieser Seite ihre Natur ausbildeten und sich in der vielfachsten Thätigkeit und dem behaglichsten Selbstgefühl verloren, mußte ihnen die andere Seite unscheinbar, eng und fern vorkommen. Hier meinten sie nun den rechten Weg ihrer Bestimmung eingeschlagen zu haben, hieher alle Kräfte verwenden zu müssen. So wurde grober Eigennutz zur Leidenschaft, und zugleich seine Maxime zum Resultat des höchsten Verstandes; und dies machte die Leidenschaft so gefährlich und unüberwindlich. Wie herrlich wär es, wenn der jetzige König sich wahrhaft überzeugte, daß man auf diesem Wege nur das flüchtige Glück eines Spielers machen könne, das von einer so veränderlichen Größe bestimmt wird, als die Imbecillität und der Mangel an Routine und Finesse seiner Mitspieler. Durch Betrogenwerden lernt man Betrügen, und wie bald ändert sich da nicht das Blatt, und der Meister wird Schüler seines Schülers. Ein dauerhaftes Glück macht nur der rechtliche Mann, und der rechtliche Staat. Was helfen mir alle Reichthümer, wenn sie sich bei mir nur aufhalten, um frische Pferde zu nehmen und schneller ihre Reise um die Welt zurück zu legen? Uneigennützige Liebe im Herzen und ihre Maxime im Kopf, das ist die alleinige, ewige Basis aller wahrhaften, unzertrennlichen Verbindung, und was ist die Staatsverbindung anders, als eine Ehe?

Ein König muß, wie ein Vater, keine Vorliebe zeigen. Er sollte nicht bloß militairische Gesellschafter und Adjutanten haben. Warum nicht auch civilistische? Wenn er sich in seinen militairischen Adjutanten fähige Generale bildet, warum will er sich nicht auf ähnliche Weise fähige Präsidenten und Minister bilden? Bei ihm laufen alle Fäden der Regierung zusammen. Nur von dort aus läßt sich das ganze Triebwerk des Staats überblicken. Dort allein lernt man im Großen den Staat und sein Detail ansehn. Zu Directorialposten kann man sich nirgends so bilden, als im Kabinet, wo die Staatsweisheit des ganzen Landes sich konzentrirt, wo man jede Sache durchaus bearbeitet erhält, und von wo aus man den Gang der Geschäfte bis in seine kleinsten Adern verfolgen kann. Hier allein würde jener eingeschränkte Geist verschwinden, jener Pedantismus der Geschäftsmänner, der sie auf ihre Bemühungen einen einzigen, auf ihre Vorschläge einen infalliblen Werth legen läßt, der sie alle Dinge nach ihrem Wirkungskreise, nach ihrer Gesichtssphäre beurtheilen macht, und die höhere Instanzen oft selbst zu einseitigen ungleichen Partialschritten verleitet. Dieses kleinstädtische Wesen ist überall sichtbar und verhindert am meisten ächten Republikanismus, allgemeine Theilnahme am ganzen Staate, innige Berührung und Harmonie aller Staatsglieder. Der König sollte noch mehr militairische und civilistische Adjutanten haben. Wie jene die höchste militairische Schule im Staate, so bildeten diese die höchste praktisch-politische Akademie im Staate. Eine Stelle in beiden würde schon Auszeichnung und Anfeuerung genug seyn. Für den König würde diese abwechselnde Gesellschaft der treflichsten jungen Männer seines Landes höchst angenehm und vortheilhaft seyn. Für diese jungen Männer aber wären diese Lehrjahre das glänzendste Fest ihres Lebens, der Anlaß einer lebenslänglichen Begeisterung. Persönliche Liebe schlösse sie auf ewig an ihren Souverain, und der König hätte die schönste Gelegenheit, seine Diener genau kennen zu lernen, zu wählen und persönlich zu achten und zu lieben. Die edle Simplicität des königlichen Privatlebens, das Bild dieses glücklichen, innig verbundenen Paars, würde den wohlthätigsten Einfluß auf die sittliche Bildung dieses Kerns der preußischen Jugend haben, und so würde dem König am leichtesten der angeborne Wunsch seines Herzens gewährt, der wahrhafte Reformator und Restaurator seiner Nation und seiner Zeit zu werden.

Einen König sollte nichts mehr am Herzen liegen, als so vielseitig, so unterrichtet, orientirt und vorurtheilsfrey, kurz so vollständiger Mensch zu seyn und zu bleiben, als möglich. Kein Mensch hat mehr Mittel in Händen sich auf eine leichte Art diesen höchsten Styl der Menschheit zu eigen zu machen, als ein König. Durch Umgang und Fortlernen kann er sich immer jung erhalten. Ein alter König macht einen Staat so grämlich, als er selbst ist. Wie bequem könnte sich der König nicht die Bekanntschaft mit den wissenschaftlichen Fortschritten der Menschheit machen. Er hat schon gelehrte Academien. Wenn er sich nun von diesen vollständige, genaue und präzise Berichte über den vormaligen und gegenwärtigen Zustand der Litteratur überhaupt — lermtnliche Berichte über die wissenswürdigsten Vorfälle in allem, was den Menschen, als solchen, interessirt — Auszüge aus den vorzüglichsten Büchern, und Bemerkungen über dieselben, Hinweisungen auf diejenigen Produkte der schönen Kunst, die eigne Betrachtung und Genießung verdienten, endlich Vorschläge zur Beförderung wissenschaftlicher Kultur der Unterthanen, zur Aufnahme und Unterstützung hoffnungsvoller bedeutender Unternehmungen, und armer vielversprechender Gelehrten, und zur Ausfüllung scientifischer Lücken und Entwicklung neuer litterarischer Keime, erforderte, und allenfalls Correlationen veranstaltete, so würde dies ihn in Stand setzen seinen Staat unter andern Staaten, seine Nation in der Menschheit und sich selbst im Großen zu übersehen, und hier in der That sich zu einem königlichen Menschen zu bilden. Der Mühe einer ungeheuren Lektüre überhoben, genösse er die Früchte der europäischen Studien im Extracte, und würde in kurzem durch fleißiges Überdenken dieses geläuterten und inspissirten Stoffs neue mächtige Kräfte seines Geistes hervorgebrochen und sich in einem reinern Elemente, auf der Höhe des Zeitalters erblicken. Wie divinatorisch würde sein Blick, wie geschärft sein Urtheil, wie erhaben seine Gesinnung werden!

Ein wahrhafter Fürst ist der Künstler der Künstler; das ist, der Director der Künstler. Jeder Mensch sollte Künstler seyn. Alles kann zur schönen Kunst werden. Der Stoff des Fürsten sind die Künstler; sein Wille ist sein Meißel: er erzieht, stellt und weist die Künstler an, weil nur er das Bild im Ganzen aus dem rechten Standpunkte übersieht, weil ihm nur die große Idee, die durch vereinigte Kräfte und Ideen dargestellt, exekutirt werden soll, vollkommen gegenwärtig ist. Der Regent führt ein unendlich mannichfaches Schauspiel auf, wo Bühne und Parterre, Schauspieler und Zuschauer Eins sind, und er selbst Poet, Director und Held des Stücks zugleich ist. Wie entzückend, wenn hier bey dem König die Directrice zugleich die Geliebte des Helden, die Heldin des Stücks ist, wenn man selbst die Muse in ihr erblickt, die den Poeten mit heiliger Glut erfüllt, und zu sanften, himmlischen Weisen sein Saitenspiel stimmt.

———

In unsern Zeiten haben sich wahre Wunder der Transsubstantiation ereignet. Verwandelt sich nicht ein Hof in eine Familie, ein Thron in ein Heiligthum, eine königliche Vermählung in einen ewigen Herzensbund?

———

Wenn die Taube Gesellschafterin und Liebling des Adlers wird, so ist die goldne Zeit in der Nähe oder gar schon da, wenn auch noch nicht öffentlich anerkannt und allgemein verbreitet.

———

Wer den ewigen Frieden jetzt sehn und lieb gewinnen will, der reise nach Berlin und sehe die Königin. Dort kann sich jeder anschaulich überzeugen, daß der ewige Friede herzliche Rechtlichkeit über alles liebt, und nur durch diese sich auf ewig fesseln läßt.

———

Was ich mir vor allen wünschte? das will ich euch sagen: eine geistvolle Darstellung der Kinder- und Jugendjahre der Königin. Gewiß im eigentlichsten Sinn, weibliche Lehrjahre. Vielleicht nichts anders, als Nataliens Lehrjahre. Mir kommt Natalie, wie das zufällige Portrait der Königin vor. Ideale müssen sich gleichen.

Philosophische (logologische) Fragmente.

(Die bisherige Geschichte der Philosophie ist nichts, als eine Geschichte der Entdeckungsversuche des Philosophirens. Sobald philosophirt wird, entstehn Philosopheme und die ächte Naturlehre der Philosopheme ist die Philosophie.)

(Diese mannichfachen Ansichten aus meinen philosophischen Bildungsjahren können vielleicht denjenigen unterhalten, der sich aus der Beobachtung der werdenden Natur eine Freude macht, und demjenigen nicht unnütz seyn, der selbst noch in diesen Studien begriffen ist.)

(Der Buchstabe ist nur eine Hülfe der philosophischen Mittheilung, deren eigentliches Wesen in Erregung eines bestimmten Gedankengangs besteht. Der Redende denkt, producirt; der Hörende denkt nach, reproducirt. Die Worte sind ein trügliches Medium des Vordenkens, unzuverlässige Vehikel eines bestimmten, specifischen Reitzes. Der ächte Lehrer ist ein Wegweiser. Ist der Schüler in der That wahrheitslustig, so bedarf es nur eines Wincks, um ihn finden zu lassen, was er sucht. Die Darstellung der Philosophie besteht demnach aus lauter Thems, aus Anfangssätzen, Principien. Sie ist nur für selbstthätige Wahrheitsfreunde. Die analytische Ausführung des Thems ist nur für Träge oder Ungeübte. — Leztere müssen dadurch fliegen und sich in einer bestimmten Direction erhalten lernen. Aufmercksamkeit ist eine zentrirende Kraft. Mit der gegebenen Richtung beginnt das wirksame Verhältniß zwischen dem Gerichteten und dem Objecte der Richtung. Halten wir diese Richtung fest, so gelangen wir apodictisch sicher zu dem gesteckten Ziel.

Achtes Gesammtphilosophiren ist also ein gemeinschaftlicher Zug nach einer geliebten Welt — bey welchem man sich wechselseitig im vordersten Posten, welcher die meiste Anstrengung gegen das widerstrebende Element, worinn man fliegt, nöthig macht, ablöst.)

(Ein Problem ist eine feste, synthetische Masse, die mittelst der durchdringenden Denkkraft zersetzt wird. So ist umgekehrt das Feuer die Denkkraft. Die Natur und jeder Körper ein Problem.)

Man muß bey jeder Philosophie das Zufällige von dem Wesentlichen zu unterscheiden wissen. Zu diesem Zufälligen gehört ihre polemische Seite. In spätern Zeiten erscheint die an Widerlegung und Beseitigung vorhergegangener Meynungen verschwendete Mühe seltsam genug. — Eigentlich ist diese Polemik noch eine Selbstbekämpfung — indem der seiner Zeit entwachsene Denker doch noch von den Vorurtheilen seiner acabemischen Jahre beunruhigt wird — eine Beunruhigung, von der man sich in hellern Zeiten keinen Begriff mehr machen kann, weil man kein Bedürfniß fühlt sich dagegen in Sicherheit zu setzen.

Jedes Wort ist ein Wort der Beschwörung. Welcher Geist ruft — ein solcher erscheint.

Wenn man anfängt über Philosophie nachzudenken, so dünkt uns Philosophie, wie Gott und Liebe, Alles zu seyn. Sie ist eine mystische, höchstwirksame, durchdringende Idee, die uns unaufhaltsam nach allen Richtungen hineintreibt. Der Entschluß zu philosophiren, Philosophie zu suchen, ist der Act der Manumission, der Stoß auf uns selbst zu.

———

Außer der Philosophie der Philosophie giebt es allerdings noch Philosophieen, die man Individualphilosophieen nennen könnte. Die Methode ist ächt philosophisch. Sie gehn vom Absoluten aus, nur von keinem rein Absoluten. Sie sind daher eigentlich aus Philosophie und Unphilosophie gemischt, und je inniger die Vermischung ist, desto interessanter. Sie sind individuell von Grund aus. Sie setzen eine Synthesis mit Gewalt, als Thesis. Die Darstellung der Philosophie der Philosophie wird immer etwas von einer Individualphilosophie haben. Der Dichter stellt ebenfalls nur Individualphilosophie dar, und jeder Mensch wird, so lebhaft er übrigens auch die Philosophie der Philosophie anerkennen mag, praktisch nur mehr oder weniger Individualphilosoph seyn, und, trotz allen Bestrebens, nie ganz aus dem Zauberkreise seiner Individualphilosophie heraustreten können.

———

Sollte das höchste Princip das höchste Paradoxon in seiner Aufgabe enthalten? Ein Satz seyn, der schlechterdings keinen Frieden ließe, der immer anzöge und abstieße, immer von neuen unverständlich würde, so oft man ihn auch schon verstanden hätte? Der unsre Thätigkeit unaufhörlich rege machte, ohne sie je zu ermüden, ohne je gewohnt zu werden? Nach alten mystischen Sagen ist Gott für die Geister etwas Ähnliches.

———

Unser Denken war bisher entweder blos mechanisch, discursiv, atomistisch, oder blos intuitiv, dynamisch. Ist jetzt etwa die Zeit der Vereinigung gekommen?

———

Es wäre wohl möglich, daß Fichte Erfinder einer ganz neuen Art zu denken wäre, für die die Sprache noch keinen

Namen hat. Der Erfinder ist vielleicht nicht der fertigste und sinnreichste Künstler auf seinem Instrument, ob ich gleich nicht sage, daß es so sey. Es ist aber wahrscheinlich, daß es Menschen giebt und geben wird, die weit besser fichtisiren werden, als Fichte. Es können wunderbare Kunstwercke hier entstehn, wenn man das Fichtisiren erst artistisch zu treiben beginnt.

———

(Im eigentlichsten Sinn ist philosophiren ein Liebkosen, eine Bezeugung der innigsten Liebe zum Nachdenken, der absoluten Lust an der Weisheit.)

———

Der rohe, discursive Denker ist der Scholastiker. Der ächte Scholastiker ist ein mystischer Subtilist. Aus logischen Atomen baut er sein Weltall — er vernichtet alle lebendige Natur, um ein Gedankenkunststück an ihre Stelle zu setzen. Sein Ziel ist ein unendliches Automat. Ihm entgegengesezt ist der rohe, intuitive Dichter. Er ist ein mystischer Macrolog. Er haßt Regel und feste Gestalt. Ein wildes, gewaltthätiges Leben herrscht in der Natur — Alles ist belebt. Kein Gesetz — Willkühr und Wunder überall. Er ist bloß dynamisch.

So regt sich der philosophische Geist zuerst in völlig getrennten Massen.

Auf der zweiten Stufe der Kultur fangen sich an diese Massen zu berühren — mannichfaltig genug; so wie in der Vereinigung unendlicher Extreme überhaupt das Endliche, Beschränkte entsteht, so entstehn nun auch hier Eklektiker ohne Zahl. Die Zeit der Mißverständnisse beginnt. Der Beschränkteste ist auf dieser Stufe der Bedeutendste, der reinste Philosoph der zweiten Stufe. Diese Klasse ist ganz auf die wirkliche, gegenwärtige Welt, im strengsten Sinne, eingeschränkt. Die Philosophen der ersten Klasse sehn mit Verachtung auf diese zweite herab. Sie sagen, sie sey alles nur ein bischen und mithin nichts. Sie halten ihre Ansichten für Folgen der Schwäche, für Inconsequentismus. Gegentheils stimmt die zweite Klasse in der Bemitleidung der Ersten überein, der sie die absurdeste Schwärmerey, bis zum Wahnwitz, schuld geben.

Wenn von Einer Seite Scholastiker und Alchymisten gänzlich gespalten, hingegen die Eklektiker Eins zu seyn scheinen, so ist doch auf dem Revers alles gerade umgekehrt. Jene sind im Wesentlichen indirecte Eines Sinns, nemlich über die absolute Unabhängigkeit und unendliche Tendenz der Meditation. Sie gehn beyde vom Absoluten aus; dagegen die Bornirten im Wesentlichen mit sich selbst uneins und nur im Abgeleiteten übereinstimmend sind. Jene sind unendlich, aber einförmig — diese beschränkt, aber mannichfaltig. Jene haben das Genie, diese das Talent. Jene die Ideen, diese die Handgriffe. Jene sind Köpfe ohne Hände, diese Hände ohne Köpfe. Die dritte Stufe ersteigt der Künstler, der Werckzeug und Genie zugleich ist. Er findet, daß jene ursprüngliche Trennung der absoluten philosophischen Thätigkeiten eine tiefer liegende Trennung seines eignen Wesens sey, deren Bestehn auf der Möglichkeit ihrer Vermittelung, ihrer Verbindung beruht. Er findet, daß so heterogen auch diese Thättgkeiten sind, sich doch ein Vermögen in ihm vorfinde, von Einer zur andern überzugehn, nach Gefallen seine Polarität zu verändern. Er entdeckt also in ihnen nothwendige Glieder seines Geistes; er merckt, daß beyde in einem gemeinsamen Prinzip vereinigt seyn müssen. Er schließt daraus, daß der Eklekticismus nichts, als das Resultat des unvollständigen, mangelhaften Gebrauchs dieses Vermögens sey. Es wird ihm mehr als wahrscheinlich, daß der Grund dieser Unvollständigkeit die Schwäche der produktiven Imagination sey, die es nicht vermöge, sich im Moment des Uebergehns von Einem Gliede zum andern schwebend zu erhalten und anzuschauen. Die vollständige Darstellung des durch diese Handlung zum

Bewußtseyn erhobenen ächt geistigen Lebens ist die Philosophie κατ' εξοχιν. Hier entsteht jene lebendige Reflexion, die sich bey sorgfältiger Pflege nachher zu einem unendlich gestalteten geistigen Universo von selbst ausdehnt — der Kern und der Keim einer alles befassenden Organisation. Es ist der Anfang einer wahrhaften Selbstdurchdringung des Geistes, die nie endigt.

Sophisten sind Leute, die aufmerksam auf die Schwächen der Philosophen und die Kunstfehler, dieselben zu ihrem Vortheil oder überhaupt zu gewissen unphilosophischen, unwürdigen Zwecken zu benutzen suchen — oft die Philosophie selber. Diese haben also eigentlich nichts mit der Philosophie zu thun. Sind sie aus Grundsatz unphilosophisch, so sind sie, als Feinde der Philosophie zu betrachten, und wie Feinde zu behandeln. Die gefährlichste Klasse derselben sind die Skeptiker aus reinem Haß der Philosophie. Die übrigen Skeptiker sind zum Theil sehr achtungswerth. Sie sind die Vorläufer der dritten Periode. Sie haben ächt philosophische Unterscheidungsgabe, und es fehlt ihnen nur an geistiger Potenz. Sie haben die gehörige Capacität, aber nicht die selbstincilirende Kraft. Sie fühlen das Unzulängliche der bisherigen Systeme — keins vivificirt sie ganz. Sie haben ächten Geschmack, aber es mangelt die nöthige Energie der produktiven Imagination. Sie müssen polemisch seyn. Alle Eklektiker sind Skeptiker im Grunde. Je mehr sie umfassen, desto skeptischer; diese leztere Bemerckung wird durch die Thatsache bestätigt, daß die größesten und besten zeitherigen Gelehrten am Ende ihres Lebens am wenigsten zu wissen bekannten.

Philosophiren ist dephlegmatisiren, vivificiren. Man hat bisher in der Untersuchung der Philosophie, die Philosophie erst todt geschlagen und dann zergliedert und aufgelöst.

Man glaubte, die Bestandtheile des caput mortuum wären die Bestandtheile der Philosophie. Aber immer schlug jeder Versuch der Reduktion, oder der Wiederzusammensetzung fehl. Erst in den neuesten Zeiten hat man die Philosophie lebendig zu beobachten angefangen, und es könnte wohl kommen, daß man so die Kunst erhielte, Philosophieen zu machen.

Die gewöhnliche Logik ist die Grammatik der höhern Sprache oder des Denkens. Sie enthält blos die Verhältnisse der Begriffe unter einander, die Mechanik des Denkens, die reine Physiologie der Begriffe. Die logischen Begriffe verhalten sich aber zu einander, wie die Worte ohne Gedanken.

Die Logik beschäftigt sich blos mit dem todten Körper der Denklehre.

Die Metaphysik ist die reine Dynamik des Denkens. Sie handelt von den ursprünglichen Denkkräften. Sie beschäftigt sich mit der bloßen Seele der Denklehre. Die metaphysischen Begriffe verhalten sich zu einander, wie Gedanken ohne Worte. Oft wunderte man sich über die beharrliche Unvollendung beyder Wissenschaften. Jede trieb ihr Wesen für sich, und überall fehlte es. Es wollte nie recht in jeder passen. Gleich von Anfang suchte man sie zu vereinigen, da alles in ihnen auf Verwandtschaft deutete. Aber jeder Versuch mislang, da Eine von beyden immer dabey litt und ihren wesentlichen Karakter einbüßte. Es blieb bey metaphysischer Logik und logischer Metaphysik, aber keine war, was sie seyn sollte. Der Physiologie und Psychologie, der Mechanik und Chymie giengs nicht besser. In der lezten Hälfte dieses Jahrhunderts entstand hier eine neue, heftigere Entzündung, als je — die feindlichen Massen thürmten sich stärker, als zeither, gegen einander auf, die Gährung war übermäßig, es erfolgten mächtige Explosionen. Jezt behaupten Einige, es habe sich irgendwo eine wahrhafte

Durchdringung eräugnet, es sey ein Keim der Vereinigung
entstanden, der allmählich wachsen und alles zu Einer, un=
theilbaren Gestalt assimiliren würde. Dieses Princip des
ewigen Friedens dringe unwiderstehlich nach allen Seiten,
und bald werde nur Eine Wissenschaft und Ein Geist, wie
Ein Prophet und Ein Gott, seyn.

(Die vollendete Form der Wissenschaften muß poetisch
seyn. Jeder Satz muß einen selbstständigen Karacter haben,
ein selbstverständliches Individuum, Hülle eines witzigen
Einfalls seyn.)

(Der erste synthetische Satz ist gleichsam der erste Kern.
Es löst sich von den beyden Endgliedern ein Satz nach dem
Andern nach Anziehungsgesetzen des Kerns ab und wird
mittelst seines Durchgehns durch den ersten Satz, diesem
assimilirt — und so wächst die Philosophie in die Unendlich=
keit, nach außen und nach Innen. Sie strebt gleichsam
den unendlichen Raum zwischen den Endgliedern auszufüllen.)

Die höchsten Aufgaben beschäftigen den Menschen am
frühsten. Aeußerst lebhaft fühlt der Mensch beym ersten
Nachdenken das Bedürfniß, die höchsten Enden zu vereinigen.
Mit steigender Kultur nehmen seine Versuche an Genialität
ab, aber sie nehmen an Brauchbarkeit zu; wodurch er zu
dem Irrthume verleitet wird, gänzlich von den Endgliedern
zu abstrahiren, und sein Verdienst blos in Vereinigung
näherer bedingter Glieder zu setzen. Es kann aber nicht
fehlen, daß er bald die nothwendige Mangelhaftigkeit dieser
Methode bemerckt und sich nach der Möglichkeit umsieht, die
Vortheile der ersten Methode mit den Vortheilen der zweiten
Methode zu verbinden und so beyde zu ergänzen. Jetzt fällt
ihm endlich ein, in sich selbst als absoluten Mittelpunct dieser
getrennten Welten das absolute Vereinigungsglied aufzu=

suchen — er sieht auf einmal, daß das Problem realiter schon durch seine Existenz gelöst ist und das Bewußtseyn der Gesetze seiner Existenz die Wissenschaft katexochin sey, die er so lange schon suche. Mit der Entdeckung dieses Bewußtseyns ist das große Räthsel im Grunde gelöst. So wie sein Leben reale Philosophie ist, so ist seine Philosophie ideales Leben, lebendige Theorie des Lebens. Aus zufälligen Thatsachen werden systematische Experimente. Sein Weg ist ihm nun auf Ewigkeiten vorgezeichnet. Seine Beschäftigung ist Erweiterung seines Daseyns in die Unendlichkeit, der Traum seiner Jugend ist zu einer schönen Wirklichkeit, seine frühern Hoffnungen und Ahndungen sind zu symbolischen Prophezeyungen geworden. Der scheinbare Widerspruch der ursprünglichen Aufgabe — der Aufgaben Lösung und Nicht= lösung zugleich — ist vollkommen gehoben.

Statt Cosmogenieen und Theogenieen beschäftigen sich unsre Philosophen mit Anthropogenieen.

Es giebt gewisse Dichtungen in uns, die einen ganz andern Karacter als die übrigen zu haben scheinen, denn sie sind vom Gefühle der Nothwendigkeit begleitet, und doch ist schlechterdings kein äußrer Grund zu ihnen vorhanden. Es dünkt dem Menschen, als sey er in einem Gespräch begriffen, und irgend ein unbekanntes, geistiges Wesen ver= anlasse ihn auf eine wunderbare Weise zur Entwickelung der evidentesten Gedanken. Dieses Wesen muß ein höheres Wesen seyn, weil es sich mit ihm auf eine Art in Beziehung sezt, die keinem an Erscheinungen gebundenen Wesen möglich ist. Es muß ein homogenes Wesen seyn, weil es ihn wie ein geistiges Wesen behandelt und ihn nur zur seltensten Selbstthätigkeit auffordert. Dieses Ich höherer Art verhält sich zum Menschen, wie der Mensch zur Natur, oder der Weise zum Kinde. Der Mensch sehnt sich ihm gleich zu werden, wie er das Nicht=Ich sich gleich zu machen sucht.

Darthun läßt sich dieses Factum nicht. Jeder muß es selbst erfahren. Es ist ein Factum höherer Art, das nur der höhere Mensch antreffen wird. Die Menschen sollen aber streben, es in sich zu veranlassen. Die Wissenschaft, die hierdurch entsteht ist die höhere Wissenschaftslehre. Der praktische Theil enthält die Selbsterziehung des Ich, um jener Mittheilung fähig zu werden, der theoretische (?) Theil die Merckmale der ächten Mittheilung. Die Ritus (?) gehören zur Erziehung.

Bey Fichte enthält der theoretische Theil die Merckmale einer ächten Vorstellung, der practische die Erziehung und Bildung des Nicht=Ich, um eines wahren Einflusses, einer wahren Gemeinschaft mit dem Ich fähig zu werden; mithin auch die parallele Selbstbildung des Ich.

Moralität gehört also in beyde Welten; hier als Zweck, dort als Mittel — und ist das Band, was beyde verknüpft.

Philosophiren ist eine Selbstbesprechung obiger Art, eine eigentliche Selbstoffenbarung, Erregung des wircklichen Ich durch das idealische Ich. Philosophiren ist der Grund aller andern Offenbarungen. Der Entschluß zu philosophiren ist eine Aufforderung an das wirckliche Ich, daß es sich besinnen, erwachen und Geist seyn solle. Ohne Philosophie keine ächte Moralität, und ohne Moralität keine Philosophie.

———

(Die Verknüpfung des Spinoßism und Hylozoïsm würde die Vereinigung des Materialism und Theïsm herbeyführen.)

———

(Kraft ist die Materie der Stoffe. Seele die Kraft der Kräfte. Geist ist die Seele der Seelen. Gott ist der Geist der Geister.)

———

(Baader, Fichte, Schelling, Hüffer und Schlegel möcht ich das philosophische Directorium in Deutschland nennen. Es läßt sich noch unendlich viel von diesem Quinquevirat erwarten. Fichte präsidirt und ist Guardien de la Constitution.)

———

Die Möglichkeit aller Philosophie beruht darauf — daß sich die Intelligenz durch Selbstberührung eine Selbstgesezmäßige Bewegung — d. i. eine eigne Form der Thätigkeit giebt. (Siehe Baaders Theorie der Gliederung.)

Logologische Fragmente.

Statt Cosmogenieen und Theogenieen beschäftigt unsre Philosophen: Anthropogenie. (Vergl. pag. 61.)

Wenn die Welt gleichsam ein Niederschlag aus der Menschennatur ist, so ist die Götterwelt eine Sublimation. Beyde geschehn uno actu. Kein plastisches Praecipitat, ohne geistiges Sublimat. Was jenes an Wärme verliert, gewinnt dieses. Gott und Welt entsteht in einem Wechsel zugleich — durch eine Zersetzung der Menschennatur. (Böse und gute Geister sind gleichsam Stickluft und Lebensluft. Zum thierischen Leben gehören beyde, und der thierische Körper besteht großentheils aus bösem Geiststoff. (Vergl. pag. 27.)

Das Poëm des Verstandes ist Philosophie. Es ist der höchste Schwung, den der Verstand sich über sich selbst giebt. Einheit des Verstandes und der Einbildungskraft. Ohne Philosophie bleibt der Mensch in seinen wesentlichsten Kräften uneins. — Es sind zwey Menschen: Ein Verständiger und Ein Dichter.

Ohne Philosophie unvollkommner Dichter, ohne Philosophie unvollkommner Denker, Urtheiler.

(Aus der Recension der Fichtischen Wissenschaftslehre in der Litteratur Zeitung ...)

Reines unbedingtes Wissen, von der Erfahrung unabhängiges Wissen war von jeher das Ziel der Bestrebungen der philosophischen Vernunft.

Man kann die Zeichen als Mittel der Erinnerung und als Mittel der Mittheilung betrachten. (Im Grunde Eins.)

Mittelst der Zeichen hat der Mensch die Gegenstände in seiner Gewalt; er kann einen entfernten Gegenstand neben einen gegenwärtigen im Vorstellungsvermögen bringen und so eine Coexistenz imaginative hervorbringen auch leicht das Mannichfaltige wircklich vermischen und nach Einer Idee assimiliren.

Hemsterhuis nennt das combinirende Anschauungsvermögen, was auf Zeichen statt der Objecte geht und sie coordinirt, Vernunft.

Eine Intelligenz ist um so vollkommner, je mehr coexistirende Ideen sie überschauen kann.

Die vollkommenste Intelligenz würde eine gänzliche Coexistenz mehrerer oder aller Ideen hervorbringen können, die relativ Vollkommenen nähern sich dieser vollkommnen Coexistenz mehr oder minder; sie sind nur mehr oder minder geschwind im successiven Überblick.

Die Kraft der Trägheit, die die anziehende Kraft hemmt, ist der Überschuß der leitenden Kraft über das Gleichgewicht der Attractions- oder Zeugungskräfte des Weltalls. Dieser Überschuß ist die Basis der Moralität und Tugend.

Der Mensch giebt sich unaufhörlich Mühe alles, was ihn umgiebt und was sich ihm nähert sich zu appropriiren d. i.

sich homogen zu machen, daß er sich leichter damit verbinden könne?

Staat ist eine besondre Verbindung mehrerer Menschen in dem großen Staate, den die Menschheit für sich selbst schon ausmacht.

Das Point d'honneur des alten Rittergeistes hat zuerst jene lächerliche Förmlichkeit zwischen Menschen eingeführt. Etikette ist der Tod aller freyen Humanität, eine Mischung asiatischer Sklavenkleinlichkeit und Despotenhochmuth mit christlicher Demuth.

Alle Zersetzung in Individuen hat eine gemeinschaftliche Existenz von Theilen zur Folge. Alle Gemeinschaft ist Quelle von Verhältnissen, mithin von unveränderlichen Gesetzen.

Jedes Object, als Reitz eines Organs, besteht aus Gliedern.

Der Eindruck des Objects auf die Seele ist die Wirckung einer Thätigkeit des Objects in Bezug auf die Seele.

Diese Handlung zerfällt, wie Handlungen überhaupt, in Innigkeit und Dauer. Die Innigkeit wird durch die Menge der Glieder gemessen, die auf die Seele wircken. Die Dauer durch die Zeit, die das Organ nöthig hat, um für die Seele eine lebendige Anschauung vom Ganzen oder der Substanz des Objects hervorzubringen, insoweit sie dem Organ analog ist.

So wirckt von zwey gleich innigen Objecten dasjenige, was am leichtesten zu durchlaufen ist, am schnellsten sich einprägt, vorzüglich.

———

Sur l'homme et ses rapports.

(Einleitung.) Das wunderbarste, das ewige Phänomen ist das eigene Daseyn. Das größeste Geheimniß ist der Mensch sich selbst. Die Auflösung dieser unendlichen Aufgabe in der That ist die Weltgeschichte. Die Geschichte der Philosophie oder der Wissenschaft im Großen, der Litteratur als Substanz, enthält die Versuche der idealen Auflösung dieses idealen Problems — dieser gedachten Idee.

Dieser Reiz kann nie aufhören Reiz zu seyn, ohne daß wir selbst aufhörten, sowohl der Sache als der Idee nach. So wenig also die Weltgeschichte aufhört, das Seyn en gros, so wenig wird das Philosophiren oder das Denken en gros aufhören.

Wenn man aber bisher noch nicht philosophirt hätte? sondern nur zu philosophiren versucht hätte? so wäre die bisherige Geschichte der Philosophie nichts weniger als dies, sondern nichts weiter als eine Geschichte der Entdeckungsversuche des Philosophirens.

Sobald philosophirt wird, giebt es auch Philosopheme, und die reine Naturgeschichte (Lehre) der Philosopheme ist die Philosophie.

———

Jede Affektion schreibt der Mensch einer andern Affektion zu, sobald er zu denken anfängt. (Jeder Gedanke ist in Rücksicht auf seinen Grund ein Philosophem, denn dies heißt einen Gedanken im Großen betrachten, in seinem Verhältniß zum Ganzen, von dem er ein Glied ist.) So überträgt er den Begriff von Ursache, den er zu jeder Wirckung hinzudenken muß, zum Behuf einer Erklärung auf ein außer ihm befindliches Wesen, ohnerachtet er sich in einer andern Rücksicht zu der Ueberzeugung gezwungen fühlt, daß nur er selbst sich afficire, — diese Ueberzeugung bleibt aber, trotz ihrer Evidenz auf einem höhern Standpunct, auf einem niedern, i. e. für den bloßen Verstand, unbegreiflich, und der Philosoph sieht sich daher mit voller Besonnenheit eingeschränkt urtheilen. Auf dem Standpunct des bloßen Urtheilens giebt es also ein Nichtich. Der geheimnißvolle Reiz für die Urtheilskraft, zu erklären was auf diesem Wege ewig unerklärbar ist, bleibt also trotz der Uebersicht des Philosophen.

———

Göthe ist ganz praktischer Dichter. Er ist in seinen Wercken, was der Engländer in seinen Waaren ist: höchst einfach, nett, bequem und dauerhaft. Er hat in der deutschen Litteratur das gethan, was Wedgwood in der englischen Kunstwelt gethan hat. Er hat, wie die Engländer, einen natürlich ökonomischen, und einen durch Verstand erworbenen edeln Geschmack. Beydes verträgt sich sehr gut, und hat eine nahe Verwandtschaft in chemischem Sinn. In seinen physicalischen Studien wird es recht klar, daß es seine Neigung ist, eher etwas Unbedeutendes ganz fertig zu machen, ihm die höchste Politur und Bequemlichkeit zu geben, als eine Welt anzufangen und etwas zu thun, wovon man voraus wissen kann, daß man es nicht vollkommen ausführen wird, daß es gewiß ungeschickt bleibt, und daß man es nie darinn zu einer meisterhaften Fertigkeit bringt. Auch in diesem Felde wählt er einen romantischen oder sonst artig verschlungnen Gegenstand.

Seine Betrachtungen des Lichts, der Verwandlung der Pflanzen und der Insecten sind Bestätigungen und zugleich die überzeugendsten Beweise, daß auch der vollkommne Lehrvortrag in das Gebiet des Künstlers gehört. Auch dürfte man im gewissen Sinn mit Recht behaupten, daß Göthe der erste Physiker seiner Zeit sey — und in der That Epoke in der Geschichte der Physik mache. Vom Umfang der Kenntnisse kann hier nicht die Rede seyn, so wenig auch Entdeckungen den Rang des Naturforschers bestimmen dürften. Hier kommt es darauf an, ob man die Natur, wie ein

Künstler die Antike betrachtet — denn ist die Natur etwas anders, als eine lebende Antike? Natur und Natureinsicht entstehn zugleich, wie Antike und Antikenkenntniß; denn man irrt sehr, wenn man glaubt, daß es Antiken giebt. Erst jezt fängt die Antike an zu entstehn. Sie wird unter den Augen und der Seele des Künstlers. Die Reste des Alterthums sind nur die specifischen Reitze zur Bildung der Antike. Nicht mit Händen wird die Antike gemacht. Der Geist bringt sie durch das Auge hervor — und der gehaune Stein ist nur der Körper, der erst durch sie Bedeutung erhält, und zur Erscheinung derselben wird. Wie der Physiker Göthe sich zu den übrigen Physikern verhält, so der Dichter zu den übrigen Dichtern. An Umfang, Mannichfaltigkeit und Tiefsinn wird er hie und da übertroffen; aber an Bildungskunst, wer dürfte sich ihm gleich stellen? Bey ihm ist alles That — wie bey andern alles Tendenz nur ist. Er macht wircklich etwas, während andre nur etwas möglich oder nothwendig machen. Nothwendige und mögliche Schöpfer sind wir alle — aber wie wenig wirckliche. Der Philosoph der Schule würde dies vielleicht activen Empirismus nennen. Wir wollen uns begnügen, Göthens Künstlertalent zu betrachten und noch einen Blick auf seinen Verstand werfen. An ihm kann man die Gabe zu abstrahiren in einem neuen Lichte kennen lernen. Er abstrahirt mit einer seltnen Genauigkeit, aber nie ohne das Object zugleich zu construiren, dem die Abstraction entspricht. Dies ist nichts, als angewandte Philosophie — und so fänden wir ihn am Ende zu unserm nicht geringen Erstaunen auch als anwendenden, practischen Philosophen, wie denn jeder ächte Künstler von jeher nichts anders war. Auch der reine Philosoph wird practisch seyn, wenn gleich der anwendende Philosoph sich nicht mit reiner Philosophie abzugeben braucht — denn dies ist eine Kunst für sich. (Göthens Meister) Der Sitz der eigentlichen Kunst ist lediglich im Verstande. Dieser konstruirt nach einem eigenthümlichen Begriffe. Fantasie, Witz und Urtheilskraft werden nur von ihm requirirt. So ist Wilhelm Meister ganz ein Kunstproduct — ein Werck des Verstandes. Aus diesem Gesichtspunct sieht man manche sehr mittelmäßige Wercke im Kunstsaal — hingegen die meisten vortrefflich geachteten Schriften davon ausgeschlossen. Die Italiäner und Spanier haben bey weiten häufigeres Kunsttalent als wir. Auch selbst den Franzosen fehlts nicht daran — die Engländer haben schon weit weniger und ähneln hierinn uns, die ebenfalls äußerst selten Kunsttalent besitzen — wenn gleich unter allen Nationen am reichhaltigsten und besten mit jenen Fähigkeiten versehen sind, die der Verstand bey seinen Wercken anstellt. Dieser Ueberfluß an Kunstrequisiten macht freylich die wenigen Künstler unter uns so einzig — so hervorragend, und wir können sichre Rechnung machen, daß unter uns die herrlichsten Kunstwercke entstehn werden, denn in energischer Universalität kann keine Nation gegen uns auftreten. Wenn ich die neuesten Freunde der Litteratur des Alterthums recht verstehe, so haben sie mit ihrer Forderung, die klassischen Schriftsteller nachzuahmen nichts anders im Sinn, als uns zu Künstlern zu bilden — Kunsttalent in uns zu erwecken. Keine moderne Nation hat den Kunstverstand in so hohem Grad gehabt, als die Alten. Alles ist bey ihnen Kunstwerck — aber vielleicht dürfte man nicht zu viel sagen, wenn man annähme, daß sie es erst für uns sind, oder werden können. Der klassischen Litteratur geht es wie der Antike; sie ist uns eigentlich nicht gegeben — sie ist nicht vorhanden — sondern sie soll von uns erst hervorgebracht werden. Durch fleißiges und geistvolles Studium der Alten entsteht erst eine klassische Litteratur für uns — die die Alten selbst nicht hatten. Die Alten würden sich eine umgekehrte Aufgabe nehmen müssen — denn der bloße Künstler ist ein einseitiger, beschränckter Mensch. An Strenge steht Göthe wohl den Alten nach —

aber er übertrifft sie an Gehalt — welches Verdienst jedoch nicht das Seinige ist. Sein Meister kommt ihnen nah genug — denn wie sehr ist er Roman schlechtweg, ohne Beywort — und wie viel ist das in dieser Zeit!

Göthe wird und muß übertroffen werden, — aber nur wie die Alten übertroffen werden können, an Gehalt und Kraft, an Mannichfaltigkeit und Tiefsinn — als Künstler eigentlich nicht, oder doch nur um sehr wenig, denn seine Richtigkeit und Strenge ist vielleicht schon musterhafter als scheint.

———

Consommirte Philosophen gerathen leicht auf den Grundsatz: auch die Philosophie ist eitel — und so in allen Wissenschaften.

———

Kunst zu leben, — gegen Makrobiotik.

———

Reitzbarer Wille. (Aller Reitz zieht an — die Reitzung identificirt.) Ich — Nicht Ich — Produkt.) Alle Reitze in Einen gedacht ist Ich und Nicht Ich. (Theorie der Zauberey) (Individuelle Definitionen.)

———

Compositionen der Rede. Musicalische Behandlung der Schriftstellerey.

———

Je lockerer, desto reitzbarer; je dichter, desto reitzfähiger.

———

Ein Premierminister, ein Fürst, ein Director überhaupt hat nur Menschen= und Künstler=, Karacter= und Talentkenntniß nöthig.

———

Es geht wahrhaften Universalgedanken, wie dem Landprediger im zweiten Theil von Meisters Lehrjahren. Sie scheinen so bekannt, weil sie aussehen, wie allgemeine Menschengedanken und nicht wie Hinzens und Kuntzens Gedanken.

Weltpsychologie. Den Organism wird man nicht ohne Voraussetzung einer Weltseele, wie den Weltplan nicht ohne Voraussetzung eines Weltvernunftwesens, erklären können.

Wer bey der Erklärung des Organism keine Rücksicht auf die Seele nimmt und das geheimnißvolle Band zwischen ihr und dem Körper, der wird nicht weit kommen. Leben ist vielleicht nichts anders, als das Resultat dieser Vereinigung — die Action dieser Berührung.

Wie das Licht bey dem Reiben des Stahls an den Stein, der Ton bey der Berührung des Bogens und der Saite, die Zuckung bey Schließung und Öffnung der galvanischen Kette erfolgt, so vielleicht das Leben bey Erweckung (Penetration) des organischen Stoffs.

Indirecte Construction. Das Rechte erscheint von selbst, wenn die Bedingungen seiner Erscheinung eintreten. Die mechanische Operation verhält sich durchaus zu dem höhern Resultat, wie Stahl, Stein und Berührung zum Funcken. (freye Mitwirckung)

Jede Wirckung ist von einem höhern Genius begleitet.

Die individuelle Seele soll mit der Weltseele übereinstimmend werden. Herrschaft der Weltseele und Mitherrschaft der individuellen Seele.

Von den mannichfachen Arten einzuwircken oder zu reitzen. (durch Einmischung, Stoß, Berührung, mittelbare Berührung, bloßes Daseyn, mögliches Daseyn ꝛc.)

Dramatische Erzählungsart. Mährchen und Meister Toujours en état de Poésie.

Hoher Werth der Mathematik, als active Wissenschaft. Vorzügliches Interesse der Mechanik. (Berührungskunde. Akustik.) Mannichfaltige Arten der Berührungen — und

Tangenten. Active und paſſive Tangenten. Winckel der Berührungen. Schnelligkeit der Berührungen oder Tackte. Tacktreihen und =folgen. Linientackte. Puncttackte. Flächen= tackte. Maſſentackte. Beharrliche Tackte.

Grundlagen der Geognoſie und Oryktognoſie. Kritik der Merckmale.

Inſtrumentenlehre — oder Organologie.

Licht iſt auf jeden Fall Action — Licht iſt wie Leben, wirckende Wirckung — ein nur im Zuſammentreffen gehöriger Bedingungen ſich Offenbarendes. Licht macht Feuer. Licht iſt der Genius des Feuerproceſſes.

Leben iſt, wie Licht, der Erhöhung und Schwächung und der graduellen Negation fähig. Bricht es ſich auch wie dieſes in Farben? Der Nutritions=Proceß iſt nicht Urſache, ſondern Folge des Lebens.

Alle Wirckung iſt Uebergang. Bey der Chymie geht beydes in einander verändernd über. Nicht ſo bey dem, was man mechaniſchen Einfluß nennt.

Merckmal der Kranckheit iſt der Selbſtzerſtörungsinſtinkt. So alles Unvollkommne — ſo ſelbſt das Leben, oder beſſer, der organiſche Stoff.
Aufhebung des Unterſchieds zwiſchen Leben und Tod. Annihilation des Todes.

Sollten nicht alle Veränderungen, die Körper wechſel= ſeitig in einander hervorbringen, blos Veränderungen der Capacität und Reitzbarkeit ſeyn, und alle chymiſchen Operationen und Einflüſſe dieſe generelle Einheit haben, daß ſie die Reitz= barkeit und Capacität jedes Stoffs modificiren? So z. B. wirckt der Oxigén beym Verbrennungsproceß. Alle chymiſche

Elemente stimmen indirecte. Die Merckmale und Erscheinungen jeder Substanz hängen von der Erregbarkeit derselben ab. Alle Mischungsveränderungen haben Beziehung auf die Capacität und Erregbarkeit der Körper. Die Körper sind durch ihre mannichfache Erregbarkeit verschieden.

Oder könnte man sagen, daß die Körper am natürlichsten, durch ihre mannichfachen Verhältnisse zur Erregbarkeit, als Reitze, classificirt würden?

Das alles stimmt sehr gut zum Galvanism. Die Chymie ist schon Galvanism — Galvanism der leblosen Natur. Das Feuer ist blos ein Hülfsmittel — ein gelehrtes Mittel des Chymisten.

(Die Selbstentzündung ist Galvanisation.) (Die Metallkalke sind noch nicht genug in der Medicin angewandt worden.)

Wirckt die Wärme chymisch? Im strengern Sinne nicht — sie befördert nur Galvanisationen.

Kälte ist ein indirecter Reitz — sie lockt bey gesunden Körpern mehrere Wärme hervor. Einen durchaus Gesunden erhält nichts so sehr in lebhafter Thätigkeit, als ein abwechselnder Mangel und Ueberfluß an Reitzen — ihn reizt der Mangel zum Ersatz — ihn bringt der Ueberfluß zur Mäßigung und Hemmung der Function, der Ueberfluß bestimmt ihn zur Verminderung der Thätigkeit.

Der Mangel sezt den Gesunden in Thätigkeit und der Ueberfluß in Ruhe. (Sollten Kunstwercke nicht Produkte der gesunden Unthätigkeit seyn?)

Organisationstrieb ist Trieb, alles in Werckzeug und Mittel zu verwandeln.

Journale sind eigentlich schon gemeinschaftliche Bücher. Das Schreiben in Gesellschaft ist ein interessantes Symptom — das noch eine große Ausbildung der Schriftstellerey ahnden läßt. Man wird vielleicht einmal in Masse schreiben, denken und handeln. Ganze Gemeinden, selbst Nationen werden Ein Werck unternehmen.

Jede Person, die aus Personen besteht, ist eine Person in der zweiten Potenz, — oder ein Genius. In dieser Beziehung darf man wohl sagen, daß es keine Griechen, sondern nur einen griechischen Genius gegeben hat. Ein gebildeter Grieche war nur sehr mittelbar, und nur zu einem sehr geringen Theil sein eignes Werck. Daher erklärt sich die große Individualität der griechischen Kunst und Wissenschaft; wobey doch nicht zu läugnen ist, daß an einigen Grenzen ägyptischer und orientalischer Mystizismus sie angegriffen und modernisirt hat. In Jonien merckt man den erweichenden Einfluß des warmen asiatischen Himmels, so wie man hingegen in der frühsten dorischen Masse die geheimnißvolle Sprödigkeit und Strenge der ägyptischen Gottheiten gewahr wird. Spätere Schriftsteller haben oft diese alte Manier aus romantischen und modernen Instinkt ergriffen und diese rohen Gestalten, mit neuem Geist beseelt, unter ihre Zeitgenossen gestellt, um sie im leichtfertigen Gange der Zivilisation aufzuhalten und ihre Aufmercksamkeit zurück auf verlassene Heiligthümer zu wenden.

In frühern Zeiten lebten nur Nationen — oder Genien. (Genius in der zweiten Potenz.) Die Alten müssen daher in Masse betrachtet werden.

Die Frage nach dem Grunde, dem Gesetze einer Erscheinung 2c. ist eine abstrakte, d. h. von dem Gegenstand weg, dem Geiste zu gerichtete Frage. Sie geht auf Zueignung, Assimilation des Gegenstandes. Durch Erklärung hört der Gegenstand auf, fremd zu seyn.

Der Geist strebt den Reitz zu absorbiren. Ihn reitzt das Fremdartige. Verwandlung des Fremden in ein Eignes,

Zueignung, ist also das unaufhörliche Geschäft des Geistes. Einst soll kein Reitz und nichts Fremdes mehr seyn — der Geist soll sich selbst fremd und reitzend seyn, oder absichtlich machen können. Jezt ist der Geist aus Instinkt Geist — ein Naturgeist; er soll ein Vernunftgeist, aus Besonnenheit und durch Kunst Geist seyn.

(Natur soll Kunst und Kunst zweite Natur werden.)

Der Streitpunct zwischen Humoral= und Nervenpathologen ist ein gemeinsamer Streitpunct der Physiker. Dieser Streit berührt die höchsten Probleme der Physik.

Den Humoral=Pathologen entsprechen die Vervielfältiger der Stoffe, die Stoffseher. Den Nervenpathologen die atomistischen, mechanischen Formseher. Die ächten Actionisten, wie Fichte, vereinigen beyde Systeme. Man kann diese leztern schaffende Betrachter, Seheschöpfer nennen. Jene beyden sind die direct und indirect Trägen — flüssige und starre. Der Begriff Action zersezt sich in den Begriff Stoff und Bewegung. (Stoß). So zersezt sich der Actionist in den Humoralisten und Neuristen. Sie sind seine äußern Elemente — seine nächsten Bestandtheile.

Ähnlichkeit der historischen Geognosie und Oryctognosie mit der Philologie.

Wissenschaften zersetzen sich in Wissenschaften, Sinne in Sinne. Je limitirter und bestimmter, desto praktischer. Von dem Hange der Gelehrten, ihre Wissenschaft zu universalisiren. Dadurch werden verschiedne Gegenstände Ein Gegenstand, daß verschiedne Sinne Einer werden.

Darstellung eines Gegenstandes in Reihen. (Variations=reihen — Abänderungen ꝛc.). So z. B. die Personen Dar=stellung in Meister, die schöne Seele und Natalie — beyder Selbstreflexion — bey den Dingen der ersten, zweiten, dritten

Hand u. s. w. So ist z. B. eine historische Reihe, eine Sammlung Kupferstiche vom rohsten Anfang der Kunst bis zur Vollendung und so fort — der Formen vom Frosch bis zum Apollo 2c.

Religiöse, moralische, geistige, poetische Verbrecher 2c. Die Poesie ist das ächt absolut Reelle. Dies ist der Kern meiner Philosophie. Je poetischer, je wahrer. (Ist das Schöne ein Neutrum?) Über Allgemeine Begriffe — sind sie Neutra, Mischungen oder quid? (Leichtigkeit und Popularität.) (Versuch über das Geld.) Poetisirung der Finanzwissenschaften. (Kritik der bisherigen Physiker) Ritter. (Begriff von Gelehrsamkeit.) Ein Universalreallexicon ist das beste Handbuch. (Was ist mehr wie Leben? — Lebensdienst, wie Lichtdienst.) Thiere als Götterattribute. (Theophrasts und der Astrologen Behandlung der Astrologie.) (Murhards Geschichte der Physik.) Netzform. (Mathematicität der Analogie.) (Über die Oberfläche als Synthesis.) Über Experimente (Zeit und Raum — mehr lebendig behandelt.) Natur — Gebornes — Hindeutung auf Zeugung. (astronomisch geognostische Einteilung der Körper in leuchtende und nicht leuchtende.) (Electrometrische Electricität — absolute — relative.) Essai über die Theoretiker und den Nutzen der speculativen Wissenschaften.

Poeticismen.

Lessings Prosa fehlts oft an hieroglyphischen Zusatz.

Lessing sah zu scharf und verlor darüber das Gefühl des undeutlichen Ganzen, die magische Anschauung der Gegenstände zusammen in mannichfacher Erleuchtung und Verdunklung.

Wie episches, lyrisches und dramatisches Zeitalter in der Geschichte der griechischen Poesie einander folgten, so lösen sich in der Universalgeschichte der Poesie die antike, moderne und vereinigte Periode ab. Das Interessante ist der Gegenstand der Minuspoesie. In Göthen scheint sich ein Kern dieser Vereinigung angesezt zu haben. Wer die Weise seiner Entstehung erräth, hat die Möglichkeit einer vollkommnen Geschichte der Poesie gegeben.

Bey den Alten war die Religion schon gewissermaaßen das, was sie bey uns werden soll — practische Poesie.]

Voltaire ist einer der größesten Minuspoeten, die je lebten. Sein Candide ist seine Odyssee. Schade um ihn, daß seine Welt ein Pariser Boudoir war. Mit weniger persönlicher und nationaler Eitelkeit wär er noch weit mehr gewesen.

Klopstocks Wercke scheinen größestentheils freye Uebersetzungen und Bearbeitungen eines unbekannten Dichters durch einen sehr talentvollen, aber unpoetischen Philologen zu seyn.

Alle Darstellung der Vergangenheit ist ein Trauerspiel im eigentlichen Sinn — alle Darstellung des Kommenden, des Zukünftigen, ein Lustspiel. Das Trauerspiel ist bey dem höchsten Leben eines Volks am rechten Orte — so wie das Lustspiel beym schwachen Leben desselben. In England und Franckreich würden jezt Trauerspiele, in Deutschland hingegen Lustspiele gut angebracht seyn.

Man sollte plastische Kunstwercke nie ohne Musik sehn, musikalische Kunstwercke hingegen nur in schön dekorirten Sälen hören. Poetische Kunstwercke aber nie ohne beydes zugleich genießen. Daher wirckt Poesie im schönen Schauspielhause, oder in geschmackvollen Kirchen so außerordentlich. In jeder guten Gesellschaft sollte Pausenweise Musik gehört werden. Die gefühlte Nothwendigkeit der plastischen Decorationen zur ächten Geselligkeit hat die Visitenzimmer hervorgebracht. Das beßre Essen, die Gesellschaftsspiele, der zierlichere Anzug, der Tanz, und selbst das gewähltere, freyere, allgemeinere Gespräch entstanden durch dieses Gefühl des höhern Lebens in Gesellschaft, und der dadurch erfolgenden Mischung alles Schönen und Belebenden zu mannichfaltigen Gesammtwirckungen.

Poesie.

Die Poesie hebt jedes Einzelne durch eine eigenthümliche Verknüpfung mit dem übrigen Ganzen — und wenn die Philosophie durch ihre Gesezgebung die Welt erst zu dem wircksamen Einfluß der Ideen bereitet, so ist gleichsam Poesie der Schlüssel der Philosophie, ihr Zweck und ihre Bedeutung; denn die Poesie bildet die schöne Gesellschaft, die Weltfamilie, die schöne Haushaltung des Universums.

Wie die Philosophie durch System und Staat die Kräfte des Individuums mit den Kräften der Menschheit und des Weltalls verstärckt, das Ganze zum Organ des Individuums, und das Individuum zum Organ des Ganzen macht — so die Poesie, in Ansehung des Lebens. Das Individuum lebt im Ganzen und das Ganze im Individuum. Durch Poesie entsteht die höchste Sympathie und Coactivität, die innigste Gemeinschaft des Endlichen und Unendlichen.

Der Dichter schließt, wie er den Zug beginnt. Wenn der Philosoph nur alles ordnet, alles stellt, so löst der Dichter alle Bande auf. Seine Worte sind nicht allgemeine Zeichen — Töne sind es — Zauberworte, die schöne Gruppen um sich her bewegen. Wie Kleider der Heiligen noch wunderbare Kräfte behalten, so ist manches Wort durch irgend ein herrliches Andenken geheiligt und fast allein schon ein Gedicht geworden. Dem Dichter ist die Sprache nie zu arm, aber immer zu allgemein. Er bedarf oft wiederkehrender, durch den Gebrauch ausgespielter Worte. Seine Welt ist einfach, wie sein Instrument — aber eben so unerschöpflich an Melodieen.

———

Alles, was uns umgiebt, die täglichen Vorfälle, die gewöhnlichen Verhältnisse, die Gewohnheiten unsrer Lebensart, haben einen ununterbrochnen, eben darum unbemerckbaren, aber höchst wichtigen Einfluß auf uns. So heilsam und zweckdienlich dieser Kreislauf uns ist, insofern wir Genossen einer bestimmten Zeit, Glieder einer specifischen Corporation sind, so hindert uns doch derselbe an einer höhern Entwicklung unsrer Natur. Divinatorische, magische, ächtpoetische Menschen können unter Verhältnissen, wie die Unsrigen sind, nicht entstehn.

———

[Das Gedicht der Wilden ist eine Erzählung ohne Anfang, Mittel und Ende — das Vergnügen, das sie dabey empfinden, ist blos pathologisch — einfache Beschäftigung, blos dynamische Belebung des Vorstellungsvermögens.

Das epische Gedicht ist das veredelte primitive Gedicht. Im Wesentlichen ganz dasselbe.

Der Roman steht schon weit höher. Jenes dauert fort, dieser wächst fort; in jenem ist arythmetische, im Roman geometrische Progression.]

———

[Wer keine Gedichte machen kann, wird sie auch nur negativ beurtheilen. Zur ächten Kritik gehört die Fähigkeit das zu kritisirende Produkt selbst hervorzubringen. Der Geschmack allein beurtheilt nur negativ.]

———

[Dichten ist zeugen. Alles Gedichtete muß ein lebendiges Individuum seyn.] Welche unerschöpfliche Menge von Materialien zu neuen individuellen Combinationen liegt nicht umher! Wer einmal dieses Geheimniß errathen hat, der hat nichts mehr nöthig, als den Entschluß, der unendlichen Mannichfaltigkeit und ihrem bloßen Genusse zu entsagen, und irgendwo anzufangen. Aber dieser Entschluß kostet das freye Gefühl einer unendlichen Welt, und fordert die Beschränckung auf eine einzelne Erscheinung derselben.

Sollten wir vielleicht einem ähnlichen Entschlusse unser irrdisches Daseyn zuzuschreiben haben?

[Poesie ist die Basis der Gesellschaft, wie Tugend die Basis des Staats. Religion ist eine Mischung von Poesie und Tugend — man errathe also — welche Basis?]

[Der Künstler steht auf dem Menschen, wie die Statue auf dem Piedestal.]

[Wie die Masse mit dem schönen Umriß verbunden ist, so das Leidenschaftliche mit der Beschreibung im Kunstwerck.]

[Der Künstler ist durchaus transscendental.]

Der Mimus vivificirt in sich das Princip einer bestimmten Individualität willkührlich.

Es giebt eine symptomatische und eine genetische Nachahmung. Die lezte ist allein lebendig. Sie sezt die innigste Vereinigung der Einbildungskraft und des Verstandes voraus.

Dieses Vermögen, eine fremde Individualität wahrhaft in sich zu erwecken — nicht blos durch eine oberflächliche Nachahmung zu täuschen — ist noch gänzlich unbekannt und beruht auf einer höchst wunderbaren Penetration und geistigen Mimik. Der Künstler macht sich zu allem, was er sieht und seyn will.

Poesie ist die große Kunst der Construction der transscendentalen Gesundheit. Der Poet ist also der transscendentale Arzt.

Die Poesie schaltet und waltet mit Schmerz und Kitzel, mit Lust und Unlust, Irrthum und Wahrheit, Gesundheit und Kranckheit. Sie mischt alles zu ihrem großen Zweck der Zwecke — der Erhebung des Menschen über sich selbst.

———

Wie sich die bisherigen Philosophieen zur Logologie verhalten, so die bisherigen Poesieen zur Poesie, die da kommen soll.

Die bisherigen Poesieen wircken meistentheils dynamisch, die künftige transscendentale Poesie könnte man die organische heißen. Wenn sie erfunden ist, so wird man sehn, daß alle ächte Dichter bisher, ohne ihr Wissen, organisch poetisirten — daß aber dieser Mangel an Bewußtseyn dessen, was sie thaten, einen wesentlichen Einfluß auf das Ganze ihrer Wercke hatte — so daß sie größestentheils nur im Einzelnen ächt poetisch, im Ganzen aber gewöhnlich unpoetisch waren. Die Logologie wird diese Revolution nothwendig herbeyführen.

———

Der Inhalt des Dramas ist ein Werden oder ein Vergehn. Es enthält die Darstellung der Entstehung einer organischen Gestalt aus dem Flüssigen — einer wohlgegliederten Begebenheit aus Zufall. Es enthält die Darstellung der Auflösung — der Vergehung einer organischen Gestalt im Zufall. Es kann beydes zugleich enthalten und dann ist es ein vollständiges Drama. Man sieht leicht, daß der Inhalt desselben eine Verwandlung, ein Läuterungs-, Reductionsprozeß seyn müsse. Oedipus in Colonos ist ein schönes Beyspiel davon, so auch Philoktet.

———

Göthes Märchen ist eine erzählte Oper.

———

Die Poesie löst fremdes Daseyn im Eignen auf.

———

(Die transscendentale Poesie ist aus Philosophie und Poesie gemischt. Im Grunde befaßt sie alle transscendentale Functionen, und enthält in der That das Transscendentale überhaupt. Der transscendentale Dichter ist der transscendentale Mensch überhaupt.)

Von der Bearbeitung der transscendentalen Poesie läßt sich eine Tropik erwarten — die die Gesetze der symbolischen Construction der transscendentalen Welt begreift.

(Das Genie überhaupt ist poetisch. Wo das Genie gewirckt hat — hat es poetisch gewirckt. Der ächt moralische Mensch ist Dichter.)

(Der ächte Anfang ist Naturpoesie. Das Ende ist der zweite Anfang — und ist Kunstpoesie.)

(Es wäre eine artige Frage, ob denn das lyrische Gedicht eigentlich Gedicht, Pluspoesie, oder Prosa, Minuspoesie wäre? Wie man den Roman für Prosa gehalten hat, so hat man das lyrische Gedicht für Poesie gehalten — beydes mit Unrecht; die höchste, eigentlichste Prosa ist das lyrische Gedicht.

Die sogenannte Prosa ist aus Beschränckung der absoluten Extreme entstanden. Sie ist nur ad interim da und spielt eine subalterne, temporelle Rolle. Es kommt eine Zeit, wo sie nicht mehr ist. Dann ist aus der Beschränckung eine Durchdringung geworden. Ein wahrhaftes Leben ist entstanden, und Prosa und Poesie sind dadurch auf das innigste vereinigt und in Wechsel gesezt.)

Die Kunst zerfällt, wenn man will, in die wirckliche (vollendete, durchgeführte, mittelst der äußeren [Leiter] Organe wircksame) Kunst und in die eingebildete (unterwegs in den innern Organen aufgehaltene und nur mittelst dieser wircksame) Kunst. Leztere heißt die Wissenschaft im weitesten Sinne.

Beyde zertheilen sich in die Hauptabtheilungen, in die bestimmte, durch Gegenstände oder andre Centralfunctionen der Sinne schon gerichtete, durch Begriffe determinirte, endliche, beschränckte, mittelbare Kunst — und in die unbestimmte, freye, unmittelbare, originelle, nicht abgeleitete, cyklische, schöne, selbstständige, reine Ideen realisirende, von reinen Ideen belebte — Kunst.

Jene ist nur Mittel zu einem Zweck, diese Zweck an sich, befriedigende Thätigkeit des Geistes, Selbstgenuß des Geistes.

Die Wissenschaft im weitesten Sinn betreiben Gelehrte, Meister der bestimmten Kunst, und Philosophen, Meister der unbestimmten, freyen Kunst.

Die Kunst katexochin, oder die wirckliche (äußre) Kunst treiben Handwercker, Meister des bestimmten Theils, und Künstler katexochin, Meister der freyen Klasse.

Der Gelehrte erreicht das Maximum in seiner Wissenschaft durch die höchste Simplification der Regeln und mithin des Stoffs. Kann er aus Einer bestimmten Regel alle bestimmten Regeln ableiten, alle bestimmte Zwecke auf Einen Zweck reduciren 2c. so hat er seine Wissenschaft auf den höchsten Grad der Vollkommenheit gebracht. Der encyclopädische Gelehrte, der dies im Umfange aller bestimmten Wissenschaften thut, — und so alle bestimmte Wissenschaften in Eine bestimmte Wissenschaft verwandelt, ist das Maximum eines Gelehrten. Die bestimmte Kunst könnte man Wissenschaft im engern Sinne nennen.

Philosophie kann man die freye, eingebildete Kunst nennen. Der Philosoph, der in seiner Philosophie alle einzelne Philosopheme in ein Einziges verwandeln, der aus allen Individuen derselben Ein Individuum machen kann, erreicht das Maximum in seiner Philosophie. Er erreicht das Maximum eines Philosophen, wenn er alle Philosophieen in eine Einzige Philosophie vereinigt.

So auch mit dem Handwercker und Künstler.

Der Gelehrte und Handwercker verfahren mechanisch bey ihrer Simplification. Sie vereinigen zerlegte Kräfte — und zerlegen diese vereinigte Kraft und Richtung wieder methodisch. Der Philosoph und Künstler verfahren organisch, wenn ich so sagen darf. Sie vereinigen frey durch eine reine Idee und trennen nach freyer Idee. Ihr Prinzip, ihre Vereinigungsidee, ist ein organischer Keim — der sich frey zu einer, unbestimmte Individuen enthaltenden, unendlich individuellen, allbildsamen Gestalt entwickelt, ausbildet, — eine ideenreiche Idee.

Stoff, reiner Stoff — Vehikel der freyesten Wircksamkeit des Geistes, wahrhaftes Element der Freyheit, absolut reizbar für den Geist. Reine Idee: absolute Function dieses Stoffs; bestimmte Idee: durch andre Functionen dieses Stoffs bestimmte Function desselben.

Individuelle Urform: Karacter meines ursprünglichen Willens. Karacter, aus Instinct — Karacter, aus Grundsätzen. Je abhängiger vom Zufall und von Umständen — desto weniger bestimmten, ausgebildeten, angewandten Willen. Je mehr dies, je unabhängiger dort.

Kunst allmächtig zu werden — Kunst unsern Willen total zu realisiren. Wir müssen den Körper, wie die Seele in unsre Gewalt bekommen. Der Körper ist das Werckzeug zur Bildung und Modification der Welt. Wir müssen also unsern Körper zum allfähigen Organ auszubilden suchen. Modification unsers Werckzeugs ist Modification der Welt.

Was ist die Welt? Wozu machen wir sie aus unsern verschiednen Gesichtspuncten?

Belebung der innern Organe — durch organische Asso=

ciation im Schlafe. (Größtentheils unangenehme, peinliche Situationen.)

Das Publikum ist eine unendlich große, mannichfache, interessante Person — eine geheimnißvolle Person von unendlichem Werth — der eigentliche, absolute Reiz des Darstellers.

(Thätige Liebe — herein und hineinlieben.
Directe sthenische — asthenische Liebe.
Vollkommene Liebe.)

Sponsiren = Bestreben Aufmercksamkeit zu erregen.

(Verschiedne Temperaturen der Theile des Körpers. Wärme= und Lebensprincip.)

Eine Idee finden, i. e. in der Außenwelt unter mehreren Gefühlen herausfühlen, aus mehreren Ansichten heraussehn, aus mehreren Erfahrungen und Thatsachen herauserfahren, heraussuchen, aus mehreren Gedanken den rechten Gedanken, das Werckzeug der Idee herausdenken — unterscheiden. Hierzu gehört physiognomischer Sinn für die mannichfachen Ausdrücke, Werckzeuge der Idee. Ich muß die Kunst verstehn, von der Idee auf ihre Erscheinung zu schließen.

Sprache in der zweiten Potenz, z. B. Fabel, ist Ausdruck eines ganzen Gedankens, und gehört in die Hieroglyphistik der zweiten Potenz, in die Ton= und Schriftbildersprache [2] (der 2. Potenz). Sie hat poetische Verdienste und ist nicht rhetorisch, subaltern, wenn sie ein vollkommener Ausdruck, wenn sie euphonisch [2], richtig und präcis ist, wenn sie gleichsam ein Ausdruck, mit um des Ausdrucks willen ist, wenn sie wenigstens nicht als Mittel erscheint, sondern an sich selbst eine vollkommene Produktion des höhern Sprachvermögens ist.

(Sprache im eigentlichen Sinn ist Function eines Werckzeugs als solchen. Jedes Werckzeug drückt, prägt die Idee seines Dirigenten aus.)

Dient ein Organ einem Andern, so ist es, so zu sagen, seine Zunge, seine Kehle, sein Mund. Das Werckzeug, was dem Geiste am willigsten dient, am leichtesten mannichfacher Modificationen fähig ist, wird vorzüglich sein Sprachwerckzeug: daher Mund= und Fingersprache.

Erfinde Anekdoten. Man muß als Schriftsteller alle Arten der Darstellung machen können. Erst lerne man sie genau kennen, untersuche sie sorgfältig, studire die besten, schon vorhandnen Muster, dann lege man Hand ans Werck. Allmälich wird man in jeder Art Meister.

(Stoff ist dependente, durch andere Kraft bestimmte Kraft; reagirende Kraft, negativer Geist.)

Wir wissen etwas nur, insofern wir es ausdrücken, i. e. machen können. Je fertiger und mannichfacher wir etwas produciren, ausführen können, desto besser wissen wir es. Wir wissen es vollkommen, wenn wir es überall und auf alle Art mittheilen, erregen können, einen individuellen Ausdruck in jedem Organ desselben bewircken können.

Sich nach den Dingen, oder die Dinge nach sich richten, ist Eins.

Unsre Staaten sind fast nichts als rechtliche Institute, nur Defensionsanstalten. Erziehungsinstitute', Academieen und Kunstgesellschaften sind es leider nicht, wenigstens sehr mangelhaft. Dies müssen die Menschen also noch durch besondre Coalitionen suppliren. Auch fehlende Polizeyanstalten sollte man durch Privatverbindungen zu ersetzen suchen.

Jeder Gegenstand sollte bestimmte und freye Sensationen und Functionen veranlassen.

Eine Ehe ist ein politisches Epigramm. Epigramm ist nur ein elementarischer, poetischer Ausdruck — poetisches Element — primitives Poem.

Späßchen über die Molecules.

Alles Unwillkührliche soll in ein Willkührliches verwandelt werden.

Zentripetalkraft ist das synthetische Bestreben; Centrifugalkraft das analytische Bestreben des Geistes; Streben nach Einheit — Streben nach Mannichfaltigkeit. Durch wechselseitige Bestimmung beyder durch Einander wird jene höhere Synthesis der Einheit und Mannichfaltigkeit selbst hervorgebracht, durch die Eins in Allem und Alles in Einem ist.

(Über die Construction der alten Sprachen. Als Tonsprachen verlieren unsre Sprachen außerordentlich.)

(Lyra. Pindar — Klopstock — Horaz — modulirte Welt. — Gesetze der Association.)

Sind Epos, Lyra und Drama etwa nur die drey Elemente jedes Gedichts — und nur das vorzüglich Epos, wo das Epos vorzüglich heraustritt, und so fort?
Monotonie — Polytonie — Harmonie.
(Rede — Gesang — Recitativ — oder besser Recitativ (Epos) Gesang (Lyra) ächte Declamation (Drama).)
Vollkommene Oper ist eine freye Vereinigung aller, die höchste Stufe des Dramas. Epos ist wohl nur ein unvollkommnes Drama. Epos ist ein poetisch erzähltes Drama.

(Der Anfang des Epos ist die Alteweibererzählung; das lyrische Gedicht — die Äußerungen ihrer Affecten.

Straffe, schlaffe, lockre, dichte Einbildungskraft. Unwillkührliche Bewegung ist Krampf; willkührliche, Entzündung. Die rohe Imagination ist bald willkührlich bald unwillkührlich.

Entzündung durch Krampf ist die sogenannte indirecte Sthenie. Krampf durch Entzündung ist eigentlich die sogenannte indirecte Asthenie.

Reaction des Krampfs, durch erfolgte Reitze, wird Entzündung — Reaction der Entzündung durch gefolgte Nichtreitze Krampf seyn.

Alle reitzende Mittel sind solches, als Wärme Thätigkeit hervorbringende Mittel. Alle nichtreitzende Mittel sind solches, als Kälte, Unthätigkeit machende, veranlassende Mittel.

Wärme und Kälte das sind die Principe der Pharmazie. Erklärungen des Galvanism. Was vereinigt Wärme und Kälte?! Kälte vereinzelt, Wärme vereinigt.)

(Geheimlichen). In Geheimniß Stand erheben. Das Unbekannte ist der Reitz des Erkenntnißvermögens. Das Bekannte reitzt nicht mehr. Absolut Unbekanntes = absoluter Reitz. Praktisches Ich. Das Erkenntnißvermögen ist sich selbst der höchste Reitz, das absolut Unbekannte. Unbekannte Obern in den Wissenschaften. Mystification.

Im Ich, im Freyheitspuncte sind wir alle in der That völlig identisch — von da aus trennt sich erst jedes Individuum. Ich ist der absolute Gesammtplatz, der Centralpunct.

Die Poesie ist der Held der Philosophie. Die Philosophie erhebt die Poesie zum Grundsatz. Sie lehrt uns den Werth der Poesie kennen. Philosophie ist die Theorie der

Poesie. Sie zeigt uns, was die Poesie sey; daß sie Eins und Alles sey.

Der Stümper weiß in keiner Kunst wovon die Rede ist, er ahmt affenmäßig nach und hat keinen Sinn für das Wesentliche der Kunst. Der ächte Mahler ꝛc. weiß das Mahlerische und Unmahlerische überall wohl zu unterscheiden. So ist es mit dem Dichter, dem Romancier, dem Reisebeschreiber. Der Chronikenschreiber ist der Stümper in der Geschichte: er will alles geben und giebt nichts. So durchaus. Jede Kunst hat ihre individuelle Sphäre: wer diese nicht genau kennt und Sinn für dieselbe hat, wird nie Künstler.

Ich bin ein ganz unjuristischer Mensch, ohne Sinn und Bedürfniß für Recht.

Was sind Sprichwörter?

Aller wircklicher Anfang ist ein zweiter Moment. Alles was da ist, erscheint, ist und erscheint nur unter einer Voraussetzung: sein individueller Grund, sein absolutes Selbst geht ihm voraus, muß wenigstens vor ihm gedacht werden. Ich muß allem etwas absolutes vorausdenken, voraussetzen — Nicht auch nachdenken, nachsetzen? (Vorurtheil. Vorsatz. Vorempfindung. Vorbild. Vorfantasie. Project).

Eine Sache ist oder wird, wie ich sie setze, voraussetze. So Selbstbegränzung und alles.

Der Zauberer ist Poet. Der Profet ist zum Zauberer, wie der Mann von Geschmack zum Dichter.

Eine Note zum Text ꝛc. ist viel piquanter als der Text.

Das Genießen und Machenlassen scheint in der That edler, als das Verfertigen, als das Hervorbringen; das

Zusehn, als das Thun; das Denken, als das Realisiren oder das Seyn.

Sollte es nicht Ein absolutes Bedürfniß geben, das geraden Ausschluß der übrigen möglich machte: Liebe, Gesammtleben mit geliebten Personen?

Thätigkeit läßt uns am leichtesten unsern Kummer vergessen, aber sollen wir manchen Verlust vergessen? (Eingebildete Pflichten — ihr Werth, ihre Beharrlichkeit.)

Stimmungen z. B. bey Musik. Große, energische Augenblicke. Pflichtmäßige Empfindungen. Empfindungen durch Vernunft verewigt. Ohne diese Stimmungen ist man so gleichgültig, so todt.

(Ich habe sehr viel Willen aber wenig ächte Reitzbarkeit. (Incitabilitas indirecta, spuria).

(Sonderbar, daß die Localschwäche eines Organs oft augenblicklich verschwindet, wenn ein andres Organ in diesem Zustande ebenso plötzlich erscheint. Die Ursache der Schwäche muß also wandernd, schweifend seyn; temporär.)

Die Luft enthält alle Stamina rerum, sogar die organischen; gasartiger Keim, organisirte Luft.

Schwächlicher — starker Geist.

Körper, Seele und Geist sind die Elemente der Welt — wie Epos, Lyra und Drama die des Gedichts.

Was muß ich lernen? Was kann nur gelernt werden? Aus Lernen und Hervorbringen' entsteht die wissenschaftliche Bildung.

Der ächte Dichter ist allwissend; er ist eine wirckliche Welt im Kleinen.

———

Eine Definition ist ein realer oder generirender Name. Ein gewöhnlicher Namen ist nur eine Nota.

———

Schemhamphorasch, Name des Namens. Die reale Definition ist ein Zauberwort. Jede Idee hat eine Skale von Namen; der oberste ist absolut und unnennbar. Die Namen werden nach der Mitte zu gemeiner und gehn endlich in antithetische Namen über, von denen der höchste wieder namenlos ist.

———

Über die Natur, als einen geschloßnen Körper, als einen Baum; woran wir die Blüthenknospen sind.
(Naturen sind solche Wesen, bey denen das Gantze den Gliedern dient, bey denen die Glieder Zwecke an sich sind — die Glieder selbstständig. Personen hingegen solche, wo das umgekehrte Verhältniß statt findet. Wo beyde wechselseitig sich necessitiren und jedes oder vielmehr keins Zweck an sich ist, diese sind Mittelwesen zwischen Natur und Person. Dies sind die Extreme, die durch verschiedene Mittelglieder zusammenhängen.)

———

Eine Idee und ein Gesetz wird gefühlt. (Realität.)

Von der geheimen Welt vid 95. 2tes Stück d. Athenaeums.

———

Herstellung verstümmelter Fragmente und Beweis, daß der Fond aller wircksamen Meynungen und Gedanken der Alltagswelt Fragmente sind.

———

Auflösung eines Gleichnisses (Gleichung — absoluter Werth einer Gleichung.)

———

Alles Liebenswerthe ist ein Gegenstand (eine Sache). Das unendlich Liebenswerthe ist eine unendliche Sache, etwas was man nur durch unaufhörliche, unendliche Thätigkeit haben kann. Nur eine Sache kann man besitzen.

Allzuheftige Unleidlichkeit des Unvollkommnen ist Schwäche.

Man kann seine Ehre in alles setzen — und man soll sie nur in Eins setzen.

Die klugen Anführer der Franzosen haben dadurch einen Meisterstreich gemacht, daß sie ihrem Kriege das Ansehn eines Meynungskriegs zu geben gewußt haben. Nur in Spekulationsstuben und in sehr einzelnen Orten und Individuen ist er es gewesen, nur accessorie, nicht von Haus aus.

Höhere Mathematik und Philosophie (oder Theorie der Ideen, des Unendlichen ɾc.) haben sehr viel Analogie. (Curven — Reihen) Elemente. 3 Axen.

Baader ist ein realer Psycholog und spricht die ächte psychologische Sprache. Reale Psychologie ist auch vielleicht das für mich bestimmte Feld.

Drey veränderliche Größen und Qualitäten der Kräfte. Wenn ich die Eine bin, so müssen sich die Andern nach mir richten.

Die Erscheinungen sind die Differentialen der Ideen. Ideen differentiiren und Erscheinungen integriren ist sehr schwer.

Vorzüge des Macrologismus, der Groß- und Weitsichtigen, und Vorzüge des Micrologism, der Myopen und Kleinsichtigen.

Die Welt ist auf jeden Fall Resultat einer Wechselwirckung zwischen mir und der Gottheit. Alles was ist und entsteht, entsteht aus einer Geisterberührung. Die äußere Sollicitation ist nur in Ermangelung innrer Selbstheterogeneisirung — und Berührung.

———

Der Vornehme vermehrt die Centripetalkraft im Geringeren.

———

Die Idee vom Microcosmus ist die höchste für den Menschen. (Cosmometer sind wir ebenfalls.)

———

Unterschied zwischen willkührlicher, symptomatischer und mimischer Karacteristik oder Sprache.

———

Alles, was wir erfahren, ist eine Mittheilung. So ist die Welt in der That eine Mittheilung, Offenbarung des Geistes. Die Zeit ist nicht mehr, wo der Geist Gottes verständlich war. Der Sinn der Welt ist verlohren gegangen. Wir sind beym Buchstaben stehn geblieben. Wir haben das Erscheinende über der Erscheinung verlohren. — Formularwesen. Ehemals war alles Geistererscheinung, jezt sehen wir nichts als todte Wiederholung, die wir nicht verstehen. Die Bedeutung der Hieroglyphe fehlt. Wir leben noch von der Frucht besserer Zeiten.

Fragmente oder Denkaufgaben.

Der erste Mensch ist der erste Geisterseher. Ihm erscheint alles, als Geist. Was sind Kinder anders, als erste Menschen? Der frische Blick des Kindes ist überschwenglicher, als die Ahndung des entschiedensten Sehers.

Die Sieste des Geisterreichs ist die Blumenwelt. In Indien schlummern die Menschen noch immer, und ihr heiliger Traum ist ein Garten, den Zucker- und Milchseen umfließen.

Es liegt nur an der Schwäche unsrer Organe und der Selbstberührung, daß wir uns nicht in einer Feenwelt erblicken. Alle Mährchen sind nur Träume von jener heymathlichen Welt, die überall und nirgends ist. Die höhern Mächte in uns, die einst als Genien unsern Willen vollbringen werden, sind jezt Musen, die uns auf dieser mühseligen Laufbahn mit süßen Erinnerungen erquicken.

Plastik, Musik und Poesie verhalten sich wie Epos, Lyra und Drama. Es sind unzertrennliche Elemente, die in jedem freyen Kunstwesen zusammen, und nur nach Beschaffenheit, in verschiednen Verhältnissen geeinigt sind.

Was ist der Mensch? Ein vollkommner Trope des Geistes. Alle ächte Mittheilung ist also sinnbildsam — und sind also nicht Liebkosungen ächte Mittheilungen?

Alle Menschen sind Variationen Eines vollständigen Individuums, d. h. Einer Ehe. Ein Variationen-Accord ist eine Familie, wozu jede innig verbundene Gesellschaft zu rechnen ist. Wenn eine so einfache Variation, wie Natalie und die schöne Seele schon ein so tiefes Wohlgefühl erregt, wie unendlich muß das Wohlgefühl dessen seyn, der das Ganze in seiner mächtigen Symphonie vernimmt?

Ein Lichtstrahl bricht sich noch in etwas ganz Anderes, als in Farben. Wenigstens ist der Lichtstrahl einer Beseelung fähig, wo sich dann die Seele in Seelenfarben bricht. Wem fällt nicht der Blick der Geliebten ein?

Alle geistige Berührung gleicht der Berührung eines Zauberstabs. Alles kann zum Zauberwerckzeug werden. Wem aber die Wirckungen einer solchen Berührung so fabelhaft, wem die Wirckungen eines Zauberspruchs so wunderbar vorkommen, der erinnre sich doch nur an die erste Berührung der Hand seiner Geliebten, an ihren ersten, bedeutenden Blick, wo der Zauberstab der abgebrochne Lichtstrahl ist, an den ersten Kuß, an das erste Wort der Liebe, — und frage sich, ob der Bann und Zauber dieser Momente nicht auch fabelhaft und wundersam, unauflöslich und ewig ist?

Die Menschheit ist der höhere Sinn unsers Planeten, der Nerv, der dieses Glied mit der obern Welt verknüpft, das Auge, was er gen Himmel hebt.

(Der Philosoph lebt von Problemen, wie der Mensch von Speisen. Ein unauflösliches Problem ist eine unverdauliche Speise. — Was die Würze an den Speisen, das ist das Paradoxe an den Problemen. Wahrhaft aufgelöst wird ein Problem, wenn es als solches vernichtet wird. So auch mit den Speisen. Der Gewinn bey beyden ist die Thätigkeit, die durch beyde erregt wird. Jedoch giebt es auch nährende Probleme wie nährende Speisen, deren Elemente ein Zuwachs meiner Intelligenz werden. Durch Philosophiren, insofern es eine absolute Operation ist, wird aber meine Intelligenz, außer der unaufhörlichen Erneuerung, auch fortwährend ameliorirt — welches bey den Speisen nur bis auf einen gewissen Zeitpunct statt findet. Eine schleunige Amelioration unsrer Intelligenz ist so bedenklich wie ein plötzliches Starckwerden. Der wahre Schritt der Gesundheit und Besserung ist langsam, wenn es gleich auch hier, nach den verschiedenen Constitutionen, verschiedne Reihen der Geschwindigkeiten giebt. So wenig man also ißt, um ganz neue, fremde Stoffe zu erwerben, so wenig philosophirt man, um ganz neue, fremde Wahrheiten zu finden. Man philosophirt gerade darum, warum man lebt. Sollte man einmal dahin kommen, ohne gegebene Nahrungsmittel zu leben, so wird man auch so weit kommen, ohne gegebene Probleme zu philosophiren, — wenn nicht gar einige schon so weit sind.

Man weiß und macht eigentlich nur was man wissen und machen will. Die Schwierigkeit ist nur dies zu finden. Genaue Beobachtung des ersten Moments der erscheinenden Velleität, der gleichsam der Keim ist, wird uns überzeugen, daß hier alles schon drinn liegt, was sich nachher nur entwickelt und abklärt.

Anekdoten.

Platner erzählte, Sonnenfels aus Wien sey auf einer Reise durch Leipzig bey ihm in den Vorlesungen gewesen und habe beym Weggehn aus dem Auditorio zu seinem

Begleiter gesagt: das ist wahr, Platner spricht vortrefflich. Es kam mir vor, als hört ich mich selbst reden. Und fügte hinzu: denken Sie, was dieser eitle Mensch für eine Prae=sumption von sich selbst hat.

———

Witzige, bedeutende, sentimentale, moralische, wissen=schaftliche, politische, historische, karacteristische, individuelle, drollige oder lächerliche, artistische, humoristische, romantische, tragische, poetische Anekdoten.

Geschichte ist eine große Anekdote. Eine Anekdote ist ein historisches Element, ein historisches Molecule oder Epigramm. Eine Geschichte in Anekdoten — etwas Aehn=liches hat Voltaire geliefert — ist ein höchst interessantes Kunstwerck. Die Geschichte in gewöhnlicher Form ist eine zusammengeschweißte, oder ineinander zu einem Continuo geflossene Reihe von Anekdoten.

Welches hat den Vorzug, das Continuum oder das Discretum? Ein großes Individuum oder eine Menge kleiner Individuen? Jenes unendlich, diese bestimmt, endlich, ge=richtet, determinirt.

Ein Anekdotenmeister muß alles in Anekdoten zu ver=wandeln wissen. Schlegel hat Recht, der ächte Roman muß eine Satyre seyn.[1]

Es ließe sich etwas über Wilhelm Meister schreiben, wie Lichtenbergs Commentar über Hogarth. Eine Recension hat bisher ein vollständiger Inbegriff und Extract dessen seyn sollen, was sich über ein Buch schreiben und sagen läßt — und wohl gar noch ein methodischer, systematischer. Soweit sind wir noch lange nicht. Wenn es nur erst eine Satyre wäre. Man zertheile doch ja diese Foderung erst in mancherley Bestandtheile. Ein Buch bewirckt, wie alles,

———

[1] Vergl. Ath. I, 2, p. 38.

tausendfältige Sensationen und Functionen — determinirte, bestimmte und freye.

Eine große Klasse von Anekdoten sind diejenigen, die eine menschliche Eigenschaft auf eine merckwürdige, auffallende Weise zeigen, z. B. List, Großmuth, Tapferkeit, Veränderlichkeit, Bizarrerie, Grausamkeit, Witz, Fantasie, Gutmüthigkeit, Sittlichkeit, Liebe, Freundschaft, Weisheit, Eingeschränktheit ꝛc. Kurz, es ist eine Gallerie mannichfaltiger menschlicher Handlungen, eine Karakteristik der Menschheit. Sie sind Anekdoten zur Wissenschaft des Menschen und also didaktisch. Eine andre große Klasse begreift diejenigen, die Effekt hervorbringen, unsre Einbildungskraft angenehm beschäftigen sollen. Sie sind vielleicht überhaupt poetische Anekdoten zu nennen, wenn auch nur die Wenigsten schöne, (absolute) Poesie sind.

So hätten wir also zwey Hauptklassen, karakteristische und poetische Anekdoten. Jene beschäftigen unser Erkenntniß-, diese unser Begehrungsvermögen — sit venia verbis. Beyde können vermischt seyn, und sollen es gewissermaaßen seyn. Je poetischer die karakteristischen Anekdoten sind, desto besser. Umgekehrt sind alle poetische Anekdoten, wenigstens als Kunstwercke und poetischer Stoff, in Beziehung auf Poetik oder die Wissenschaft von der Natur der Poesie karakteristisch. Die Göthische Reise mit Kraus enthält einen interessanten Beytrag zur Kunst, das gewöhnliche Leben zu poetisiren.

Kunst des Anekdotisirens. Eine wahre Anekdote ist an sich selbst schon poetisch. Sie beschäftigt die Einbildungskraft. Ist nicht die Einbildungskraft, oder das höhere Organ, der poetische Sinn überhaupt? Es ist nur nicht reine Poesie, wenn die Einbildungskraft um des Verstandes, des Erkenntnißvermögens willen erregt wird. Die witzige Anekdote besteht aus Erregung der Aufmercksamkeit, Spannung und Incitation oder Nichtincitation. Zur leztern Classe gehören alle täuschende Anekdoten. (Lachen, Krampf, Reitz, Unreitz.) (Einen dämpfen.)

Die Erzählung enthält oft eine gewöhnliche Begebenheit, aber sie unterhält. Sie erhält die Einbildungskraft im Schweben oder im Wechsel, sezt sie in einen künstlich febrilischen Zustand und entläßt sie, wenn sie vollkommen ist, mit erneutem Wohlgefühl. (Anhaltendes Fieber, Wechselfieber.)

Alle Poesie unterbricht den gewöhnlichen Zustand, das gemeine Leben, fast wie der Schlummer, um uns zu erneuen, und so unser Lebensgefühl immer rege zu erhalten.

Kranckheiten, Unfälle, sonderbare Begebenheiten, Reisen, Gesellschaften wircken in einem gewissen Maas auf eine ähnliche Weise. Leider ist das ganze Leben der bisherigen Menschheit Wirckung unregelmäßiger, unvollkommner Poesie gewesen.

Was wir Glauben an Versöhnung nennen, ist nichts als Zuversicht einer vollendeten poetischen Weisheit in den Schicksalen unsers Lebens.

Durch Bemeisterung des Stimmhammers unsers höhern Organs werden wir uns selbst zu unserm poetischen Fato machen — und unser Leben nach Belieben poetisiren und poetisiren lassen können.

Meine Anekdoten sollen witzige, humoristische, fantastische, drollige, philosophische, dramatische (poetische) Anekdoten seyn.

Ein Dialog ist eigentlich eine Anekdote, wenn er absolut kurz ist.

Karakteristische Anekdoten beziehn sich auf einen interessanten Gegenstand, sie haben nur ein fremdes Interesse. Die rein poetische Anekdote bezieht sich auf sich selbst, sie interessirt um ihrer selbst willen.

Mathematische Anekdote vom Schachspiel. Verwandlung einer Anekdote in eine unbestimmte Aufgabe.

Der ächte philosophische Act ist Selbsttödtung; dies ist der reale Anfang aller Philosophie, dahin geht alles Bedürfniß des philosophischen Jüngers, und nur dieser Act entspricht allen Bedingungen und Merckmalen der transscendenten Handlung.

Weitere Ausführung dieses höchst interessanten Gedankens.

Alles Ausgezeichnete verdient den Ostracism. Es ist gut, wenn es ihn sich selbst giebt. Alles Absolute muß aus der Welt hinaus ostraciren. In der Welt muß man mit der Welt leben. Man lebt nur, wenn man im Sinne der Menschen lebt, mit denen man lebt. Alles Gute in der Welt kommt von innen her (und also ihr von außen), aber es blizt nur hindurch. Das Ausgezeichnete bringt die Welt weiter, aber es muß auch bald fort.

Ich habe zu Söfchen Religion — nicht Liebe. Absolute Liebe, vom Herzen unabhängige, auf Glauben gegründete, ist Religion.

Liebe kann durch absoluten Willen in Religion übergehn. Des höchsten Wesens wird man nur durch Tod werth. (Versöhnungstod.)

Vermischter Willen und Wissenstrieb — ist Glaube.

Alle Bezauberung geschieht durch partielle Identification mit dem Bezauberten — den ich so zwingen kann, eine Sache so zu sehn, zu glauben, zu fühlen, wie ich will.

Alle absolute Empfindung ist religiös. (Religion des Schönen. Künstlerreligion.) (Schluß hieraus.)

Hypochondrie ist eine sehr merckwürdige Kranckheit. Es giebt eine kleine und eine erhabene Hypochondrie. Von hier aus muß man in die Seele einzudringen suchen. (Übrige Gemüthskranckheiten.)

Sollen Körper und Seele vielleicht auf gewisse Weise getrennt seyn — und ist es nicht Schwäche, wenn jede Affection des Einen gleich auch Affection des Andern ist — ohne Dazwischenkunft des Willens?

Wenn ein Ding im Ganzen bestimmt ist, so ist es auch im Einzelnen bestimmt.

Man muß nicht seine Gerechtigkeit in der Welt suchen.

Sezt man das Böse der Tugend entgegen, so thut man ihm zu viel Ehre an.

Jeder sich absondernde, gewöhnlich affectirt scheinende Mensch ist denn doch ein Mensch, bey dem sich ein Grundsatz regt. Jedes unnatürliche Betragen ist Symptom einer angeschoßnen Maxime. Selbstständigkeit muß affectirt anfangen. Alle Moral fängt affectirt an. Sie gebietet Affectation. Aller Anfang ist ungeschickt.

Um einem Gespräche eine beliebige Richtung zu geben, ist nur Festhaltung des Ziels nöthig. So nähert man sich ihm allmälich, denn seine Anziehungskraft wird rege. Durch diese Aufmercksamkeit auf einen heterogenen Gedanken entstehn oft die witzigsten Uebergänge, die artigsten Verbindungen. Man ist oft schneller da, als man denkt.

Zugleichseyn zweyer oder mehrerer Gedanken im Bewußtseyn. — Folgen.

Auch die Sprache ist ein Produkt des organischen Bildungstriebes. So wie nun dieser überall dasselbe unter den verschiedensten Umständen bildet, so bildet sich auch hier durch Kultur, durch steigende Ausbildung und Belebung die Sprache zum tiefsinnigen Ausdruck der Idee der Organisation, zum System der Philosophie.

Die ganze Sprache ist ein Postulat. Sie ist positiven, freyen Ursprungs. Man mußte sich einverstehen, bey gewissen Zeichen gewisse Dinge zu denken, mit Absicht etwas Bestimmtes in sich zu construiren.

Wer zuerst bis zwey zu zählen verstand, sah, wenn ihm auch selbst das Fortzählen noch schwer ward, doch die Möglichkeit einer unendlichen Fortzählung nach denselben Gesetzen.

Abstraction schwächt; Reflexion stärkt.

Durch allzuhäufiges Reflectiren auf sich selbst, wird der Mensch für sich selbst abgestumpft und verliert den gesunden Sinn für sich selbst.

Leidenschaftliche Wärme — leidenschaftliche Kälte.

Selbstbeurtheilung nach den wircklichen Handlungen — nach der Oberfläche, nicht nach dem innern Gewebe. Wie schön ist nicht die Oberfläche des Körpers, wie ekelhaft sein inneres Wesen!

Die Möglichkeit der Philosophie beruht auf der Möglichkeit Gedanken nach Regeln hervorzubringen, wahrhaft gemeinschaftlich zu denken (Kunst zu symphilosophiren). Ist gemeinschaftliches Denken möglich, so ist ein gemeinschaftlicher Wille, die Realisirung großer, neuer Ideen möglich.

Rechte des Gesprächs. (absolutes Spiel.)
Wahre Mittheilung findet nur unter Gleichgesinnten, Gleichdenkenden statt.

Wer einen Karakter mitbringt, wird sich sehr schwer verstehn lernen.

Verdienst freywilliger Passivität: mystische Orthodoxen. Fichte wählt das entgegengesezte Verdienst.

Nur das Unvollständige kann begriffen werden, kann uns weiter führen. Das Vollständige wird nur genossen. Wollen wir die Natur begreifen, so müssen wir sie als unvollständig setzen, um so zu einem unbekannten Wechselgliede zu gelangen. Alle Bestimmung ist relativ.

Hang, alles zu frivolisiren.

Mensch werden ist eine Kunst.

Scherz ist ein Präservativ und Confortativ, besonders gegen das Miasma weiblicher Reitze.

In der großen Welt ist daher die Zerschmelzung weniger als die Verhärtung zu fürchten. Scherz frivolisirt.

Zwey Arten, Menschen zu schildern: die poetische und die wissenschaftliche. Jene giebt nur Einen durchaus individuellen Zug, — ex ungue leonem. Diese deducirt vollständig.

Die geognostische oder Landschaftsfantasie wird im Meister gar nicht berührt. Die Natur läßt Göthe nur sehr selten mitwircken. Im Anfang des vierten Theils einmal. Beym Räuberanfall berührt Göthe nur im Vorbeygehn die romantische Waldhöhe mit. Die Außenwelt überhaupt selten, — am meisten noch im vierten Theile.

Alle Erinnerung ist Gegenwart. Im reinern Element wird alle Erinnerung uns wie nothwendige Vordichtung erscheinen.

Schöne poetische Hogarthismen, z. B. die Liebe. Hogarths Blätter sind Romane. Hogarths Wercke sind gezeichneter Witz, wahrhaft römische Satyren für das Auge. So wie eine ächte musicalische Fantasie Satyre für das Ohr seyn sollte. Hogarth ist der erste Satyrendichter, Shakespeare seiner Gattung.

Das lyrische Gedicht ist für Heroen, es macht Heroen. Das epische Gedicht für Menschen. Der Heros ist lyrisch, der Mensch episch, der Genius dramatisch. Der Mann lyrisch, die Frau episch, die Ehe dramatisch.

Symbole sind Mystificationen.

Der vollendete Mensch sollte eine schöne Satyre seyn, fähig, jedem eine beliebige Form zu geben, jede Form mit dem mannichfaltigsten Leben auszufüllen und zu bewegen.

Realisirung der Theorie. Fühlbarmachung des Gedankens. Gesetz: gefühlter Gedanke.

Jeder Mensch hat seine eigne Sprache. Sprache ist Ausdruck des Geistes. Individuelle Sprachen. Sprachgenie. Fertigkeit in und aus andern Sprachen zu übersetzen. Reichthum und Euphonie jeder Sprache. Der ächte Ausdruck macht die klare Idee. Sobald man nur die rechten Namen hat, so hat man die Ideen mit. Durchsichtiger, leitender Ausdruck.

Wer nicht vorsätzlich, nach Plan und mit Aufmerksamkeit thätig seyn kann, verräth Schwäche. Die Seele wird durch die Zersetzung zu schwach. Ohne Aufmerksamkeit auf das, was sie thut, gelingt ihr vieles. Sobald sie sich theilen muß, wird bey aller Anstrengung nichts. Hier muß sie sich überhaupt zu stärken suchen. Oft ist Verwöhnung daran Schuld. Das Organ der Aufmerksamkeit ist auf Kosten des thätigen Organs geübt, voraus gebildet, zu reitzbar gemacht worden. Nun zieht es alle Kraft an sich und so entsteht diese Disproportion.

Alles muß Lebensmittel werden. Kunst, aus allem Leben zu ziehn. Alles zu beleben ist der Zweck des Lebens. Lust ist Leben. Unlust ist Mittel zur Lust, wie Tod Mittel zum Leben.

Anastomose des discursiven Individui. Die Intuition ist symmetrisch, die Discursion variirend.

Eigentliche Schauscenen, nur die gehören aufs Theater.

Allegorische Personen — die Meisten sehn nur solche um sich. Kinder sind Hoffnungen, Mädchen sind Wünsche und Bitten.

Dem Geistvollen ist alles Eins; dem Talentvollen jedes einzig. Definirende und infinirende Menschen.

Vom Glauben hängt die Welt ab. Glauben und Vorurtheil ist Eins. Wie ich eine Sache annehme, so ist sie für mich.

Wahn der Transsubstantion: Grundwahn.

Subjective Poesie: idiosynkrastische Poesie.

Der erste Mensch ist der erste Geisterseher; ihm ist alles Geist. (Vergl. pag. 95.)

Kann der Buchstabe den Geist eignen und umgekehrt?

(Associationsgesetze.) Der Philosoph übersetzt die wirckliche Welt in die Gedankenwelt und umgekehrt, um beyden einen Verstand zu geben.

Abrichtung der Thiere zu Feld= und Fabrikarbeiten. (Jede Stadt ein Handelsplatz.)

Jedes ächte Mittel ist das wesentliche Glied eines Zwecks, daher unvergänglich und bleibend wie dieser. Umgekehrter Proceß, wo das Mittel Hauptsache und das Resultat Nebensache wird: schöner Proceß.

Der Reiz von Außen ist indirecter, der Reiz von Innen directer Reiz. Jener sezt Reizbarkeit voraus. Reizbarkeit ist unbestimmtes Leben, schwebende Action. Indirecter Reiz, Aufhebung des Gleichgewichts, Heterogeneisirung, bestimmte

Richtung. Leben entsteht wie Kranckheit aus einer Stockung, Begränzung, Berührung.

Das Gemeinste in ächter Euphonie ist ewiger Betrachtung werth. In fremden Sprachen fühlt man lebhafter, daß jede Rede eine Composition seyn sollte. Man ist viel zu sorglos im Sprechen und Schreiben. Die idealische Rede gehört zur Realisation der Idealwelt.

In der intellectualen Anschauung ist der Schlüssel des Lebens.

Der Mensch: Metapher.

Dasselbe Individuum in Variationen. Natalie — die schöne Seele. (Vergl. pag. 96.)

Der jüngste Tag ist die Synthesis des jetzigen Lebens und des Todes (des Lebens nach dem Tode).

Nur ein Künstler kann den Sinn des Lebens errathen.

Jedes Ding hat seine Zeit. Uebereilung.

Hemsterhuis Erwartungen vom moralischen Organ sind ächt profetisch.

Reitz (ist) vielleicht Hemmung oder Beflügelung des Triebs. Trieb (ist) Urreitz.

Urtheil (ist) Zersetzung.

Es liegt nur an der Schwäche unsrer Organe, daß wir uns nicht in einer Feenwelt erblicken. (Vergl. pag. 95.)

Die Thätigkeit eines ächten Produkts ist durchgehends synthetisch.

Reines System a priori, ohne Bedingung eines äußern Reitzes entstanden. Die Intelligenz soll ohne und gegen das organische Vermögen alles hervorbringen; ächte Gedankenwelt; unmittelbares Bewußtseyn der ganzen Welt.

So aber auch mit den Sinnen: unabhängige Bilderwelt (Schönheit) ohne Gedanken-Einfluß entstanden und bestehend. (Durchdringung, Kette beyder.)

Bild — nicht Allegorie, nicht Symbol eines Fremden: Symbol von sich selbst.

Die Menschheit ist gleichsam der höhere Sinn unsers Planeten, das Auge, was er gen Himmel hebt, der Nerv, der dieses Glied mit der obern Welt verknüpft. (Vergl. pag. 96.)

Die Philosophie soll nicht die Natur, sie soll sich selbst erklären. Alle Befriedigung ist Selbstauflösung. Bedürfniß entsteht durch Entzweyung, fremden Einfluß, Verletzung. Es muß sich selbst wieder ausgleichen. Die Selbstauflösung des Triebes, diese Selbstverbrennung der Illusion, des illusorischen Problems ist eben das Wollüstige der Befriedigung des Triebes. Was ist das Leben anders? Die Verzweiflung, die Todesfurcht ist gerade eine der interessantesten Täuschungen dieser Art. Sthenisch, wie im Trauerspiel fängts an, — asthenisch endigt es und wird gerade dadurch ein befriedigendes Gefühl, ein Pulsschlag unsers sensitiven Lebens. Auch kann es asthenisch anfangen und sthenisch endigen. Es ist eins. Ein Trauerspiel, was zu viel Wehmuth hinterläßt, hat nicht sthenisch genug angefangen. Jede Geschichte enthält ein Leben, ein sich selbst auflösendes Problem. So ist jedes Leben eine Geschichte.

Hamlet endigt trefflich: asthenisch fängt er an, sthenisch endigt er. Meister endigt mit der Synthesis der Antinomieen, weil er für und vom Verstande geschrieben ist.

Wer das Leben anders als eine sich selbst vernichtende Illusion ansieht, ist noch selbst im Leben befangen.

Das Leben soll kein uns gegebener, sondern ein von uns gemachter Roman seyn.

Alles ist Samenkorn.

Berührungen eines Zauberstabs. (Friction, Lateralwirckung.)

Je einfacher der Mensch lebt und gereizt wird, desto mehr bindet er sich an etwas. Sollte das nicht ein allgemeines Gesetz der Cohaerenz seyn?

Man weiß und macht innerlich eigentlich immer, was man wissen und machen will. Diese Handlung zu fassen, ist nur unendlich schwer. Genaue Beobachtung des ersten Moments der Velleität, der gleichsam der Keim ist, wird uns überzeugen, daß hier schon alles drinn liegt, was sich nachher nur entwickelt. (Vergl. pag. 97.)

D'Aubussons chemische Erläuterung der Buchstabenrechnung. Diese Zeichen schließen nicht wie Zahlen in einander, sondern man sieht noch in jeder Composition die Elemente, ihre Verhältnisse und die Methode der Composition. Ils s'associent, mais ils ne se confondent pas.

Thätigkeit ist die eigentliche Realität. (Weder Gegenstand noch Zustand sind allein, rein zu denken. Durchs Reflectiren mischt sich das Entgegengesezte hinein, und selbst schon durchs Streben, Begehren, denn beydes sind identische Handlungen. Der Begriff der Identität muß den Begriff der Thätigkeit enthalten, des Wechsels in sich selber. Zwey Zusammen= gesezte sind die höchste Sphäre, zu der wir uns erheben können.)

(Gott ist die unendliche Thätigkeit. Natur der unendliche Gegenstand, Ich der unendliche Zustand. Alles dreyes sind Abstracte. Alles dreyes ist Eins. Sie sind nicht getrennt als in sich selber, in der Reflexion, die aus allen dreyen besteht.)

Was Ich — ist durch die Thätigkeit. Insofern Gegen= stand und Zustand sind, stehn sie unter den Gesetzen der Thätigkeit i. e. sie sind thätig. Thätigkeit ist Urkraft des Accidens, es ist das unendliche Accidentielle. Zustand und Gegenstand sind das unendlich Substantielle. Thätigkeit zerfällt wie Stand in zwey Theile ursprünglich: reale, ideale oder positive, negative oder active, passive. Auch von der Thätigkeit gilt die Regel: daß man sie nur in Verbindung, nicht allein wahrnehmen kann. Sie (ist) immer im Ver= hältniß zu Gegenstand und Zustand.

(Es ist thöricht durch eine solvirende Handlung ein re= solvirtes Product bekommen zu wollen, durch eine bindende Handlung das Gebundene zu trennen. Was zertrennt werden soll, muß gebunden seyn, was verbunden werden soll, getrennt. Hieraus ergiebt sich die in der Natur der Sache überhaupt liegende Unmöglichkeit, ein sogenanntes reines, einfaches Product zu erhalten, da jedes Product als solches nur im Trennenden aufgestellt werden kann. Alles Getrennte wird im Verbundnen, alles Verbundne im Trennenden wahrgenommen.

. . . .

Recht ist nur im Verhältniß der Stätigkeit; unterbrochen cessirt es.

———

Wohl unsrer Sprache, daß sie ungelenk ist! Der Starke zwingt sie, und den Schwachen zwingt sie; dort wird die Erscheinung der Kraft sichtbarer, schöner, hier das Unvermögen auffallender, und so bleibt das Reich der Schönheit reiner, adelicher, unvermischter.

———

So lange es noch Tapfre und Feige giebt, wird auch Adel seyn. (Apologie des Erbadels, relativ.)

———

Pflichten gegen die Menschen: Attention, Liebe, Nachgiebigkeit. Was sie reden, gehe dir nichts an.

———

Gleichmuth selbst bey den hoffnungslosesten Zufällen z. B. b(ey) S(ophie).

. . . .

Hüte dich über die Mittel nicht den Zweck zu verlieren, den reinen Karacter der Menschheit: schlichtes, verständiges, humanes Betragen.

. . . .

Man sezt sich immer dem Gesetz entgegen — und dies ist natürlich.

. . . . . .

Hang — Trieb. (Der Mensch kann alles werden, worauf er reflectiren, was er sich vorsetzen kann.)

Wo der Mensch seine Realität hinsezt, was er fixirt, das ist sein Gott, seine Welt, sein Alles. Relativität der Moralität. (Liebe.) Unsre pedantischen Grundsätze. (Was gefällt, was mißfällt, was zieht uns an, was stößt uns ab?) — Realität der menschlichen Fantasie und des Willens. Freyheit der Selbstbestimmung, des Schicksals ꝛc. — Mich muß sogar das mir Unangenehme an andern Menschen interessiren.

Wenn ich frage, was eine Sache ist, so frage ich nach ihrer Vorstellung und Anschauung; ich frage mich nur nach mir selbst.

Aller reeller Streit ist ein Schein; daher die Frage über Idealismus und Realismus so thöricht, so scheinbar, aber eben deswegen so Johannisch.

Unanwendbarkeit einer Sache, eines Begriffs auf sich selbst. Insofern ich handle, bin ich nicht behandelt, das Theilende ist nicht getheilt et sic porro.

. . . . . .

Es darf keine positive Strafe geben, nur negative; selbst in der Paedagogik. Die Urrechte dürfen schlechterdings nie aufgehoben werden.

Schiller geht von einem festen Puncte bey seinen Untersuchungen aus und freylich kann er nachher nie andre Verhältnisse finden als die Verhältnisse des Maaßes, von dem er zu bestimmen ausgieng. Seine Idee von Moralität ꝛc.

Fühlen verhält sich zum Denken, wie Seyn zum Darstellen.

Möglichkeit des Lasters. (Nur der Feige ist nicht unsterblich.)

. . . .

Schiller zeichnet zu scharf, um wahr für das Auge zu seyn, wie Albrecht Dürer, nicht wie Titian, zu idealisch um, im höchsten Sinn, natürlich zu seyn.

. . . .

Ist die Speculation poetischer Natur und Absicht, so mags seyn; sonst muß man absolut einen Zweck — mit Recht Einer genannt — haben oder setzen, damit man sich nicht in diese Speculation, wie in ein Labyrinth, einem Wahnwitzigen völlig gleich, verliert. Hier ist der Sitz der so berüchtigten Speculation, des verschrieenen, falschen Mysticism, des Glaubens an die Ergründung der Dinge an sich.

Der Kriticism zeigt eben die Nothwendigkeit der Begrenzung, Determination, Innehaltung; weist auf einen bestimmten Zweck hin und verwandelt die Speculation in ein nützliches und selbst poetisches Instrument.

Diese endlose Fortsetzung einer Thätigkeit ist Karakter der Seelen- oder Geistesinerz.

(Man denke an jemanden, der eine unendliche Reihe, Bruchreihe z. B. exhauriren wollte — die Quadratoren des Zirkels 2c.)

Die Reihe der Individuen, auf die das Gedächtniß, als die unterste Seelenkraft, die Basis der andern, sich bezieht, ist auch die unterste.

(Entgegenstellung von Basis, welcher Begriff sich auf Schwere bezieht, und Hebel (von Heben) welcher sich auf Gegenschwere bezieht.) (Neue Deduktion des Hebels, aus dem Hebepuncte 2c. durch Centrifugalkraft.)

Das logische Schema der Wissenschaft hat Fichte gleichsam zum Muster einer realen Menschenkonstruction und Weltkonstruction gewählt. Seine Aehnlichkeit mit Plotin.

Fichte thut durch geschriebne Worte und Wortformeln, Combinationen, innere Wunder — oder er hält für eine willkührliche Wunderhandlung: Denken und Schreiben oder Sprechen zugleich, mit gegenseitiger Postulation, oder Necessitation.

Satz: Gegenseitig bezognes, simultanes Sprechen und Denken (thätiges Betrachten) thut Wunder — erzeugt eine Substanz (Flamme), die beydes, Sprechen und Denken erregt und bildet.

———

Kenntniß und Wissenschaft sind völlig dem Körper analog — ist er nicht schön oder brauchbar, so ist er eine Last. (Seele und Geist der Wissenschaft.)

Daher hat Lernen so viel Aehnlichkeit mit Essen, und das a priori Wissen ist ein Sattwerden — ein Ernähren ohne zu essen.

———

Soll man blos das Nützliche und Schöne suchen, treiben und betrachten?

———

Einige Ausnahmen, oder widersprechende Fälle stoßen ein übrigens bequemes und leicht anwendbares System nicht um, sondern indiciren meistens einen Zufall oder eine fehlende Combination und Anwendung oder gar fehlerhafte Anwendung des Systems oder der Regel.

———

Werners Bemerckung der sonderbaren Vorliebe der thierisch plastischen Natur zur Zahl 5, besonders im Conchyliengeschlecht — und der atmosphärisch plastischen Natur zur Zahl 6.

(Sterne der Echiniden und der Schneeflocken.)
(Künstliche Schneebildung.) (Krystallogenie.)

———

Die Erhebung ist das vortrefflichste Mittel, was ich kenne, um auf einmal aus fatalen Collisionen zu kommen. So z. B. die allgemeine Erhebung in Adelstand, die Erhebung aller Menschen zu Genies, die Erhebung aller Phänomene im Wunderstand, der Materie zu Geist, des Menschen zu Gott, aller Zeit zur goldnen Zeit ꝛc.

Das physicalische Wundermährchen der Genlis ist immer ein artiger Versuch.

Ekstase — Inneres Lichtphänomen = intellectualer Anschauung.

Über unser Ich, als der Flamme des Körpers in der Seele. Aehnlichkeit der Seele mit Origéne. Origéne als Irritabilitätspr(oducent). Alle Synthesis ist eine Flamme, oder Funcken, oder Analogon derselben.

Die allgemeinen Ausdrücke der scholastischen Philosophie haben sehr viel Aehnlichkeit mit den Zahlen — daher ihr mystischer Gebrauch, ihre Personification, ihr musicalischer Genuß, ihre unendlichfache Combination.

Alles aus Nichts erschaffne Reale, wie z. B. die Zahlen und die abstracten Ausdrücke — hat eine wunderbare Verwandtschaft mit Dingen einer andern Welt, mit unendlichen Reihen sonderbarer Combinationen und Verhältnissen, gleichsam mit einer mathematischen und abstracten Welt an sich, mit einer poetischen, mathematischen und abstracten Welt.

Sonderbares Accompagnement der Verstandesfantasieen, des abstracten Spiels, mit innern Sinnenfantasieen und Bilderspiel. Begleitende Symbolisation, oder Schematism. . . . Emanationslehre ꝛc.

Alles Object wird Reitz (und Formel) einer neuen Objection. Es ist die unterste Reihe — das nächste Subject ist die Differenzenreihe. Es ist ein Geronnenes, und das Subject ein flüssiges, eine Atmosphäre. Es ist eine beständige Größe, das Subject eine veränderliche. Beyde in Einer Function.

Aller Zufall ist wunderbar, Berührung eines höhern Wesens, ein Problem, Datum des thätig religiösen Sinns.
(Verwandlung in Zufall.)
Wunderbare Worte und Formeln. (Synthesis des Willkührlichen und Unwillkührlichen.)
(Flamme zwischen Nichts und Etwas.)

Mystischer Dogmatism des Orients (entstanden aus Trägheit und Ahndung) höhere Mittheilung der Erkenntniß, intellectueller Quietismus, System des Wissens, wie System der Gnade. Passives System — indirect thätiges System.
Axiom: Wir können von uns selbst nichts wissen. Alles ächte Wissen muß uns gegeben seyn.
(Thätige Bearbeitung und Erhebung der Trägheit.)

Kann man Genie seyn und werden wollen? So mit dem Witz, dem Glauben, der Religion ꝛc.

Es hat in Beziehung auf das Genie bisher beynah das Prädestinationssystem geherrscht. Die zum Theil wahre Beobachtung liegt zum Grunde, daß der Wille anfangs ungeschickt wirkt und das Naturspiel stört (Affectation) und einen unangenehmen Eindruck macht, im Anfang durch Theilung der Kraft (bey der Aufmerksamkeit) sich selbst untergräbt, und aus mangelhaften Reitz und mangelhafter Capacität das nicht zu leisten vermag, was er dunkel, instinktartig beabsichtigt.

Der Instinkt, als Gefühl des Bedürfnisses, des Incompletten, ist zugleich das Gefühl des Zusammenhangs, der Stätigkeit, der fortleitende, sich tastend orientirende Sinn, der rohe, synthetische, complettirende Trieb, ein transitorisches, punctähnliches Ich. (So fährt der Blitz aus Instinkt in der metallenen Kette nieder).

Die Scholastiker verwandelten alle Dinge in Abstracta. Schade, daß sie nicht zugleich in Beziehung auf diese Operation die entgegengesezte versuchten, und über dieses Verfahren nachdachten, oder Schlüsse daraus zogen.

(Das Nachdenken verwandelt alles in System, oder Reihengewebe).

Die bloße Analyse, die bloße Experimentation und Beobachtung führt in unabsehliche Räume und schlechthin in die Unendlichkeit.

Schmerz und Lust sind Folgen einer Sympathie. ().

Der allgemeine, innige, harmonische Zusammenhang ist nicht, aber er soll seyn.

(Folgerungen auf Magie, Astrologie ꝛc. Es sind Schemate der Zukunft, der absoluten Gegenwart.) (Soll seyn — Soll daseyn.)

Wenn die Geschichte der Philosophie eine Geschichte der philosophischen Versuche oder der Versuche, mit der philosophischen Kraft, der individuellen Einheit, die wir Philosophie nennen, und die vorzüglich in Verbis erscheint, oder der Versuche, den philosophischen Proteus zu fixiren, oder der Versuche, Philosophie zu erzeugen, zu bereiten, oder endlich der Versuche, die Idee der Philosophie zu realisiren ist, so ist jede Geschichte wohl etwas Analoges und jeder geschichtliche Gegenstand ein Analogon der Philosophie.

(Geschichte der Versuche, Versuche zu stande zu bringen, die Idee eines Versuchs zu realisiren; gutgeordnete Beschreibungsreihn der Experimentalversuche sind wohl ebenfalls Synonymen der phil(osophischen) Geschichte).

(Alle Philosophie oder Wissenschaft der Wissenschaft ist Kritik.) (Die Idee von Philosophie ist ein Schema der Zukunft.)

Diogenes Gehn (?) war Experimentalphilosophie, ächt synthetische Philosophie.

. . . .

Raisonnirtes Verzeichniß der Heilmittel und Operationen, die der Mensch beständig in seiner Gewalt hat z. B. Speichel, Urin (sollte der Koth nicht gebraucht werden können?) Saamen ausziehn, Bewegen, ganz und theilweise, Finger in Hals stecken zum Brechen, Reiben, Schlagen, Pressen, Athem anhalten, Stellungveränderung, Augenschließung, 2c. Kneipen, Beißen.

———

Raisonnirte Übersicht der physicalischen Eigenschaften der Fossilien und ihre Erklärung oder Ableitung. z. B. Phosphorescenz, Farbenspiel, Irisirung, Verdoppelung, Farbenbrechung 2c., Electricität, Magnetism, Galvanism. (Die galvanischen Regungen (?) sind fast untrügliche Regungen (?) des Kohlenstoffs und daher physicalischchemisch.) Wärme — Schwere 2c.

Alle Regungen (?) sind im Grunde physicalisch, theils physicalisch chemisch, theils physicalisch tonisch 2c. — vorzüglich oder im engern Sinn gewiß die Obbenannten 2c. Baader will bemerckt haben, daß auch Messing durch Schlagen magnetisch werde. Fortsetzung dieser interessanten Bemerckung. Ein concreter (zusammengewachsener) Stoff besteht aus Stoffen oder aus Größen, Eigenschaften und Verhältnissen.

Ist alles Feste fossil, oder nur was mit dem Ideal eines Fossils zusammenstimmt? Fossilien Arten, halbe Fossilien, Fossilien= (Sind etwa nur die regelmäßigen Fossilien — Fossilien?) Individuen, Übergangs Fossilien in das Pflanzen und in das Luftreich.

(Übergangs Stoffe — zu den Kräften oder Elementen?)
(vielleicht Electricität, Licht, Wärme ꝛc.?)

Unterschied und Beziehung von Eigenschaft und Kennzeichen.

———

Werner hat die Theorie eines speciellen Beobachtungsprocesses geliefert. Auf diesem Grunde kann man weiter bauen.
Allgemeine Theorie des Beobachtens und Experimentirens und einzelne, specielle Processe, als Beyspiele.
Practische Theorie des Beobachtens und Experimentirens.

———

Meine Idee von absolut wohlthätiger Bestimmung auf Erden für mich.

———

Lithurgie: Name für mineralogische Chymie.

———

Sollt ich jezt kranck werden, so kann ich diese Stunden, außer einigen möglichen, obangeführten wissenschaftlichen und technischen Benutzungen, vorzüglich zur Ausbildung meiner Sittlichkeit und Religiosität, ascetisch moralisch und religiös benutzen. Gehts ohne Hoffnung oder sonst zu übel, so bleibt mir BM. W. und Op.
Meine Gesundheit kann ich vorzüglich wissenschaftlich und technisch benutzen.
Reisen, Gesellschaft und Unterbrechungen aller Art muß ich auch, theils zur Erholung, theils moralisch und religiös, theils wissenschaftlich und technisch benutzen lernen.

———

Anatomische Bemerckungen beym Fleischessen und Vorschneiden.

———

Anweisung überall zu lernen und überall sich zu bilden.

Natur und Einrichtung der Erholungen — daß auch diese nicht ganz verlohren gehn.

Soll der Schlaf nicht allmälich abgeschafft werden?

Ein Lehrbuch der Zoologie fehlt mir noch.

Alle Wahrheit besteht in innerer, eigner Harmonie und Concordanz, Coincidenz; also in der ächten Gliedrung und im ächten Handel, sowohl in Object als Subject.

Tropfenweise Einnahme von Medizin — unaufhörliches Reiben ꝛc.

Nichts ist mehr gegen den Geist des Mährchens als ein moralisches Fatum, ein gesetzlicher Zusammenhang. Im Mährchen ist ächte Naturanarchie. Abstracte Welt, Traumwelt, Folgerungen von der Abstraction ꝛc. auf den Zustand nach dem Tode.

Der ächte Gewinnst bey Fichte und Kant ist in der Methode, in der Regularisation des Genies.

Die genialischen Einfälle und Methoden sind hier gleichsam exhaurirt und in ein System gebracht.

Die Resultate waren einzeln ist vollständig schon da, aber der Geist des Systems, der ktische, fehlte, und ohne diesen war der ganze Besitz ungewiß und unbrauchbar. Durch die zweckmäßige Reunion der Glieder, durch Kriticismus, Vereinproceß von Sinn und Willen, wird der Geist fixirt.

(Der Unterschied zwischen Ding und Begriff entsteht durch Beziehung auf Gesammt= und Privatwillen.)

Über das irrdische Individuum — das himmlische Individuum und ihre Verhältnisse. (Gott ist die Weltseele der Idealwelt.)

Seele ist beynah ein Begriff, wie Materie, am Ende wohl mit ihm in genauer Verbindung. Die Seelenkräfte und Vermögen sind den Kräften der Materie und den speciellen Stoffen zu vergleichen.

Plotin war schon in Betreff der meisten Resultate kritischer Idealist und Realist.

Fichtes und Kants Methode ist noch nicht vollständig und genau genug dargestellt. Beyde wissen noch nicht mit Leichtigkeit und Mannichfaltigkeit zu experimentiren — überhaupt nicht poetisch. Alles ist so steif, so ängstlich noch.

Die freye Generationsmethode der Wahrheit kann noch sehr erweitert und simplificirt, überhaupt verbessert werden. Da ist nun diese ächte Experimentirkunst — die Wissenschaft des thätigen Empirismus. (Aus der Tradition ist Lehre geworden.) (Alle Lehre bezieht sich auf Kunst — Praxis).

Man muß die Wahrheit überall vergegenwärtigen, überall repräsentiren (im thätigen, producirenden Sinn) können.

Die Erfindungskunst von mechanischen Instrumenten ist geometrischen Stammes (?). Figuren-, Skelett-, Grundriß-Probleme.

(Linearprojectionen, Planiprojectionen — Stereotypen.

Körperliche Gestalt — Liniengestalt — Flächengestalt. Erfindungslehre oder Analysis.

Zahlen und Wort Gestaltenlehre z. B. Reihen ꝛc.

Zahlen und Wort Mechanik — Geschwindigkeitslehre.)

Quantitativer — qualitativer — relativer modaler. } Raum und Zeit.

Die Combinationen von Ich und Nicht-Ich, nach der Anleitung der Kategorieen, geben die mannichfachen Systeme der Philosophie. (System der Ableitung aus dem Einfachen. Das System der Bearbeitung der gemeinen Erfahrung,

System der bloßen Ich Identität, System des bloßen Nicht=Ichs, widersp(rechendes?) System des Ichs und Nicht=Ichs. Zureichender Grund.)

System des Occasionalism. (Beziehung auf das Er=regungs System.)

(Eine gelegenheitliche Ursache ist Reitz.) Fichtes System. Kants System. Chymische Methode, physicalische, mechanische, mathematische Methode 2c. System der Anarchie, Demokratie, Aristokratie, Monarchie. Artistische Methode — artistisches System. Das Confusions System. Mystizism. Historism 2c.)

———

Sonderbare Harmonie des Zufälligen im atomistischen System.

———

In jedem System, Gedanken=Individuo, das nun ein Aggregat oder Product 2c. seyn kann, ist Eine Idee, Eine Bemerckung, oder mehrere vorzüglich gediehn und haben die andern erstickt, oder sind allein übrig geblieben. Im geistigen Natur=System muß man sie überall zusammen suchen, jedem seinen eigenthümlichen Boden, Klima, seine beste Pflege, seine eigenthümliche Nachbarschaft geben, um ein Ideen=Paradies zu bilden: dies ist das ächte System. (Das Paradies ist das Ideal des Erdbodens. Merckwürdige Frage, vom Sitz des Paradieses (Sitz der Seele).) (Ein Kunstkenner soll in Beziehung auf die Naturkräfte 2c. das seyn, was ein botanischer und englischer Garten (Nachahmung des Paradieses) in Beziehung auf den Erdboden und seine Producte ist: ein verjüngter, concentrirter, potenzirter Erdboden).

Das Paradies ist gleichsam über die ganze Erde ver=streut, und daher so unkenntlich 2c. geworden. Seine zer=streuten Züge sollen vereinigt, sein Skelett soll ausgefüllt werden. Regeneration des Paradieses.

———

Über die Verwandtschaftslehre der vollständigen Gedanken, Ideen 2c. (Lithopolitik) Associationslehre, Ideenpolitik, Vorstellungspolitik.

(Was für die Pflanzen Klima und Boden ist, ist für die Fossilien Wärme und Medium [Auflösung] Element im gewöhnlichen Sinn. (Das ist mein Element.) (So ist Origéne das Element des Feuers.)

Vom Element der Ideen — und jeder Idee insbesondere; ihre nöthige Wärme.

Lehre, wo man bestimmte Ideen aufzusuchen und zu vermuthen hat. (Associative angewandte Analysis) Heymath und Verwandtschaft der Ideen.

Experimentiren mit Bildern und Begriffen im Vorstellungs Vermögen ganz auf eine dem physicalischen Experimentiren analoge Weise. (Zusammen Setzen. Entstehnlassen 2c.)

———

Der Physiker bearbeitet die Natur aus der ersten, Chemiker und Mechaniker schon aus der zweiten und dritten Hand. Die rohen Kräfte 2c. erhalten diese vom Physiker.

———

Sollten die Körper und Figuren die Substantiva — die Kräfte die Verba — und die Naturlehre Dechiffrirkunst seyn?

———

Sollte Gott das Element der Synthesis seyn, gleichsam das Origéne dieser Operation? (Experimentiren in Gott, Theosophistereyen) Spinotzism — Emanationssystem.

———

Die sogenannten Hülfswissenschaften werden eigentlich durchaus mißverstanden; unter dieser Rubrik sollte eigentlich die Wissenschaftslehre jeder spekulativen Wissenschaft, ihre individuelle Genesis, ihre Zusammensetzung aus den Elementar Wissenschaften, die Verhältnisse der Zusammensetzung und die Verhältnisse zu andern zusammengesezten Wissenschaften vorgetragen werden.

Synthetische Ueberzeugung ist geglaubtes Wissen oder umgekehrt. Eine Ueberzeugung entspringt blos im Verstande. Eine in den Sinnen. Eine im Willen. Harmonische, nicht monotonische Coincidenz aller drey macht die vollkommne Ueberzeugung.

Ueber die Gestalt und Artikulation der LebensAction (siderischer Körper). Schwerpunct — Schwerlinie — Schwerfläche ꝛc. Verwandtschaftspunct — Linie — Fläche ꝛc. Einfluß der Schwerpunctslage und Veränderung auf den menschlichen Körper. (Iconorectivistische (?) Gestalt, Gedanken und Kraft Veränderung.) Die Gicht ꝛc. gehört zu den krancken Actionswirckungen.

Veränderung einer mannichfachen Figur durch eine einfache Figuration.

Aehnlichkeiten von Kranckheiten. Jedes Organ kann ziemlich alle Kranckheiten der Andern haben.

Alle Kranckheiten sind zusammengesezt aus Kranckheiten. Der ganze Körper erkranckt, wenn einzelne Organe erkrancken. Verhältnisse der Kranckheiten einzelner Organe zu einander, ihre Mischungen und Complicationen. Alle Kranckheiten entstehn aus Entzweyungen der Organe. Kranckheit gehört zu dem menschlichen Vergnügen wie Tod. (Aehnlichkeit des Nasenschleims und des Saamens — ähnlicher Geruch im Catarrh — der Galle und des Speichels. Des Urins und der Ausdünstungsmaterie ꝛc.) (Das Gehirn gleicht den Hoden.)

Die Lehre von verschiednen Welten gehört in die Cosmologie.

―――――

Wissenschaftstomie — genie — urgie; Physik — Poesie — Politik — Metaphysik — Historie — Nutzenlehre oder Teleologie.

Logologie. (Sollte ursprünglich der Mensch zum Schmerz, zur Bearbeitung des Leidens 2c. bestimmt sich haben?)

Mit Recht können manche Weiber sagen, daß sie ihren Gatten in die Arme sinken. — Wohl denen, die ihren Geliebten in die Arme steigen.

In der moralischen Welt wird das Pudern mit Erden=
staub für ein nothwendiges Stück des anständigen, sittlichen Anzugs gehalten. Nur der gemeine Mann und die Jugend dürfen die natürliche schöne, lichte und dunkle Farbe ihrer Haare zeigen. Wenn man auch den Kopf allenfalls damit puderte, so sollte man doch wenigstens von der Brust diesen Schmutz mit einer weißen Hülle abhalten.

Der vornehmere Stand kann durchgehends, als das ver=
edelte Bild des gemeinen Standes angesehen werden. Die genaue, wörtliche Vergleichung des Originals und der Be=
arbeitung ist sehr interessant und bietet Stoff zu artigen Bemerckungen. Neulich z. B. wie ich die Lucinde des Herrn Schlegels las, entdeckte ich einen unterhaltenden Zug: der Bauer bearbeitet den Mist mit der Mistgabel — der Gelehrte mit der Feder; die zwey Zinken der Gabel zeigen sich noch im gespaltenen Schnabel der Feder zierlich versteckt, und leiten den Etymologen der Feder.

Es giebt drey Hauptmenschenmassen: Wilde, civilisirte Barbaren, Europäer. Der Europäer ist so hoch über den Deutschen, als dieser über den Sachsen, der Sachse über den Leipziger. Ueber ihn ist der Weltbürger. Alles Natio=
nale, Temporelle, Locale, Individuelle läßt sich universalisiren

und so kanonisiren und allgemein machen. Christus ist ein so veredelter Landsmann. Dieses individuelle Colorit des Universellen ist sein romantisirendes Element. So ist jeder National und selbst der persönliche Gott ein romantisirtes Universum. Die Persönlichkeit ist das romantische Element des Ichs.

Grundverschiedenheit des alten und neuen Testaments. Warum Palaestina und die Juden zur Gründung der christlichen Religion erwählt wurden. Wie die Juden zu Grunde darüber giengen, so die Franzosen bey der jetzigen Revolution. (Medicinische Ansicht der französischen Revolution. Wie mußten sie kurirt werden — Ihr Heilungsplan — Wie werden wir indirecte durch sie kurirt?)

Asthenie der Chinesen — Einmischung der Tataren. Medicinische Behandlung der Geschichte der Menschheit.

Es fehlt uns nicht an Gelegenheit Menschen außer der Welt, und zwar vor und nach der Welt zu betrachten, — zu Menschen und nicht zu Menschen bestimmte Stamina. Jenes Kinder; dieses Alte.

Sollte nicht für die Superiorität der Frauen der Umstand sprechen, daß die Extreme ihrer Bildung viel frappanter sind als die Unsrigen? Der verworfenste Kerl ist vom trefflichsten Mann nicht so verschieden, als das elende Weibsstück von einer edlen Frau. Nicht auch der, daß man sehr viel Gutes über die Männer, aber noch nichts Gutes über die Weiber gesagt findet? Haben sie nicht die Aehnlichkeit mit dem Unendlichen, daß sie sich nicht quadriren, sondern nur durch Annäherung finden lassen? Und mit dem Höchsten, daß sie uns absolut nah sind und doch immer gesucht, daß sie absolut verständlich sind und doch nicht verstanden, daß sie absolut unentbehrlich, und doch meistens entbehrt werden.

und mit höheren Wesen, daß sie so kindlich, so gewöhnlich, so müßig und so spielend erscheinen? —

Auch ihre größere Hülflosigkeit erhebt sie über uns, so wie ihre größere Selbstbehülflichkeit, ihr größeres Sklaven- und ihr größeres Despotentalent; und so sind sie durchaus über uns und unter uns und dabey doch zusammenhängender und untheilbarer, als wir.

Würden wir sie auch lieben, wenn dies nicht so wäre? Mit den Frauen ist die Liebe, und mit der Liebe die Frauen entstanden, und darum versteht man keins ohne das Andre. Wer die Frauen ohne Liebe, und die Liebe ohne Frauen finden will, dem gehts, wie den Philosophen, die den Trieb ohne das Object, und das Object ohne den Trieb betrachteten und nicht beyde im Begriff der Action zugleich sahen.

(Materialien.) Was noch nicht à leur portée ist, ist noch nicht reif. Ihre Beschäftigungen. Was sie jedem Alter sind. Ihre Erziehung.

Ihr Zirkel. Sie sind wie die vornehmen Römer, nicht zum Verfertigen, sondern zum Genuß der Resultate da — zum Ausüben, nicht zum Versuchen.

Chevalerie. Ihr Bau — ihre Schönheit.

Sie sind ein liebliches Geheimniß — nur verhüllt, nicht verschlossen. Auf ähnliche Weise reitzen die philosophischen Mysterien. Hetairie. Ihre Seelenkräfte. Blicke auf die Zukunft. Der Act der Umarmung — die griechischen Göttinnen. Madonna. Jedes Volk, jede Zeit hat ihren Lieblingsfrauenkaracter. Die Frauen in der Poesie. Geliebt zu seyn ist ihnen urwesentlich. Über die weiblichen Jahrszeiten. Frauen und Liebe trennt nur der Verstand.

Das Essen ist nur ein accentuirtes Leben. Essen, Trinken und Athmen entspricht der dreyfachen Abtheilung der Körper in feste, flüssige und luftige. Der ganze Körper athmet, nur die Lippen essen und trinken; gerade das Organ, was in mannichfachen Tönen das wieder aussondert, was der Geist bereitet und durch die übrigen Sinne empfangen hat. Die Lippen sind für die Geselligkeit so viel: wie sehr verdienen sie den Kuß. Jede sanfte, weiche Erhöhung ist ein symbolischer Wunsch der Berührung. So ladet uns alles in der Natur figürlich und bescheiden zu seinem Genuß ein, und so dürfte die ganze Natur wohl weiblich, Jungfrau und Mutter zugleich seyn.

Das schöne Geheimniß der Jungfrau, was sie eben so unaussprechlich anziehend macht, ist das Vorgefühl der Mutterschaft, die Ahndung einer künftigen Welt, die in ihr schlummert, und sich aus ihr entwickeln soll. Sie ist das treffendste Ebenbild der Zukunft.

Ein Günstling des Glücks sehnte sich die unaussprechliche Natur zu umfassen. Er suchte den geheimnißvollen Aufenthalt der Isis. Sein Vaterland und seine Geliebten verließ er und achtete im Drange seiner Leidenschaft auf den Kummer seiner Braut nicht. Lange währte seine Reise. Die Mühseligkeiten waren groß. Endlich begegnete er einem Quell und Blumen, die einen Weg für eine Geisterfamilie bereiteten. Sie verriethen ihm den Weg zu dem Heiligthume. Entzückt von Freude kam er an die Thüre. Er trat ein und sah — seine Braut, die ihn mit Lächeln empfieng. Wie er sich umsah, fand er sich in seiner Schlafkammer, und eine liebliche Nachtmusik tönte unter seinen Fenstern zu der süßen Auflösung des Geheimnisses.

Licht ist Symbol der ächten Besonnenheit. Also ist Licht der Analogie nach Action der Selbstrührung der Materie. Der Tag ist also das Bewußtseyn des Wandelsterns, und während die Sonne, wie ein Gott, in ewiger Selbstthätigkeit die Mitte beseelt, thut ein Planet nach dem Andern auf längere oder kürzere Zeit das Eine Auge zu, und erquickt im kühlen Schlaf sich zu neuem Leben und Anschauen. Also auch hier Religion — denn ist das Leben der Planeten etwas anders, als Sonnendienst? Auch hier kommst du uns also entgegen, uralte kindliche Religion der Parsen, und wir finden in dir die Religion des Weltalls.

Je mehr Gegenstand, desto größer die Liebe zu ihm, — einem absoluten Gegenstand kommt absolute Liebe entgegen. Zu dir kehr ich zurück, edler Keppler, dessen hoher Sinn ein vergeistigtes, sittliches Weltall sich erschuf, statt daß in unsern Zeiten es für Weisheit gehalten wird — alles zu ertödten, das Hohe zu erniedrigen, statt das Niedre zu erheben und selber den Geist des Menschen unter die Gesetze des Mechanismus zu beugen.

Was ist also die Sonne? Ein durch sich erregbarer, mithin immer selbstthätiger, ewig leuchtender Körper. Und ein Planet? Ein relativ erregbarer, für fremde Anregung gestimmter Körper.

Licht ist Vehikel der Gemeinschaft des Weltalls; ist dies ächte Besonnenheit in der geistigen Sphäre nicht ebenfalls?

Wie wir, schweben die Sterne in abwechselnder Erleuchtung und Verdunklung; aber uns ist, wie ihnen, im Zustand der Verfinsterung doch ein tröstender, hoffnungsvoller Schimmer, leuchtender und erleuchteter Mitstern gegönnt.

Die Kometen sind wahrhaft excentrische Wesen, der höchsten Erleuchtung und der höchsten Verdunkelung fähig — ein wahres Ginnistan — bewohnt von mächtigen, guten und bösen Geistern, erfüllt mit organischen Körpern, die sich zu Gas ausdehnen — und zu Gold verdichten können.

Die Nacht ist zweyfach: indirecte und directe Asthenie. Jene entsteht durch Blendung, übermäßiges Licht, diese aus Mangel an hinlänglichen Licht. So giebt es auch eine Unbesonnenheit aus Mangel an Selbstreitz und eine Unbesonnenheit aus Uebermaaß an Selbstreitz — dort ein zu grobes, hier ein zu zartes Organ. Jene wird durch Verringerung des Lichts oder des Selbstreitzes — diese durch Vermehrung derselben gehoben, oder durch Schwächung und Stärckung des Organs. Die Nacht und Unbesonnenheit aus Mangel ist die häufigste. Die Unbesonnenheit aus Uebermaaß nennt man Wahnsinn. Die verschiedne Direction des übermäßigen Selbstreitzes modifizirt den Wahnsinn.

Das gemeinschaftliche Essen ist eine sinnbildliche Handlung der Vereinigung. Alle Vereinigungen außer der Ehe sind bestimmt gerichtete, durch ein Object bestimmte, und gegenseitig dasselbe bestimmende Handlungen. Die Ehe hingegen ist eine unabhängige Totalvereinigung. Alles Genießen, Zueignen und Assimiliren ist Essen, oder Essen ist vielmehr nichts, als eine Zueignung. Alles geistige Genießen kann daher durch Essen ausgedrückt werden. — In der Freundschaft ißt man in der That von seinem Freunde, oder lebt von ihm. Es ist ein ächter Trope, den Körper für den Geist zu substituiren und bey einem Gedächtnißmahle eines Freundes in jedem Bissen mit kühner, übersinnlicher Einbildungskraft, sein Fleisch, und in jedem Trunke sein Blut zu genießen. Dem weichlichen Geschmack unserer Zeiten kommt dies freylich ganz barbarisch vor — aber wer heißt sie gleich an rohes, verwesliches Blut und Fleisch zu denken? Die körperliche Aneignung ist geheimnißvoll genug, um ein schönes Bild der geistigen Meynung zu seyn — und sind denn Blut und Fleisch in der That etwas so widriges und unedles? Warlich, hier ist mehr als Gold und Diamant, und die Zeit ist nicht mehr fern, wo man höhere Begriffe vom organischen Körper haben wird.

Wer weiß, welches erhabene Symbol das Blut ist? Gerade das Widrige der organischen Bestandtheile läßt auf etwas sehr Erhabenes in ihnen schließen. Wir schaudern vor ihnen, wie vor Gespenstern, und ahnden mit kindlichen Grausen in diesem sonderbaren Gemisch eine geheimnißvolle Welt, die eine alte Bekanntinn seyn dürfte.

Um aber auf das Gedächtnißmahl zurückzukommen — ließe sich nicht denken, daß unser Freund jezt ein Wesen wäre, dessen Fleisch Brodt und dessen Blut Wein seyn könnte?

So genießen wir den Genius der Natur alle Tage und so wird jedes Mahl zum Gedächtnißmahl, zum seelennährenden, wie zum körpererhaltenden Mahl, zum geheimnißvollen Mittel einer Verklärung und Vergötterung auf Erden, eines belebenden Umgangs mit dem absolut Lebendigen. Den Namenlosen genießen wir im Schlummer — wir erwachen, wie das Kind am mütterlichen Busen und erkennen, wie jede Erquickung und Stärckung uns aus Gunst und Liebe zukam, und Luft, Trank und Speise Bestandtheile einer unaussprechlichen lieben Person sind.

Die Holzkohle und der Diamant sind Ein Stoff, und doch wie verschieden! Sollte es nicht mit Mann und Weib derselbe Fall seyn? Wir sind Thonerde und die Frauen sind Weltaugen und Sapphyre, die ebenfalls aus Thonerde bestehn.

Nur das Trinken verherrlicht die Poesie? Wie wenn die Poesie auch eine flüssige Seele wäre? das Essen weckt den Witz und die Laune — daher Gourmands und dicke Leute so witzig sind — und beym Essen so leicht Scherz und muntere Unterhaltung entsteht. Auch auf andere solide Fähigkeiten wirkts. Bey Tisch streitet und raisonnirt man gern, und vieles Wahre ist bey Tisch gefunden worden. Der Witz ist geistige Electricität — dazu sind feste Körper nöthig. Auch Freundschaften werden bey Tische gestiftet, unter den eisernen Leuten am leichtesten; wer ahndet hier nicht Seelenmagnetism? Die Tischzeit ist die merckwürdigste Periode des Tages und vielleicht der Zweck, die Blüthe des Tages. Das Frühstück ist die Knospe. Die Alten verstanden sich auch hier besser auf die Philosophie des Lebens. Sie aßen nur Einmal, außer dem Frühstück, und zwar nach vollbrachten Geschäften gegen Abend. Das doppelte Essen schwächt das Interesse. Zwischen dem Essen — Schauspiel, Musik und Lectüre. Die Mahlzeit selbst eine Curve, nach ächter Bildungslehre des Lebens. Mit der leichtesten Speise den Anfang gemacht, dann gestiegen — und mit der Leichtesten wieder geschlossen. Das Essen muß lang währen, die Verdauungszeit über; den Schluß macht am Ende der Schlummer.

(Schlummer. Aufstehn. Morgen ꝛc.)

Schlummer ist ein Anhalten des höheren Organs — eine Entziehung des geistigen Reitzes — des absolut seyn sollenden Reitzes. Die Willkühr ist gehemmt. — Schlaf, Analogon des Todes. Kurzer, aber öfterer Schlaf. Seine restaurirende Wirckung. Es ist ein Zeichen, daß man ordentlich geschlafen hat, wenn man gleich munter ist. Je weniger Schlaf man braucht, desto vollkommner ist man. Eine augenblickliche Unterbrechung stärkt fast mehr, als eine lange. Halbes Bewußtseyn im Schlafe. Die sonderbaren Traumbilder. Das Leben ein Traum. (Die Zeit verschmilzt die Gegenstände in einander. Jede Aussicht auf eine Zukunft voll kräftigen, mannichfachen Lebens ist eine Morgenaussicht. Poetische Curve der Sonne. Das Leben endigt, wie der Tag und ein vollkommnes Schauspiel, wehmüthig, — aber mit erhabener Hoffnung. Der Abend ist sentimental, wie der Morgen naiv ist. Der Morgen muß streng und geschäftig, der Abend üppig seyn. Auch die Arbeit muß gegen Mittag zu wachsen und gegen das Essen zu sich etwas wieder vermindern. Früh keine Gesellschaft. Man ist Morgens jung und Abends alt. Jeder Abend muß unser Testament finden und unsere Sachen in Ordnung . . .)

1.

Gefühl des Gefühls ist schon Empfindung; Empfindung der Empfindung u. s. fort.

2.

Jedes Glied des Körpers ist aller Kranckheiten fähig, denen eins seiner Mitglieder unterworfen ist.

3.

Meister ist reiner Roman; nicht wie die andern Romane mit einem Beyworte. Historische Ansicht Meisters.

4.

Noten an den Rand des Lebens.

5.

Thetische Bearbeitung des neuen Testaments oder der christlichen Religion. — Ist die Umarmung nicht etwas dem Abendmahl Aehnliches? Mehr über das Abendmahl.

6.

Mystizismus des gesunden Menschenverstandes. (Steinbart. Campe. Asmus. Plurimi.)

7.

Individuelles; selbstgegebner Name jedes Dings.

8.

Noten zum täglichen Leben. Über das Schlafengehn, das Müßiggehn, Essen. Abend, Morgen, das Jahr. Die

Wäsche. Tägliche Beschäftigungen und Gesellschaften. Umgebung, Meublement, Gegend und Kleidung 2c.

9.

Ueberschriften zu den Fragmenten.

Was soll ein Titel seyn? ein organisches, individuelles Wort, oder eine genetische Definition, oder der Plan, mit Einem Worte, eine allgemeine Formel. Er kann aber noch mehr seyn und noch etwas ganz anders.

10.

Wo ist der Urkeim, der Typus der ganzen Natur zu finden? Die Natur der Natur?

11.

Jedes specifische Factum ist Quell einer besondern Wissenschaft.

12.

Was ist der Bauer?

13.

Was haben mehrere Menschen zusammen für eine Misch- oder Mittelconstitution, Gesundheit, Kranckheit? Kann man sie zusammen als Ein Individuum nach den Indikationen dieser componirten Kranckheit curiren?

14.

Die Forderung, die gegenwärtige Welt für die Beste und die absolut Meine anzunehmen, ist ganz der gleich, meine mir angetraute Frau für die Beste und Einzige zu halten, und ganz für Sie und in ihr zu leben. Es giebt noch viele ähnliche Fordrungen und Ansprüche, deren Anerkennung derjenige zur Pflicht macht, der einen für immer entschiednen Respect für alles, was geschehn ist, hat — der historisch religiös ist, der absolute Gläubige und Mystiker der Geschichte überhaupt, der ächte Liebhaber des Schicksals. Das Fatum ist die mystificirte Geschichte. Jede willkührliche

Liebe, in der bekannten Bedeutung, ist eine Religion, die nur Einen Apostel, Evangelisten und Anhänger hat und haben und Wechselreligion seyn kann — aber nicht zu seyn braucht.

Wo der Gegenstand die Eifersucht seiner Natur nach ausschließt, so [ist es die christliche Religion, die christliche Liebe.

15.

Begriff von Philologie: Sinn für das Leben und die Individualität einer Buchstabenmessung. Wahrsager aus Chiffern; Letternaugur. Ein Ergänzer. Seine Wissenschaft entlehnt viel von der materialen Tropik. Der Physiker, der Historiker, der Artist, der Kritiker zc. gehören alle in dieselbe Klasse. (Weg vom Einzelnen aufs Ganze — vom Schein auf die Wahrheit et sic porro. Alles befaßt die Kunst und Wissenschaft, von Einem aufs Andere, und so von Einem auf Alles, rhapsodisch oder systematisch zu gelangen; die geistige Weisekunst, die Divinationskunst.)

16.

Nichts ist dem Geist erreichbarer, als das Unendliche.

17.

Sofie, oder über die Frauen.

18.

Vorrede und Motto zu den Fragmenten.

19.

Verhältnisse des Titels, Plans und Inhaltsverzeichnisses. Nothwendigkeit einer Nachrede.

20.

Ist der äußere Reitz vielleicht nur zur Bewußtwerdung nöthig? — Die Wirckung erfolgt jezt nicht, sondern wir werden sie uns jezt nur bewußt. — Es kommt uns vor, als geschähe es erst jezt — und zwar durch Sollicitation von außen. Der Verstand trennt nur zum Behuf seines Zwecks des Trennens (?).

21.

An schlechten und mittelmäßigen Schriftstellern ließe sich noch mancher schöne Kranz verdienen. Man hat bisher fast lauter Schlechtes und Mittelmäßiges über dieselben — und doch würde eine Philosophie des Schlechten, Mittelmäßigen und Gemeinen von der höchsten Wichtigkeit seyn.

22.

Ein Roman ist ein Leben als Buch. Jedes Leben hat ein Motto, einen Titel, einen Verleger, eine Vorrede, Einleitung, Text, Noten 2c., oder kann es haben.

23.

Philologie im Allgemeinen ist die Wissenschaft der Litteratur. Alles, was von Büchern handelt, ist philologisch. Noten, Titel, Mottos, Vorreden, Kritiken, Exegesen, Commentare, Citaten sind philologisch. Rein philologisch ist es, wenn es schlechterdings nur von Büchern handelt, sich auf solche bezieht und sich durchaus nicht auf die Originalnatur directe wendet. Mottos sind philologische Texte. — Sie ist theils philosophisch, theils historisch; jenes ist ihr reiner Theil, dies ihr angewandter. Gelehrter im strengen Sinn ist nur der Philolog. Diplomatik (?) ist philologisch, — die Historie auch.

24.

Philosophie des Lebens enthält die Wissenschaft vom unabhängigen, selbstgemachten, in meiner Gewalt stehenden Leben — und gehört zur Lebenskunstlehre, oder dem System der Vorschriften, sich ein solches Leben zu bereiten.

Alles Historische bezieht sich auf ein Gegebnes, so wie gegentheils alles Philosophische sich auf ein Gemachtes bezieht. — Aber auch die Historie hat einen philosophischen Theil.

25.

Unsere Meynung, Glaube, Ueberzeugung von der Schwierigkeit, Leichtigkeit, Erlaubtheit und Nichterlaubtheit, Möglichkeit und Unmöglichkeit, Erfolg und Nichterfolg ꝛc. eines Unternehmens, einer Handlung bestimmen in der That dieselben. Z. B., es ist etwas mühselig und schädlich, wenn ich glaube, daß es so ist, und so fort. Selbst der Erfolg des Wissens beruht auf der Macht des Glaubens. In allem Wissen ist Glauben.

26.

Allgemeine Sätze sind nichts, als algebraische Formeln. Die reine Philosophie ist daher gerade so etwas, wie die Lettern=Algebra. So eine Formel kann ein Gattungs, ein Classen= und Localzeichen seyn — methodischer Name einer ächten genetischen Definition. Definition ist ein Factum. Die Bezeichnung dieses Factums ist die gemeinhin sogenannte Definition.

(Auf eine ähnliche Weise wie sich die Logarythmen auf die geometrischen Progressionen beziehn, kann sich der Mechanism auf den Organism beziehn: blos Bezeichnungsweise.)

27.

Auch die Grammatik ist philologisch zum Theil; der andre Theil ist philosophisch.

28.

Die eingezogene Erziehung der Mädchen ist für häusliches Leben und Glück darum so vortheilhaft, weil der Mann, mit dem sie nachher in die nächste Verbindung treten, einen desto tiefern und einzigen Eindruck auf sie macht, welches zur Ehe unentbehrlich ist. Der Erste Eindruck ist der mächtigste und treuste, der immer wiederkommt, wenn er auch eine Zeitlang verwischt scheinen kann.

29.

Aechte Kunstpoesie ist bezahlbar. Die Poesie aus Bedürfniß — die Poesie, als Karacterzug, als Äußerung meiner

Natur, kurz die sentimentale Poesie läßt sich aber nur ein indelicater, roher Mensch bezahlen.

30.

Die Welt ist ein Universaltropus des Geistes, ein symbolisches Bild desselben.

31.

Das Epigramm ist die Centralmonade der altfranzösischen Litteratur und Bildung.

32.

Karactere, wie die Theophrastischen, müssen nicht wahr, aber sie müssen durchaus witzig seyn. Es müssen eine Masse Einfälle seyn, die für den Geist einen Karacter ohngefähr so darstellen, wie die Buchstaben in einer geschriebenen Zeichnung einen Kopf oder sonst etwas.

33.

Der vollkommenste Karakter würde der durchsichtige, der von selbst verständliche, der unendlich leicht und natürlich scheinende, durchaus bekannte, deshalb unbemerckte, übersehene und elastische seyn.

34.

Das Bekannte, worauf der Philosoph alles reduciren, und wovon er ausgehn soll, muß das Urbekannte, — das absolut Bekannte seyn. Alles Vollkommne ist uns natürlich und absolut bekannt.

35.

Symbolische Behandlung der Naturwissenschaften. Was symbolisirt unser gewöhnliches Leben? Es ist ein Erhaltungs= proceß.

36.

Alle Bezauberung ist ein künstlich erregter Wahnsinn. Alle Leidenschaft ist eine Bezauberung. Ein reitzendes Mädchen eine reellere Zauberinn, als man glaubt.

37.

Über den Spruch: des Menschen Wille ist sein Himmelreich.

38.

Tout est Vanité — ist der empirische Idealism. C'est la Philosophie des Esprits forts, des Gens du Monde, le Précipité d'une Vie vague et variée au possible. Tous les Vieillards, surtout, qui ont bien joui de leur Vie, prêchent ce système. Le jeune homme vigoureux l'entend et va préférer une Vanité gaie à une Vanité triste. Une Vérité triste n'est aussi qu' une Vanité, qui a perdu son teint frais et coloré, ses lèvres vermeilles, et la marche légère. Laideur de la Vieillesse est-ce qu'elle est donc plus réelle, que la beauté du premier Age — parcequ'elle est la dernière? C'est donc le dernier, qui a toujours Raison?

39.

Jedes Buch, was der Mensch mit oder ohne Absicht, als solcher geschrieben hat, was also nicht sowohl Buch, als geschriebene Gedanken- und Karakteräußerung ist, kann so mannichfaltig beurtheilt werden, als der Mensch selbst. Hier ist kein Künstler, sondern der ächte Menschenkenner competent; es gehört nicht für ein artistisches, sondern für ein anthropologisches Forum. So einseitig und unbillig, so arbiträr und inhuman Menschen beurtheilt werden, eben so auch diese Art Schriften. Es giebt so wenig reifen Sinn für universelle Humanität — daß man sich auch über die Kritiken dieser Schriften nicht wundern darf. Gerade das Beste wird am leichtesten übersehen; auch hier findet der Kenner, für den der Mensch erst eigentlich vorhanden ist, unter dessen Augen er wird, unzählbare Nüancen, Harmonien und Gelungenheiten; nur er weiß sie zu appreciren und bewundert vielleicht in einer sehr mittelmäßig, oder gar schlecht scheinenden Schrift eine seltne Combination und Ausbildung menschlicher Anlagen, die herrliche Naturkunst eines Geistes, der sich ihm in einer barbarischen Form offenbart, weil er nur das Talent des schriftlichen Ausdrucks nicht besaß, oder vernachläßigte.

40.

Fragmente über den Menschen.

41.

Das Schwächungs- und Abhärtungssystem der strengen Moralisten und strengen Asceten ist nichts, als das bekannte, bisherige Heilungssystem in der Medicin. Ihm entgegen muß man ein Brownisches Stärckungssystem setzen, wie dem leztern. Hat dies schon jemand versucht? Auch hier werden die bisherigen Gifte und reitzenden Substanzen eine große Rolle spielen, und Wärme und Kälte ebenfalls ihre Rollen wechseln.

42.

Eine reitzbare Vernunft ist eine schwächliche, zärtliche. Daher die Moralisten und Bemercker oft so schlechte Practiker.

43.

Les femmes sind um deswillen der Pol, um den sich die Existenz und La Philosophie der Vornehm-Klugen dreht, weil sie zugleich Körper und Seele afficiren. Auch Sie lieben die Ungetheiltheit und setzen einen unumschränckten Werth auf diesen gemischten Genuß; dieser Geschmack geht auf alles über: das Bett soll weich und die Form und Stickerey hübsch, das Essen delicat, aber auch animirend seyn und so durchaus.

An den Femmes reibt sich auch ihr schreibender Verstand gern, drum haben sie so viel darüber geschrieben.

Jeder sieht überall sein Bild; daher findet die Eitelkeit alles eitel.

Nichts ist tröstender, als das Bild des Zustandes, zu welchen La Philosophie du monde führt, welches unab=

sichtlich und wahrhaft naiv die consommirten und consumirten Weltleute von sich und ihrer Denkungsart in ihren Schriften und Reden ausstellen. Tröstlich und anlockend wahrhaftig nicht; ein an Unannehmlichkeit dreyfach verstärktes Alter — so wie gegentheils die Jugend auch dreymal gepfeffert war.

La vraie Philosophie gehört zu der passiven Wissenschaft des Lebens. Sie ist eine natürliche, antithetische Wirckung dieses Lebelebens, aber kein freyes Produkt unsrer magischen Erfindungskraft.

Auch im Schlimmen giebts eine Progression. Wenn man sich gehn läßt, so entsteht allmälich ein Ungeheuer in seiner Art. So in Brutalität, in Grausamkeit, Frömmeley 2c.

44.

Jedes Geschäft muß künstlerisch behandelt werden, wenn es sicher und dauernd und durchaus zweckmäßig gelingen soll.

45.

Leute, wie Ligne, Voltaire und Boufflers, halten sich für absolute Esprits und glauben, daß sie selbst unabsichtlich sich als Esprits zeigen. Sie essen, träumen und machen selbst Sottisen mit Esprit. Kreatoren und Annihilanten des Esprit.

46.

Brown ist der Arzt unserer Zeit. Die herrschende Constitution ist die Zärtliche, die Asthenische. Das Heilsystem ist das natürliche Produkt der herrschenden Constitution —, daher es sich mit dieser ändern muß.

47.

La Mémoire ne se comporte pas bien avec la sensibilité — comme avec le jugement — ce qui devient clair par le fait, qu'une grande douleur l'affaiblit. (du Prince de Ligne.)

48.

Brownische Psychologie.

49.

Mit Ärzten und Geistlichen macht sich kein Großer Bedenken, öffentlich und vertraut zu erscheinen, denn jeder, der ihm begegnet, ahndet so gut, wie er, die Unentbehrlichkeit dieser Leute in unvermeidlichen Stunden.

50.

Nur der keine Gesellschaft bedarf, ist bon Compagnon. Nur dieser wird, von der Gesellschaft unabhängig, sie haben und mannichfach reitzen und nach willkührlichen Plan behandeln können. Die Andren werden von ihm gehabt und haben ihn nicht. Die Gesellschaft muß mich nicht reitzen, wenn ich sie reitzen will. Sie muß Appetit zu mir haben, und ich muß mich nach ihrer Constitution stimmen können, welche Gabe man Tact im allgemeinen nennen könnte. Ich muß nur den passiven Willen haben mich hinzugeben, mich genießen zu lassen, mich mitzutheilen.

51.

Les femmes haben sich nicht über Ungerechtigkeit zu beklagen. Schade, wenn eine Frau dabey war! Die Beauxesprits haben in Rücksicht des femmes vollkommen recht. Wer wird aber Les femmes mit den Frauen verwechseln?

52.

Les femmes sind Muster der zärtlichsten, weiblichsten Constitution, höchste Asthenien, mit einem Minimum von Vernunft. So werden sie sehr begreiflich. Annihilantinnen der Vernunft.

Über die Mode. Sollte der höchste Reitz für einen Astheniker eine Asthenische seyn? und umgekehrt.

53.

Sinne der ersten, zweiten, dritten Hand ꝛc.

54.

Dürfte es wohl eine Dame geben, die sich aus ächter Liebe zum Putz, aus uneigennützigen Geschmack gut anzöge?

55.

Mancher Skepticism ist nichts, als unreifer Idealism. Realist ist der Idealist, der von sich selbst nichts weiß. — Der rohe Idealism — der aus der ersten Hand ist der Realism.

56.

Aehnlichkeit und Unähnlichkeit von Asmus und Ligne und Voltaire. Auch Jacobi gehört zu den transscendenten Empirikern. Empiriker ist: in dem die Denkungsart eine Wirckung der Außenwelt und des Fatums ist, — der passive Denker — dem seine Philosophie gegeben wird. Voltaire ist reiner Empiriker und so mehrere französische Philosophen. Ligne neigt unmercklich zu den transscendenten Empirikern. Diese machen den Uebergang zu den Dogmatikern. Von da gehts zu den Schwärmern oder den transscendenten Dogmatikern, dann zu Kant, von da zu Fichte und endlich zum magischen Idealism.

57.

Die Geschichte der Philosophen gehört zur philologischen Philosophie.

Man hat bisher Geschichte der Bildung der Menschheit, Geschichte der Philosophen und Geschichte der Philosophie immer vermengt — man hat nur die lexicographische Vollständigkeit gesucht, und dadurch entstehn eben die Zwitter und Monstren, daß man z. B. unter den Artikel Philosophie alles bringt, was die Philosophie nur irgend berührt, wo nur das Wort Philosophie ꝛc. vorkommt.

58.

Von wie wenig Völkern ist eine Geschichte möglich! Diesen Vorzug erwirbt ein Volk nur durch eine Litteratur, oder durch Kunstwercke, denn was bleibt sonst von ihm Individuelles, Karakteristisches übrig? Es ist natürlich, daß ein Volk erst geschichtlich wird, wenn es ein Publicum wird. Ist denn der Mensch geschichtlich, eh er mündig ist und ein eignes Wesen vorstellt?

59.

Paradoxen beschämen immer — daher sie auch so verschrieen sind.

60.

Das wäre ihnen die Liebste, die die glänzendste Tugend gegen die Andern und die reitzendste Wollust für sie —, die überall angebetete Tyrannin gegen alle, und die anbetende Sklavin gegen sie allein wäre.

61.

Auch Männern kann man absolut anhänglich seyn, so gut wie Frauen. (Ein offner, edler Karacter — überall sichtbar.)

62.

Das Herz ist der Schlüssel der Welt und des Lebens. Man lebt in diesem hülflosen Zustande, um zu lieben und Andern verpflichtet zu seyn. Durch Unvollkommenheit wird man der Einwirckung Andrer fähig, und diese fremde Einwirckung ist der Zweck. In Kranckheiten sollen und können uns nur Andre helfen. So ist Christus, von diesem Gesichtspunct aus, allerdings der Schlüssel der Welt.

63.

Oekonomie im weitesten Sinne begreift auch die Lebensordnungslehre. Es ist die praktische Wissenschaft im Ganzen. Alles Praktische ist ökonomisch.

64.

Selbstempfinden (ist) wie Selbstdenken: aktives Empfinden. Man bringt das Empfindungsorgan wie das Denkorgan in seine Gewalt.

65.

Wer viel Vernunft in gewissen Sinn hat, bey dem wird alles Einzig: Seine Leidenschaften, seine Lage, seine Begebenheiten, seine Neigungen, kurz alles, was ihn berührt, wird absolut — zum Fato.

66.

Aechte Unschuld geht, so wenig wie ächtes Leben, verlohren. Die gewöhnliche Unschuld ist nur Einmal wie der Mensch da und kommt so wenig wieder, als er. Wer, wie die Götter, Erstlinge liebt, wird nie an der zweiten Unschuld den Geschmack finden, wie an der Ersten, ohngeachtet die Leztere mehr ist, wie die Erste. Manches kann nur Einmal erscheinen, weil das Einmal zu seinem Wesen gehört. Unser Leben ist absolut und abhängig zugleich. Wir sterben nur gewissermaaßen. Unser Leben muß also zum Theil Glied eines größern, gemeinschaftlichen Lebens seyn.

67.

Ein gemeinschaftlicher Schiffbruch 2c. ist eine Trauung der Freundschaft oder der Liebe.

68.

Die Hypochondrie bahnt den Weg zur körperlichen Selbstkenntniß — Selbstbeherrschung und Selbstlebung.

69.

Ob das Erst Sehn und Dann Lesen oder das Umgekehrte vorzuziehn ist? Kunst, sehn zu lassen — Kunst zu schreiben.

70.

On dédaigne la Boue — pourquoi? Ne sommes-nous pas de la boue parvenus? Partout de la boue, rien que de la boue, et on s'étonne, que la boue n'a pas changé de Nature.

71.

S'il faut, que Dieu nous aime, et que Dieu est tout, il faut bien aussi, que nous soyons rien.

72.

Une forte quantité d'opinions est fondée sur le principe que nous sommes rien. Les Meilleurs ajoutent, que nous sommes pourtant susceptibles d'une certaine Espèce de Valeur absolue — en nous reconnaissant pour rien, et en croyant à l'amour de Dieu.

73.

Das gewöhnliche Leben ist ein Priesterdienst, fast wie der vestalische. Wir sind mit nichts, als mit der Erhaltung einer heiligen und geheimnißvollen Flamme beschäftigt — einer doppelten, wie es scheint. Es hängt von uns ab, wie wir sie pflegen und warten. Sollte die Art ihrer Pflege vielleicht der Maaßstab unserer Treue, Liebe und Sorgfalt für das Höchste, der Karakter unsers Wesens seyn? Berufstreue — symbolisches Zeichen unsrer Religiosität, d. i. unsres Wesens? (Feueranbeter.)

74.

L'homme en Général est un Alcibiade: A Force d'Amabilité il est partout l'enfant flatteur de la Nature. Par Complaisance envers elle il est Nègre et Esquimau, Européen et Tatare, Jaméo et Grec selon l'usage du pays.

75.

Man kann immer zugeben, daß der Mensch einen vorwaltenden Hang zum Bösen hat — desto besser ist er von Natur, denn nur das Ungleichartige zieht sich an.

76.

Böse Menschen müssen das Böse aus Haß gegen die Bösen thun. Sie halten alles für böse, und dann ist ihr zerstörender Hang sehr natürlich — denn so wie das Gute das Erhaltende, so ist das Böse das Zerstörende. Dies reibt sich am Ende selbst auf, und widerspricht sich sogar im Begriff, dahingegen jenes sich selbst bestätigt und in sich selbst besteht und fortdauert. Die Bösen müssen wider ihren, und mit ihrem Willen zugleich böse handeln. Sie fühlen, daß jeder Schlag sie selbst trifft, und doch können sie das Schlagen nicht lassen. Bosheit ist nichts, als eine Gemüthskranckheit, die in der Vernunft ihren Sitz hat und daher so hartnäckig und nur durch ein Wunder zu heilen ist.

77.

Die Anstrengung überhaupt bringt nur, als indirecter, vorbereitender Reitz, eine Operation zu Stande. In der rechten Stimmung, die dadurch entstehn kann, gelingt alles von selbst. Der Mangel an mehreren, zugleich gegenwärtigen Ideen ꝛc. rührt von Schwäche her. In der vollkommensten Stimmung sind alle Ideen gleich gegenwärtig; in dieser ist auch keine Passion, kein Affect möglich; in ihr ist man wahrhaft im Olymp und die Welt zu unsern Füßen. Die Selbstbeherrschung geht in ihr von selbst von Statten. Kurz, alles scheint von selbst zu geschehn, wenn das rechte Medium vorhanden ist, wenn das Hinderniß gehoben wird. Alle Construction ist also indirect. On ne fait pas, mais on fait, qu'il se puisse faire. In einer gewissen Höhe der Sensation ist man von selbst, ohne Zuthun tugendhaft und genialisch.

78.

Unser ganzes Leben ist Gottesdienst.

79.

Die meisten Schriftsteller sind zugleich ihre Leser, indem

sie schreiben, und daher entstehn in den Wercken so viele Spuren des Lesers, so viele kritische Rücksichten, so manches, was dem Leser zukömmt und nicht dem Schriftsteller. Gedankenstriche — großgedruckte Worte — herausgehobene Stellen — alles dies gehört in das Gebiet des Lesers. Der Leser sezt den Accent willkührlich; er macht eigentlich aus einem Buche, was er will. (Schlegels Behandlung Meisters.) (Ist nicht jeder Leser ein Philolog?) Es giebt kein allgemeingeltendes Lesen, im gewöhnlichen Sinn. Lesen ist eine freye Operation. Wie ich und was ich lesen soll, kann mir keiner vorschreiben.

(Soll nicht der Schriftsteller Philolog bis in die unendliche Potenz zugleich — oder gar nicht Philolog seyn? Der Leztere hat litterairische Unschuld).

80.

Elemente des Gliedes, und Elemente des Individuums müssen streng unterschieden werden; denn ein Individuum kann Glied zugleich seyn.

81.

Ueber die Karacteristik. (der Geitzige, Stolze, Eitle, ꝛc. — Im Guten und Bösen und in mannichfaltigen Variationen.)

82.

Eine Idee ist desto gediegener, individueller und reitzender, je mannichfaltigere Gedanken, Welten und Stimmungen sich in ihr kreutzen, berühren. Wenn ein Werck mehrere Veranlassungen, mehrere Bedeutungen, mehrfaches Interesse, mehrere Seiten überhaupt, mehrere Arten verstanden und geliebt zu werden hat, so ist es gewiß höchst interessant — ein ächter Ausfluß der Persönlichkeit. Wie sich die höchsten und gemeinsten Menschen, die höchst- und gemeinverständlichsten, gewissermaaßen gleichen, so auch mit den Büchern. Vielleicht gleicht das höchste Buch einem

Abc=Buch. Ueberhaupt ist es mit den Büchern und mit allen, so wie mit den Menschen. Der Mensch ist eine Analogienquelle für das Weltall.

83.

Von der Trüglichkeit und Alldeutigkeit aller Symptome. Demohngeachtet sind sie auch nur zweydeutig — und mit einem disjunctiven Urtheil wird man immer den Knopf treffen. (Jedes ist der höchsten, der niedrigsten und der neutralen Auslegung fähig.)

84.

Die Unschuld des Königs und der Königinn. Der Anfang der Regierung. Die Forderungen an ihn. Braucht ein König sehr in Sorgen zu seyn? Preußens Aussichten. Finanzen. Über meinen Aufsatz. Fantasie des Königs.

85.

Das Postulat des weiblichen Mystizism ist gäng und gäbe. Alles fodert von den Frauen unbedingte Liebe zum ersten, besten Gegenstande. Welche hohe Meynung von der freyen Gewalt und Selbstschöpfungskraft ihres Geistes sezt dies nicht voraus.

86.

Das Augenspiel gestattet einen äußerst mannichfaltigen Ausdruck. Die übrigen Gesichtsgeberden, oder Minen, sind nur die Consonanten zu den Augenvocalen. Physiognomie ist also die Geberdensprache des Gesichts. Er hat viel Physiognomie, heißt: sein Gesicht ist ein fertiges, treffendes und idealisirendes Sprachorgan. Die Frauen haben vorzüglich eine idealisirende Physiognomie. Sie vermögen die Empfindungen nicht blos wahr, sondern auch reizend und schön, idealisch auszudrücken. Langer Umgang lehrt einen die Gesichtssprache verstehn. Die vollkommenste Physiognomie muß allgemein und absolut verständlich seyn. Man könnte die Augen ein Lichtklavier nennen. Das Auge drückt sich auf eine ähnliche Weise, wie die Kehle, durch höhere und tiefere Töne (die Vocale), durch schwächere und stärckere Leuchtungen aus. Sollten die Farben nicht die Licht=consonanten seyn?

87.

Stimmungen, unbestimmte Empfindungen, nicht bestimmte Empfindungen und Gefühle machen glücklich. Man wird sich wohl befinden, wenn man keinen besondern Trieb, keine bestimmte Gedanken= und Empfindungsreihe in sich bemerckt. Dieser Zustand ist wie das Licht ebenfalls nur heller oder dunkler. Specifische Gedanken und Empfindungen sind seine Consonanten. Man nennt es Bewußtseyn. Vom vollkommensten Bewußtseyn läßt sich (sagen), daß es sich alles und nichts bewußt ist. Es ist Gesang, bloße Modulation der Stimmungen — wie dieser der Vocale oder Töne. Die innere Selbstsprache kann dunkel, schwer und barbarisch — und griechisch und italiänisch seyn — desto vollkommner, je mehr sie sich dem Gesange nähert. Der Ausdruck: er versteht sich selbst nicht, erscheint hier in einem neuen Lichte. Bildung der Sprache des Bewußtseyns, Vervollkommnung des Ausdrucks, Fertigkeit sich mit sich selbst zu besprechen. Unser Denken ist also eine Zweysprache, unser Empfinden Sympathie.

88.

Der größeste Zauberer würde der seyn, der sich zugleich so bezaubern könnte, daß ihm seine Zaubereyen wie fremde, selbstmächtige Erscheinungen vorkämen. Könnte das nicht mit uns der Fall seyn?

89.

Jahrszeiten, Tagszeiten, Leben und Schicksale sind alle, merckwürdig genug, durchaus rhythmisch, metrisch, tactmäßig.

In allen Handwercken und Künsten, allen Maschinen, den organischen Körpern, unsren täglichen Verrichtungen, überall: Rhythmus, Metrum, Tactschlag, Melodie. Alles was wir mit einer gewissen Fertigkeit thun, machen wir unvermerckt rhythmisch. Rhythmus findet sich überall, schleicht sich überall ein. Aller Mechanism" ist metrisch, rhythmisch. Hier muß noch mehr drinn liegen. — Sollt es blos Einfluß der Trägheit seyn?

90.

Ueber die eigentliche Schwächung durch Debauchen. Durch viele indirecte Asthenie entsteht endlich direct asthenische Disposition. Dies begünstigt Browns Meynung von der quantitativen Erregbarkeit.

91.

Schlaf, Nahrung, Anzug und Reinigung, mündliche, schriftliche und handgreifliche Geschäfte (für mich, für den Staat, für meine Privatzirkel, für Menschen, für Welt.) Gesellschaft, Bewegung, Amusement, Kunstthätigkeit.

92.

Mechanischer Gottesdienst. Die katholische Religion ist weit sichtbarer, verwebter und familiärer, als die protestantische. Außer den Kirchthürmen und der geistlichen Kleidung, die doch schon sehr temporisirt, sieht man nichts davon.

93.

Alle Zerstreuung schwächt. Durch fremde Gegenstände, die mich reitzen, ohne mich zu befriedigen — oberflächlich — werde ich zerstreut. Mir ist deshalb die Zerstreuung zuwider, weil sie mich entkräftet. Nüzlich ist sie bey sthenischen Zu=fällen. Gegen Ernst und Leidenschaft ist sie mit Nutzen zu gebrauchen. (Die Menschen werden künftig in medicinischer Hinsicht mehr zusammenhalten müssen.)

94.

Medicin und Kur um ihrer selbst willen. Schöne Medicin und schöne Kur. Beyde sollen nichts bewircken. Man braucht, um zu brauchen. Man nimmt die Medicin um ihrentwillen.

95.

Vorrede und Kritik der Fragmente in Fragmenten.

96.

Gemüth — Harmonie aller Geisteskräfte — Gleiche Stimmung und harmonisches Spiel der ganzen Seele. Ironie = Art und Weise des Gemüths.

97.

Frauen — Kinder — Esprit des Bagatelles. Art der Conversation mit ihnen. Die Muster der gewöhnlichen Weiblichkeit empfinden die Grenzen der jedesmaligen Existenz sehr genau und hüten sich gewissenhaft dieselben zu überschreiten; daher ihre gerühmte Gewöhnlichkeit — practische Weltleute. Sie mögen selbst übertriebne Feinheiten, Delicatessen, Wahrheiten, Tugenden, Neigungen nicht leiden. Sie lieben Abwechselung des Gemeinen, Neuheit des Gewöhnlichen; keine neuen Ideen, aber neue Kleider, Einförmigkeit im Ganzen, oberflächliche Reitze. Sie lieben den Tanz, vorzüglich wegen seiner Leichtigkeit, Eitelkeit und Sinnlichkeit. Zu guter Witz ist ihnen fatal — so wie alles Schöne, Große und Edle. Mittelmäßige und selbst schlechte Lectüre, Acteurs, Stücke ꝛc., das ist ihre Sache.

98.

Ueber den Hanswurst und komische Rollen überhaupt.

99.

Ordinaire Menschen ohne es zu wissen und zu wollen. Ordinaire Menschen aus Absicht und mit Wahl. Glücklicher Instinct der Gemeinheit. Geborne ordinaire Menschen. — (Synthese des ordinairen und extraordinairen Menschen.)

100.

Geborne Menschenbeherrscher.

101.

Absolute Hypochondrie. Hypochondrie muß eine Kunst werden, oder Erziehung werden.

102.

Unterschied zwischen Sitten und Gebräuchen (Langeweile und Mangel an Reitzen des Seelebens drückt sich in den Reisebeschreibungen aus.) (Industrie, bestes Surrogat der Religion und Gegenmittel gegen alle Leidenschaften. Industrie der Noth, Kranckheit und Trägheit, Industrie des Ueberflusses, der Kraft und Gesundheit, oder Kunstindustrie.) Mancher wird erst dann witzig, wenn er sich dick gegessen hat, wenn er müde ist oder recht faul oder gedankenlos behaglich, wenn der üppige Wuchs und Andrang seiner Ideen gehemmt ist und er überhaupt körperlich gesättigt ist, wenn er so in Noth ist, daß er über die Noth ist, wenn er nichts mehr zu verlieren hat 2c.

103.

Bloße Gedanken, ohne eine gewisse Aufmercksamkeit auf dieselben, und Zueignung, wircken so wenig, wie bloße Gegenstände. Dadurch daß man häufig an reitzende Gegenstände eines Sinnes wircksam denkt, wird dieser Sinn geschärft, er wird reitzbarer. So wenn man häufig an lüsterne Dinge denkt, werden die Gst. (Geschlechtstheile?) empfänglicher, der Magen durch Gedanken an schmackhafte Speisen, der Kopf auf dieselbe Art, und so durchaus. — Methode eine schwächliche Constitution zu verbessern. (Uebung, allmäliche).

104.

Die sogenannten falschen Tendenzen sind die besten Mittel vielseitige Bildung zu bekommen.

105.

Liebe ohne Eifersucht ist nicht persönliche Liebe, sondern indirecte Liebe — man kann Vernunftliebe sagen; denn man liebt hier nicht, als Person, sondern als Glied der Menschheit. Man liebt die Rivale mehr, wie den Gegenstand.

Veredlung der Leidenschaft — durch Anwendung derselben als Mittel, durch freywillige Beybehaltung derselben als Vehikels einer schönen Idee, z. B. eines innigen Verhältnisses mit einem geliebten Ich.

Zorn 2c. sind Unarten, Ungezogenheiten. Fehler des sittlichen, ächtmenschlichen Anstandes.

Künstlerische Einseitigkeit — Kunstwercke, blos für Künstler — Popularität — Kunstwercke für auch Nichtkünstler.

(Denken gehört zu den geistigen Reitzen, in die Classe der antiasthenischen Mittel.)

Der Roman handelt vom Leben, stellt Leben dar. Ein Mimus wäre er nur in Beziehung auf den Dichter. Oft enthält er Begebenheiten einer Maskerade, eine masquirte Begebenheit unter masquirten Personen. Man hebe die Masken; es sind bekannte Begebenheiten, bekannte Personen. Der Roman, als solcher, enthält kein bestimmtes Resultat, er ist nicht Bild und Factum eines Satzes. Er ist anschauliche Ausführung, Realisirung einer Idee. Aber eine Idee läßt sich nicht in einen Satz fassen. Eine Idee ist eine unendliche Reihe von Sätzen, eine irrationale Größe, unsetzbar, incommensurabel. (Sollte nicht alle Irrationalität relativ seyn?) Das Gesetz ihrer Fortschreitung läßt sich aber aufstellen, und nach diesem ist ein Roman zu kritisiren.

Der Dithyramb unter den sinnlichen Handlungen ist die Umarmung. Sie muß daher nach ihren Naturgesetzen beurtheilt werden.

———

Urtheil (ist) Produkt und Gegenstand des Sinns für die Sinne — des allgemeinen Sinns.

Fabel (ist) Maximum der poetischen, populairen Darstellung der Philosophie der Ersten Periode — oder der Philosophie im Naturstand — der vereinzelten Philosopheme der Ersten Kultur oder Formation — nicht reine, ursprüngliche Poesie, sondern künstliche, zur Poesie gewordne Philosophie. Zur schönen Kunst gehört sie nicht. Sie ist technisch — Gebild der Absicht, Leiter eines Zwecks. Daher die absichtliche Willkühr in der Wahl des Stoffs. Gezwungner Stoff verräth Absicht, Plan eines Vernunftwesens. Der Mensch fühlt sich genöthigt, einen Gedanken, als Supplement dieser Erscheinung hinzuzudenken. Sich leicht verständlich zu machen, hat der Erfinder selbst eine Begebenheit erfunden, die blos zu diesem Behuf erdacht, schnell und ohne Mißverstand den beabsichtigten Gedanken im Hörer erwecken soll. Vielleicht hat er lange Mühe verwenden müssen, um aus den gemischten, unreinen Begebenheiten, die er erlebte, dieses Resultat zu ziehn, dieses Urtheil, diesen Satz zu erhalten und sich von seiner Richtigkeit zu überzeugen. Dies gab ihm Gelegenheit zur Erfindung der Fabel. Er komponirte eine Begebenheit, eine hieroglyphische Formel, die nichts, als den Satz enthielt und so physiognomisch sprechend war, daß man ihre Seele nicht verfehlen konnte, daß man bey ihrer Anhörung, bey dieser geistigen Nachbildung, nothwendig den darinn verborgenen Satz (nothwendig) mit nachbilden und auch sogleich, weil man wissentlich ein Menschenwerck, das Produkt einer Absicht, nachbildete, denselben durch Aufmercksamkeit absondern, und als Zweck des Wercks, anerkennen mußte. Je roher die Kunst, je frappanter der Zwang des

Stoffs. Auf die Schönheit und Selbstgesezmäßigkeit der Form legt der erste Künstler keinen Werth. Er will nur einen sichern Ausdruck seiner Absicht — verständliche Mittheilung ist sein Zweck. Je ungeübter der ausscheidende Allgemeinsinn, je weniger fertig der Verstand im Errathen ist, desto kürzer und einfacher muß seine Operation, desto weniger verhüllt, desto loser verknüpft muß die Absicht, der Gedanke mit dem Stoff seyn. Die Seele des Kunstwercks muß so nackend als möglich auf der Oberfläche liegen. Sie muß in überspannten, unnatürlichen Bewegungen und Modificationen des Stoffs, in Carricatur, sich zudringlich zu erkennen geben.

Aus einem Menschen spricht für dieses Zeitalter Vernunft und Gottheit nicht vernehmlich, nicht frappant genug: Steine, Bäume, Thiere müssen sprechen, um den Menschen sich selbst fühlen, sich selbst besinnen zu machen.

Die erste Kunst ist Hieroglyphistik.

Mittheilungs-, Besinnungskunst oder Sprache, und Darstellungs-, Bildungskunst oder Poesie sind noch Eins. Erst später trennt sich diese rohe Masse — dann entsteht Benennungskunst, Sprache im eigentlichen Sinn — Philosophie — und schöne Kunst, Schöpfungskunst, Poesie überhaupt.

Die Räthselweisheit, oder die Kunst, die Substanz unter ihren Eigenschaften zu verbergen, ihre Merckmale mystisch zu verwirren, gehört als Uebung des jungen Scharfsinns in diese Periode. Mystische, allegorische Worte mögen der Anfang dieser Popularisirung der frühsten Theoreme gewesen seyn — wenn nicht die Erkenntniß überhaupt gleich in dieser popularen Form zur Welt kam. Parabeln sind viel späterer Formation. Zur künstlichen Poesie, oder zur technischen überhaupt gehört die rhetorische. Der Karacter der künstlichen Poesie ist Zweckmäßigkeit — fremde Absicht. — Die Sprache im eigentlichsten Sinn gehört ins Gebiet der künstlichen Poesie.

Ihr Zweck ist bestimmte Mittheilung. Wenn man also Sprache — Ausdruck einer Absicht nennen will, so ist die ganze künstliche Poesie Sprache — ihr Zweck ist bestimmte Mittheilung, Erregung eines bestimmten Gedankens.

Der Roman gehört zur natürlichen Poesie — die Allegorie zur künstlichen.

Die natürliche Poesie kann oft ohne Schaden den Schein der künstlichen, der didaktischen haben. Er muß aber nur zufällig, nur frey damit verknüpft seyn. Dieser Schein der Allegorie giebt ihr dann noch einen Reitz mehr — und sie kann nicht Reitze (Incitamente jeder Art) genug haben.

Musik, Plastik und Poesie sind Synonymen.

———

Die gewöhnlichen Fabeln mit ihren Moralen gleichen den Bildern, unter die der Zeichner schreiben muß, was sie bedeuten sollen. Bey Lessing ist es oft ein Epigramm unter der Fabel, und da ist es willkommen.

———

(Rhetorische — künstliche Mahlerey. Rhetorische, künstliche Musik.)

Der Metaphysik ist es, wie vielen reichhaltigen, vernachlässigten Kindern gegangen — ꝛc. Ihre scheinbare Unwissenheit und Armuth.

———

(Epische Poesie ist die phlegmatische (indirect asthenische), lyrische Poesie die reitzbare (direct asthenische) Poesie. Die dramatische die vollständig gesunde, ächt gemischte.)

(1. Constitution mit mangelnder Reitzbarkeit (indirect asthenisch).

2. Constitution mit überflüssiger Reitzbarkeit (direct asthenisch).

a. Constitution mit überflüssiger Incitation (direct sthenisch).

b. Conſtitution mit mangelnder Incitation (indirect ſtheniſch).

1. oder a ſind Paralyſen, indirecten Entzündungen, 2. oder b Sthenien oder directen Entzündungen vorzüglich ausgeſezt.

Directe Entzündungen ſind indirecte Paralyſen, und umgekehrt.

Incitament und Reitzbarkeit beſtimmen ſich gegenſeitig. Keins ohne das Andre — und zwar vom Urſprung an.)

(Gefäß und Saftpathologie. Incitamentism und Irritabilitism ſind ſchlechthin Eins oder vereinigt — ſynthetiſches Mittelglied.)

(Es giebt kein reines Temperament. Jedes Temperament iſt gemiſcht, und nur verdorben, oder verwöhnt.)

(Ein reines Temperament wäre eine permanente Kranckheit.)

(Sollte nicht am Ende jede Frage: Was iſt das? und Warum? eine dumme Frage ſeyn?)

Plato macht die Liebe ſchon zum Kinde des Mangels, des Bedürfniſſes — und des Ueberfluſſes.

Wie der Mahler mit ganz andern Augen, als der gemeine Menſch die ſichtbaren Gegenſtände ſieht — ſo erfährt auch der Dichter die Begebenheiten der äußren und innern Welt auf eine ſehr verſchiedne Weiſe vom gewöhnlichen Menſchen. Nirgends aber iſt es auffallender, daß es nur der Geiſt iſt, der die Gegenſtände, die Veränderungen des Stoffs poetiſirt, und daß das Schöne, der Gegenſtand der Kunſt, uns nicht gegeben wird, oder in den Erſcheinungen ſchon fertig liegt — als in der Muſik. Alle Töne, die die Natur hervorbringt, ſind rauh und geiſtlos — nur der muſikaliſchen Seele dünkt oft das Rauſchen des Waldes,

das Pfeifen des Windes, der Gesang der Nachtigall, das
Plätschern des Bachs melodisch und bedeutsam. Der Musiker
nimmt das Wesen seiner Kunst aus sich — auch nicht der
leiseste Verdacht von Nachahmung kann ihn treffen. Dem
Mahler scheint die sichtbare Natur überall vorzuarbeiten,
durchaus sein unerreichbares Muster zu seyn. Eigentlich ist
aber die Kunst des Mahlers so unabhängig, so ganz a priori
entstanden, als die Kunst des Musikers. Der Mahler be=
dient sich nur einer unendlich schwereren Zeichensprache, als
der Musiker; der Mahler mahlt eigentlich mit dem Auge.
Seine Kunst ist die Kunst, regelmäßig und schön zu sehn.
Sehn ist hier ganz activ, durchaus bildende Thätigkeit.
Sein Bild ist nur seine Chiffer, sein Ausdruck, sein Werck=
zeug der Reproduktion. Man vergleiche mit dieser künstlichen
Chiffer die Note. Die mannichfaltige Bewegung der Finger,
der Füße und des Mundes dürfte der Musiker noch eher dem
Bilde des Mahlers entgegen stellen. Der Musiker hört
eigentlich auch active. Er hört heraus. Freylich ist dieser
umgekehrte Gebrauch der Sinne den Meisten ein Geheimniß,
aber jeder Künstler wird es sich mehr oder minder deutlich
bewußt seyn. Fast jeder Mensch ist in geringen Grad schon
Künstler. Er sieht in der That heraus und nicht herein.
Er fühlt heraus und nicht herein. Der Hauptunterschied ist
der: der Künstler hat den Keim des selbstbildenden Lebens
in seinen Organen belebt, die Reitzbarkeit derselben für den
Geist erhöht, und ist mithin im Stande, Ideen nach Belieben,
ohne äußre Sollicitation, durch sie heraus zu strömen, sie
als Werckzeuge, zu beliebigen Modificationen der wircklichen
Welt zu gebrauchen; dahingegen sie beym Nicht=Künstler nur
durch Hinzutritt einer äußren Sollicitation ansprechen, und
der Geist, wie die träge Materie, unter den Grundgesetzen
der Mechanik (daß alle Veränderungen eine äußre Ursache
voraussetzen, und Wirckung und Gegenwirckung einander
jederzeit gleich seyn müssen) zu stehn, oder sich diesem Zwang

zu unterwerfen scheint. Tröstlich ist es wenigstens zu wissen, daß dieses mechanische Verhalten dem Geiste unnatürlich, und, wie alle geistige Unnatur, zeitlich sey.

Gänzlich richtet sich indeß auch bey dem gemeinsten Menschen, der Geist nach den Gesetzen der Mechanik nicht; und es wäre daher auch bey jedem möglich, diese höhere Anlage und Fähigkeit des Organs auszubilden. Um aber auf die Unterschiede der Mahlerey und Musik zurückzukommen, so ist gleich das auffallend, daß bey der Musik Chiffer, Werckzeug und Stoff getrennt, bey der Mahlerey aber Eins sind und eben deshalb bey ihr jedes in abstracto so unvollkommen erscheint. So viel, dünkt mich, werde daraus gewiß, daß die Mahlerey bey weiten schwieriger, als die Musik, sey. Daß sie eine Stufe gleichsam dem Heiligthume des Geistes näher, und daher, wenn ich so sagen darf, edler, als die Musik sey, ließe sich wohl gerade aus dem gewöhnlichen encomischen Argumente der Lobredner der Musik folgern, daß die Musik viel stärckere und allgemeinere Wirckung thue. Diese physische Größe dürfte nicht der Maaßstab der intellectuellen Höhe der Künste seyn, und eher kontraindiciren. Musik kennen und haben schon die Thiere; von Mahlerey haben sie aber keine Idee. Die schönste Gegend, das reitzendste Bild werden sie eigentlich nicht sehn. Ein gemahlter Gegenstand aus dem Kreise ihrer Bekanntschaft betrügt sie nur. Aber, als Bild, haben sie keine Empfindung davon.

Ein guter Schauspieler ist in der That ein plastisches und poetisches Instrument. Eine Oper, ein Ballet sind in der That plastisch poetische Koncerte, gemeinschaftliche Kunstwercke mehrerer plastischer Instrumente. (Thätiger Sinn des Gefühls. Poesie.)

(Durchdringung von Plastik und Musik — nicht blos Vermittelung.)

(Ueber die Fichtische Darstellungsart. Mein Gespräch mit Sillig. Offenbarungspuncte. Divinatorischer Sinn — Reihe der Individualformen. Wissenschaften a priori der andern Weltkörper.)

(Curve des geistigen Lebens und des physischen Lebens.)

(Aller Anfang des Lebens muß antimechanisch, gewaltsamer Durchbruch, Opposition gegen den Mechanism seyn; absolute Materie — primitives Element des Geistes = Seele.)

(Alles Leben ist ein ununterbrochner Strom. Leben kommt nur vom Leben und so fort. Höhere Erklärung des Lebens.)

Nur wenn wir uns, als Menschen, mit andern Vernunftwesen vergleichen könnten, würden wir wissen, was wir eigentlich sind, auf welcher Stelle wir stehn.

Das Ideal der Sittlichkeit hat keinen gefährlichern Nebenbuhler, als das Ideal der höchsten Stärke, des kräftigsten Lebens, was man auch das Ideal der ästhetischen Größe (im Grunde sehr richtig, der Meynung nach aber sehr falsch) benannt hat. Es ist das Maximum des Barbaren, und hat leider in diesen Zeiten der verwildernden Kultur gerade unter den größesten Schwächlingen sehr viele Anhänger erhalten. Der Mensch wird durch dieses Ideal zum Thier-Geiste — eine Vermischung, deren brutaler Witz eben eine brutale Anziehungskraft für Schwächlinge hat.

Unter mehreren eindringenden Reitzen wirckt auf das unvernünftige Wesen, nach dem unabänderlichen Gesetze des Mechanismus, der stärkste. Das unvernünftige Wesen zieht ihn an, und wenn er es auch zerstört. Das Vernunftwesen hat eben an seiner Vernunft ein Princip, das außer den Gränzen der mechanischen Gesetzgebung liegt. Je mehr es

also Vernunftwesen ist, desto unabhängiger von der Wirck=
samkeit der mechanischen Gesetze wird es also agiren können.
Wenn es nun aber zur Realisirung seines Entwurfs, zur
Darstellung der Idee seiner Existenz eines mechanischen
Stoffs, als Werckzeug, bedarf, so wird es bey eindringenden
Reitzen, die zur Bewegung und Erhaltung seines Werckzeugs
nöthig sind, nicht gehalten seyn, den stärcksten zu wählen,
wenn er nicht in den Plan der Bewegungen und Modi=
ficationen seines Werckzeugs paßt, sondern es wird sein
Werckzeug, wenn dieses, nach der Voraussetzung, ganz von
Vernunft durchdrungen und mithin ganz in der Gewalt der=
selben ist, zwingen, den Reitz anzunehmen, der zu der zweck=
mäßigen Bewegung und Modification desselben hinreichend
ist. (Die Erläuterung jenes Zwangs wird sogleich folgen.)
Dies ist der Fall bey mehreren zugleich eindringenden Reitzen.
— Dasselbe wird aber auch gelten, wenn nur Ein Reitz vor=
handen ist. Hier muß das Vernunftwesen die Kraft haben,
dasjenige, was demselben vielleicht zur erforderlichen Inci=
tation abgeht, durch Verstärckung der Reitzbarkeit des Werck=
zeugs zu ergänzen, und was ihm etwa an überschüssiger
Kraft beywohnt, durch Verminderung, Herabstimmung der
Reitzbarkeit des Organs, zu temperiren.

Zerlegung eines Reitzes in mehrere durch langsame, suc=
cessive Aufnahme. Vereinigung mehrerer Reitze in Einen
durch simultane — schnelle Aufnahme.

Sittlichkeit und Philosophie sind Künste. Erstere ist die
Kunst, unter den Motiven zu Handlungen einer sittlichen
Idee, einer Kunstidee a priori, gemäß zu wählen und auf
diese Art in alle Handlungen einen großen, tiefen Sinn zu
legen — dem Leben eine höhere Bedeutung zu geben, und
so die Masse innerer und äußrer Handlungen (innere sind
die Gesinnungen und Entschließungen) kunstmäßig zu einem
idealischen Ganzen zu ordnen und zu vereinigen. Die Andre

ist die Kunst, auf eine ähnliche Art mit den Gedanken zu verfahren, unter den Gedanken zu wählen — die Kunst, unsre gesammten Vorstellungen nach einer absoluten, künstlerischen Idee zu produciren und ein Weltsystem, a priori, aus den Tiefen unsers Geistes heraus zu denken, das Denkorgan activ, zur Darstellung einer rein intelligiblen Welt zu gebrauchen. (Kunst, Philosoph zu werden ist die Methodik; Kunst sittlicher Mensch zu werden, die Ascetik.)

Eigentlich wird in allen ächten Künsten Eine Idee, Ein Geist realisirt — von innen heraus producirt — die Geisterwelt. Für das Auge ist es die sichtbare Welt a priori, für das Ohr die hörbare Welt a priori, für das sittliche Organ die sittliche Welt a priori, für das Denkorgan die denkbare Welt a priori, und so weiter. Alle diese Welten sind nur verschiedene Ausdrücke verschiedner Werckzeuge Eines Geistes und Einer Welt.

Höchste Reitzbarkeit und höchste Energie vereinigt, würde Eigenschaft der vollkommensten Constitution seyn. Sie sind, wie alle Extreme, nur durch reale Freyheit, durch Willen zu vereinigen, d. i. — es muß eine Möglichkeit, ein Vermögen im Menschen vorhanden seyn, die Reitzbarkeit beliebig zu stimmen und den Eindruck beliebig zu modificiren, ein Vermögen, Reitzbarkeit beliebig zu dirigiren. Am deutlichsten empfinden wir schon dieses Vermögen bey den Veränderungen des Systems der Organe, das wir Seele nennen. Die Aufmercksamkeit ist eine Aeußerung dieses Vermögens. Mittelst derselben sind wir im Stande, einen beliebigen Gegenstand starck oder schwach, lang oder kurz auf diesen oder jenen der innern Sinne wircken zu lassen. Die Aufmercksamkeit erhöht und vermindert, stimmt also die Reitzbarkeit dieser Organe. Die Abstractionsfähigkeit ist sehr nahe mit ihr verbunden und wohl eins. Sie hebt die Sollicitation gewisser Incitamente beliebig auf. Sie in-

dividualisirt das Organ und macht die Reitze beliebig da=
durch specifik und individuell. Dieses Vermögen besteht also
in der Fähigkeit, die Reitzbarkeit im Organ zu localisiren,
beliebig in demselben zu vertheilen; sie in Einen oder
mehrere Puncte zu concentriren — diese continent zu machen
(Leiter) oder auch dieselbe in unendlich viele, unzusammen=
hängende Puncte zu zersetzen, zu zerstreuen. (Nichtleiter.)
Durch diese Zerlegung, Vertheilung mindert sie die Reitz=
barkeit; durch die Vereinigung, Concentration derselben ver=
stärckt sie dieselbe.

Ganz etwas ähnliches muß auch im Körper, im System
der gröbern Organe, theils schon vorgehn, theils, wie auch
dort durch kunstmäßige Uebung, in einem noch viel höhern
Grade möglich seyn.

Das Ziel der Arzneykunst muß daher vollkommne Aus=
bildung dieser Fähigkeit seyn. An Beyspielen einzelner
Fertigkeiten der Art fehlt es nicht. — — —

(Gespräche über Herder — die neunte und zehnte Samm=
lung seiner Briefe über Humanität.)

Die Bücherwelt ist in der That nur die Carricatur der
wircklichen Welt. Beyde entspringen aus derselben Quelle.
Jene aber erscheint in einem freyern, beweglicheren Medio.
Daher sind dort alle Farben greller, weniger Mitteltinten,
die Bewegungen lebhafter, die Umrisse daher frappanter, der
Ausdruck hyperbolisch. Jene erscheint nur fragmentarisch,
diese ganz. Daher ist jene poetischer, geistvoller, interessanter,
mahlerischer, aber auch unwahrer, unphilosophischer, unsitt=
licher. Die meisten Menschen, die meisten Gelehrten mit=
gerechnet, haben auch nur eine Buchansicht, eine fragmen=
tarische Ansicht der wircklichen Welt, und dann leidet sie
unter den nemlichen Gebrechen und genießt aber auch die
nemlichen Vortheile, als die Bücherwelt. Viele Bücher sind

auch nichts als Darstellungen solcher einzelnen, fragmentarischen Ansichten der wircklichen Welt. — Mehr über das Verhältniß der Buchwelt (Litterarwelt) zur wircklichen Welt.

Die Meisten wissen selbst nicht, wie interessant sie wircklich sind, was sie wircklich für interessante Dinge sagen. Eine ächte Darstellung ihrer selbst, eine Aufzeichnung und Beurtheilung ihrer Reden würde sie über sich selbst in das höchste Erstaunen setzen und ihnen in sich selbst eine durchaus neue Welt entdecken helfen.

Die Schriftsteller sind so einseitig, wie alle Künstler Einer Art — und nur noch hartnäckiger. Unter den Schriftstellern von Profession giebt es gerade auffallend wenig liberale Menschen, besonders, wenn sie gar keine andre Subsistenz, als ihre Schriftstellerey haben. Von Schriftstellerey leben, ist ein selbst für ächte Geistesbildung und Freyheit höchst gewagtes Unternehmen.

Ein Autodidaktos hat, bey allen Lücken und Unvollkommenheiten seines Wissens, die aus der Art seines Studirens nothwendig entstehn, dennoch den großen Vortheil, daß jede neue Idee, die er sich zu eigen macht, sogleich in die Gemeinschaft seiner Kenntnisse und Ideen tritt, und sich mit dem Ganzen auf das Innigste vermischt, welches dann Gelegenheit zu originellen Verbindungen und mannichfaltigen neuen Entdeckungen giebt.

(In der reitzbaren Constitution fällt und steigt die Reitzbarkeit geschwind, in der nichtreitzbaren langsam. Das ist ein Hauptmerckmal.)

Je ruhiger der Geist seyn will, je regsamer, desto mehr muß er den Körper zu gleicher Zeit auf eine geringfügige Weise zu beschäftigen suchen. — Es ist gleichsam die negative

Kette, die er auf den Boden herabläßt, um desto thätiger und wircksamer zu werden. — Musik, Essen, oder reitzende Mittel überhaupt, schöne Bilder für das Auge, Gerüche, Frottiren oder Herumgehn.

Das Individuum wird das vollkommenste, das rein systematische seyn, das nur durch einen einzigen Zufall individualisirt ist, z. B. durch seine Geburt. In diesem Zufall müssen alle seine übrigen Zufälle, die unendliche Reihe seiner Zustände, eingeschachtelt liegen, oder noch besser, als seine Zufälle, seine Zustände determinirt seyn.

Ableitung eines individuellen Lebens aus einem einzigen Zufalle, einem einzigen Act der Willkühr.

Zerlegung eines Zufalls, Eines großen Acts der Willkühr in mehrere; in Unendliche durch allmälige Aufnahme; langsame, successive Eindringung, Geschehung.

Ein Romanschreiber macht eine Art von Bouts rimés — der aus einer gegebenen Menge von Zufällen und Situationen eine wohlgeordnete, gesezmäßige Reihe macht, der Ein Individuum zu Einem Zweck durch alle diese Zufälle zweckmäßig hindurch führt. Ein eigenthümliches Individuum muß er haben, das die Begebenheiten bestimmt, und von ihnen bestimmt wird. Dieser Wechsel, oder die Veränderungen eines Individuums in einer continuirlichen Reihe, machen den interessanten Stoff des Romans aus. Ein Romandichter kann auf mancherley Art zu Wercke gehn. Er kann sich z. B. erst eine Menge Begebenheiten aussinnen, und zu der Belebung dieser ein Individuum ausdenken (eine Menge Reitze, und zu diesen eine besondre, sie mannichfach verändernde und specificirende Constitution); oder er kann sich umgekehrt erst ein Individuum eigner Art festsetzen, und zu diesem eine Menge Begebenheiten erfinden. Er kann also A) Begebenheiten und Individuum in Verbindung, und zwar 1) entweder die Veränderungen der Begebenheiten, der Zufälle durch ein Individuum, oder 2) umgekehrt die Veränderungen des Individuums durch die Begebenheiten, oder 3) beyde wechselseitig sich verändernd; oder B) beyde unabhängig von einander — und zwar 1) sich durchkreuzend, 2) parallel, 3) gänzlich getrennt — darstellen. Die Begebenheiten können aber 1) entweder zusammenhängende Handlungen eines vernünftigen Wesens (hieher gehört auch das Fatum), oder 2) isolirte Zufälle, oder beydes vermischt seyn. Sind sie das Erste, so wird B 1. Darstellung eines Kampfs, B 2. Darstellung einer Gemeinschaft, B 3. Darstellung doppelter Welten, die höchstens mahlerischen, poetischen Zusammenhang hat, seyn. Sind sie das Zweite, so wird — B 1. Kampf mit dem Unglück, B 2. Gemeinschaft mit dem Glück, B 3. wie beym Ersten seyn. Die Regeln des Dritten ergeben sich aus den beyden Ersten. Wenn man weiß, welche Classe dieser verschiednen Darstellungen der Dichter gewählt, so muß sich alles darinn aus diesem Begriffe deduciren und rechtfertigen lassen. Einheit muß jede Darstellung haben, wenn sie Eine Darstellung, Ein Ganzes seyn will, und nicht etwa aus Princip im Großen gestaltlos, und nur im Einzelnen poetisch gestaltet seyn will. Dann aber ist es auch in sofern kein Kunstwerck, sondern nur ein Sack voll Kunstfragmente.

Je größer der Dichter ist, desto weniger Freyheit erlaubt er sich, desto philosophischer ist er. Er begnügt sich mit der willkührlichen Wahl des ersten Moments, und entwickelt nachher nur die Anlagen dieses Keims — bis zu seiner Auflösung. Jeder Keim ist eine Dissonanz, ein Mißverhältniß, was sich nachgerade ausgleichen soll. Dieser erste Moment begreift die Wechselglieder in einem Verhältniß — das nicht so bleiben kann; z. B. bey Meister: Streben nach dem Höchsten und Kaufmannsstand. Das kann nicht so bleiben. — Eins muß des Andern Herr werden. Meister muß den Kaufmannsstand verlassen oder das Streben muß vernichtet werden. Man könnte besser noch sagen: Sinn für schöne Kunst und Geschäftsleben streiten sich um Meister in ihm. Das Erste und das Zweite — Schönheit und Nutzen sind die Göttinnen, die ihm einigemal unter verschiednen Gestalten auf Scheidewegen erscheinen. Endlich kommt Natalie, die beyden Wege und die beyden Gestalten fließen in Eins. — Durch die Annahme mehrerer willkührlicher Puncte, die er zu verbinden suchen muß, erleichtert sich der Dichter, so paradox es auch scheint, seine Arbeit. Ein solches Bout rimé auszufüllen, ist in der That leichter, als a priori aus dem einfachen Kern die dazu gehörige mannichfaltige Reihe streng zu entwickeln. — Es ist schwerer vom einfachen Begriff im Zusammenhang zur mannichfaltigen Körperwelt, als umgekehrt zu gehn. Dort muß der Geist viel angestrengter, reiner thätig seyn, als hier, wo seine Thätigkeit weit passiver, weit vermischter ist. Hier wird er durch andre Kräfte verstärkt, dort muß er allein gegen widerstrebende Kräfte arbeiten. Alle Dinge haben eine Centrifugaltendenz; Centripetal werden sie durch den Geist; dort wirkt der Geist gegen jene natürliche Neigung der Organe und zwingt sie, sich zu Einer Bildung zu vereinigen, um Einen Punct her zu consolidiren; er bildet eine Welt aus nichts. Er bildet erst das Feste. Hat er aber schon mit einer Menge fester Körper zu thun, so verstärkt er sich schon mit geistiger Thätigkeit — Thätigkeiten andrer Geister, oder ehemalige Thätigkeiten seiner selbst, kommen ihm zu statten — die festen Körper werden sich einer bekommenen künstlichen Tendenz zu folgen um viel leichter verbinden, und systematisch um ein Centrum vereinigen lassen.

(Die Körperwelt verhält sich zur Seelenwelt, wie die festen Körper zu den luftigen oder besser den Kräften.)

Die Organe haben von Natur keine Tendenz bestimmend und fixirt zu seyn, oder zu der Bildung Eines individuellen

Körpers sich zu vereinigen; durch den Geist erhalten sie erst gemeinschaftliche Centralpuncte und werden durch diesen zu gewissen regelmäßigen, unabänderlichen Functionen genöthigt. So muß das Auge da, wo die Hand fühlt und das Ohr hört, eine bestimmte Farbe, einen bestimmten, passenden Umriß bilden und umgekehrt. Ohne Geist keine Farben und Umrisse, keine verschiednen Töne 2c. — keine verschiednen Gefühle und bestimmte Oberflächen und Grenzen 2c. [Jeder Körper wird durch eine Monade zusammengehalten und bestimmt. Die Empfindung oder Anschauung der individuellen Monade nennen wir Begriff. Darstellung der Monade ist der wörtliche Begriff.]

Die Seele ist die Monas, deren Aeußerungen mannichfaltige Monaden sind, der Sinn, sit venia verbis, der die übrigen Sinne durch Centralpuncte activirt und vereinigt. Der Geist dirigirt diesen monadischen Sinn, activirt und punctirt beliebig die Urmonas.

(Punct: punctirt; Linie: liniirt; Fläche: planirt; Körper: animirt.)

Die Animation geht voraus; der Geist, insofern er animirt, heißt Seele; durch Animation wird Planition, Lineation und Punctation möglich.

(Zwey äußerst wichtige, (verschiedne) Arten des Gebrauchs der Sinne und des Gefühls derselben): Die active Art und die passive Art; direct thätige, indirect thätige; indirect leidende, direct leidende. (Man sollte alle Sachen, wie man sein Ich ansieht, betrachten: als eigne Thätigkeit. Mit dem Ich geht es nur am leichtesten: das ist der Anfang, das Princip dieses Gebrauchs.)

Auf dieselbe Art, wie wir unser Denkorgan in beliebige Bewegung setzen, seine Bewegung beliebig modificiren, dieselbe und ihre Produkte beobachten und mannichfaltig ausdrücken — auf dieselbe Art, wie wir die Bewegungen des Denkorgans zur Sprache bringen, wie wir sie in Geberden äußern, in Handlungen ausprägen, wie wir uns überhaupt willkührlich bewegen und aufhalten, unsre Bewegungen vereinigen und vereinzeln, auf eben dieselbe Art müssen wir auch die innern Organe unsers Körpers bewegen, hemmen, vereinigen und vereinzeln lernen. Unser ganzer Körper ist schlechterdings fähig, vom Geist in beliebige Bewegung gesezt zu werden. Die Wirckungen der Furcht, des Schreckens, der Traurigkeit, des Zorns, des Neides, der Schaam, der Freude, der Fantasie ꝛc. sind Indikationen genug. Ueberdem aber hat man genugsam Beyspiele von Menschen, die eine willkührliche Herrschaft über einzelne, gewöhnlich der Willkühr entzogene Theile ihres Körpers erlangt haben. Dann wird jeder sein eigner Arzt seyn, und sich ein vollständiges, sichres und genaues Gefühl seines Körpers erwerben können, dann wird der Mensch erst wahrhaft unabhängig von der Natur, vielleicht im Stande sogar seyn, verlorne Glieder zu restauriren, sich blos durch seinen Willen zu tödten und dadurch erst wahre Auffschlüsse über Körper, Seele, Welt, Leben, Tod und Geisterwelt zu erlangen. Es wird vielleicht nur von ihm dann abhängen, einen Stoff zu beseelen. Er wird seine Sinne zwingen, ihm die Gestalt zu produciren, die er verlangt, und im eigentlichsten Sinn in seiner Welt leben können. Dann wird er vermögend seyn, sich von seinem Körper zu trennen, wenn er es für gut findet; er wird sehn, hören und fühlen, was, wie und in welcher Verbindung er will.

Fichte hat den thätigen Gebrauch des Denkorgans gelehrt — und entdeckt. Hat Fichte etwa die Gesetze des thätigen Gebrauchs der Organe überhaupt entdeckt? Intellectuale Anschauung ist nichts anders.

Was ist die Natur? Ein encyklopädischer, systematischer Inder, oder Plan unsers Geistes. Warum wollen wir uns mit dem bloßen Verzeichniß unsrer Schätze begnügen? Laßt sie uns selbst besehn, und sie mannichfaltig bearbeiten und benutzen.

Das Fatum, das uns drückt, ist die Trägheit unsers Geistes. Durch Erweiterung und Bildung unsrer Thätigkeit werden wir uns selbst in das Fatum verwandeln.

Alles scheint auf uns hereinzuströmen, weil wir nicht herausströmen. Wir sind negativ, weil wir wollen, — je positiver wir werden, desto negativer wird die Welt um uns her — bis am Ende keine Negation mehr seyn wird, sondern wir Alles in Allem sind.

Gott will Götter.

Ist unser Körper selbst nichts, als eine gemeinschaftliche Centralwirckung unsrer Sinne, haben wir Herrschaft über die Sinne, vermögen wir sie beliebig in Thätigkeit zu versetzen, sie gemeinschaftlich zu zentriren, so hängts ja nur von uns ab — uns einen Körper zu geben, welchen wir wollen.

Ja, sind unsre Sinne nichts anders, als Modificationen des Denkorgans, des absoluten Elements, so werden wir mit der Herrschaft über dieses Element auch unsre Sinne nach Gefallen modificiren und dirigiren können.

Der Mahler hat so einigermaaßen schon das Auge, der Musiker das Ohr, der Poet die Einbildungskraft, das Sprachorgan und die Empfindung oder vielmehr schon mehrere Organe zugleich, deren Wirckungen er vereinigt auf das Sprachorgan oder auf die Hand hinleitet, (der Philosoph das absolute Organ) in seiner Gewalt, und wirckt durch sie beliebig, stellt durch sie beliebig Geisterwelt dar. Genie ist nichts, als Geist in diesem thätigen Gebrauch der Organe. Bisher haben wir nur einzelnes Genie gehabt, der Geist soll aber total Genie werden.

Fichte hat nur eine einzelne Idee erst auf diese Art zu realisiren angefangen: Die Idee eines Denksystems. Wer also dieser Idee theilhaftig werden will, muß es ihm nachmachen, versteht sich durch Selbstthätigkeit nach dieser Idee. In der Idee muß das vollständige Gesetz ihrer Auflösung liegen.

Einem gelang es, — er hob den Schleyer der Göttin zu Sais —
Aber was sah er? er sah — Wunder des Wunders — sich selbst.

(Das chymische Princip — die Idee der Chymie — die Materialien der Chymie sind zerstreute Glieder der ursprünglichen Idee der Chymie — das beseelende Princip, wodurch die Chymie zur Kunst a priori wird, muß ich hinzubringen.)

Regel: Richtungs und Maaßangabe, Muster, Vorbildung, Vorzeichnung bestimmter Richtungen und Verhältnisse.

Ideen: freye Entwürfe, Muster, Projectionen des Genies.

Kunst: Fähigkeit bestimmt und frey zu produciren; bestimmt, nach einer bestimmten Regel, einer von anderwärts bestimmten Idee, die man Begriff heißt; unbestimmt, nach einer eigentlichen, reinen Idee.

Einheit des Lichts — Einheit der Finsterniß.

Inwiefern ist der Begriff: Ding, Gegenstand einer besondern Wissenschaft, hat er Wissenschafts Recht?

Die Beweise von Gott gelten vielleicht in Masse etwas, als Methode. Gott ist hier etwas, wie ∞ in der Mathematik — oder 0°. (Nullgrade.) (Philosophie der 0.)

(Gott ist bald $1 \cdot \infty$, bald $\dfrac{1}{\infty}$, bald 0.)

Gott ist ein gemischter Begriff. Er ist aus der Vereinigung aller Gemüthsvermögen ꝛc. mittelst einer moralischen Offenbarung eines moralischen Zentrirwunders entstanden.

(Gott ist wie Philosophie jedem Alles und jedes; das personificirte x, Fichtes Nicht=Ich.)

Fichtes Nicht=Ich ist die Einheit aller Reitze, das schlechthin Reitzende, und eben darum eine Assimilirte — ewig Unbekannte. Nur Leben reizt, und nur Leben kann nicht genossen werden.

———

Schon das Gewissen beweist unser Verhältniß, — Verknüpfung — (die Uebergangsmöglichkeit) mit einer andern Welt — eine innre, unabhängige Macht und einen Zustand außer der gemeinen Individualität. Die Vernunft ist nichts anders. Der État de Maison ist ekstatisch. (Durch die Connexion mit den Worten kann man Wunder thun.)

Auf diesem Beweise beruht die Möglichkeit des thätigen Empirismus. Wir werden erst Physiker werden, wenn wir imaginative Stoffe und Kräfte zum regulativen Maaßstab der Naturstoffe und Kräfte machen.

Alle Vereinigung des Heterogenen führt auf ∞. Theorie der Wahrscheinlichkeit, Wahrscheinlichkeitsbeweise und Calcül, Quadr(atur) d(es) Unendl(ichen) ꝛc.

Wenn wir Selbsterzeugnisse und Machwercke mit Naturprodukten vergleichen, so werden wir die Natur verstehn lernen. Man versteht Künstler, insofern man Künstler ist und wird, und sich also selbst versteht.

Mit Aufklärung und Berichtigung der physischen Theorieen werden auch die hyperphysischen, transscendenten, und dadurch die transscendentalen oder kritischen, synthetischen Theorieen gewinnen, z. B. die Emanationslehre, die verbesserte Lichttheorie.

Zentralkräfte sind Radien, nicht Diameter. (Eine Spitze ist ein mechanischer Focus.) (Ist wircklich, nach Baader, Kälte und Schwere verwandt?) Die Vorstellung der Innen- und Außenwelt bilden sich parallel, fortschreitend — wie rechter und linker Fuß — bedeutender Mechanism des Gehens. (Betrachtung über den Jahrmarckt, ein Waarentheater, auf Illusion ꝛc. angelegt. Von Sammlungen und ihren Aufstellungsarten und Demonstrationsarten überhaupt.) Ueber die Sprache der Körperwelt durch Figur. Uebersetzung der Qualität und Quantität, und umgekehrt.

Eiter — Jauche. (Organische Masse ist Synthese von flüssig und fest.)

Mystische Geometrie. (Aechter wissenschaftlicher Geist hat vorzüglich bisher bey den Mathematikern geherrscht.)

Das Mährchen ist gleichsam der Canon der Poesie. Alles Poetische muß mährchenhaft seyn. Der Dichter betet den Zufall an.

———

Die drey Dimensionen sind Resultat der Reduktion unendlicher Dimensionen. Sie beziehn sich auf einen dreyfachen Durchgang der Blätter.

———

(Die Körper sind in den Raum präcipitirte und angeschoßne Gedanken.) Bey der Präcipitation ist der Raum, als 0 oder ∞, als freye Temperatur — substantieller K(örper?) zugleich entstanden.

(Die Zeit ist ein successiver Wechsel der Kräfte. Die Gegenwart ist die Schwebung — gleich einem Gefäße, das einen aufnehmenden und abführenden Gang hat.)

Wenn in uns die Welt entsteht, so entsteht das Weltkörpersystem zuerst — und so herunter. Das Astralsystem ist das Schema der Physik. Uebersetzung desselben auf die Oberfläche — in Fossilien, Pflanzen und Thiere. Der Mensch ist ein Focus des Aethers. (Begriff von Aether.)

Die gewöhnliche Wissenschaft ist nothwendig Phaenomenologie, Grammatik, Symbolistik. (Wir sehn die Natur, so wie vielleicht die Geisterwelt, zu perspectivisch. Den verständigen Einbildungs Kr(äften) kommt das Geschäft des Bezeichnens im Allgemeinen zu, des Signalisirens, Phaenomenologisirens. Die Sprachzeichen sind nicht specifisch von den übrigen Phaenomenis unterschieden.

Von porösen und gefäßigen Massen. (Uebergangsordnung der Krystalle — Probleme dieser Lehre.) Mystische Kriegskunst. Der mathematische Krieg, der poetische Krieg, der wissenschaftliche, der Spielkrieg ꝛc. Der rhetorische Krieg.

———

Jedes Stück meines Buchs, das in äußerst verschiedner Manier geschrieben seyn kann — in Fragmenten, Briefen,

Gedichten, wissenschaftlich strengen Aufsätzen 2c. — einem oder einigen meiner Freunde dedicirt.

Von krampfigen Turgescenzen.

Ist die Chymie Wärmemodifications Lehre, so ist ihre Verbindung mit Electricität und selbst Galvanism nicht befremdend. (Magnetism verhält sich zur Schwere, wie Electricität zu Wärme.)

Die einzelnen Wissenschaften werden qualitatibus, nicht quantitatibus gebildet. So ist die Probierkunde keine andre Wissenschaft, als die Hüttenkunde, die Felsenbildungslehre keine andre als die Fossilienbildungslehre — Miniatur- und Colossalwissenschaft.

Verwandtschaftsprincip der Fossilien.

Schädlichkeit der Motion nach Tisch. Einmal nur essen, um 4 Uhr. Nothwendigkeit der Saamenausleerungen in gewissen Jahren.

Eine Art von Schmerz läßt sich durch Reflexion, andre durch Abstraction vertreiben.

Beweisversuche meiner Sätze im „Blüthenstaub".

Das ächte Dividuum ist auch das ächte Individuum.

Der Poet braucht die Dinge und Worte wie Tasten, und die ganze Poesie beruht auf thätiger Ideenassociation, auf selbstthätiger, absichtlicher, idealischer Zufallproduction. (Zufällige, freye Catenation.) (Casuistik — Fatum. Casuation.) (Spiel).

Ein Mährchen sollt ich warlich schreiben. Gesetze des Mährchens.

Ueber die mystischen Glieder des Menschen — an die nur zu denken, schweigend sie zu bewegen, schon Wollust ist.

———

Wo Kolik her entsteht, daher entsteht auch Gicht, Rheumatism, Hypochondrie, Hämorrhoiden ꝛc. Nerven Kolik ꝛc. Muskeln Kolik. Halbkranckheiten — Uebergänge von Kranckheit und Gesundheit.

———

Den allgemeinen Begriffen: Seyn, Verschiedenheit ꝛc. ist es wie der Philosophie ꝛc. gegangen: jeder hat aus ihnen gemacht, was er gewollt hat. Das zeigt sehr deutlich, daß man sie nicht allein gebrauchen, oder in ihnen etwas Wunderbares suchen soll. Sie sind intellectualer Stoff, aus dem sich machen läßt, was man will. Sie sind Indicationen des Bestimmens, der Arten der Bestimmungsprocesse. Sie haben keine Bestimmung; man muß ihnen keine geben. Eine solche Indication eines höhern Verfahrens ist auch Philosophie ꝛc.

———

Spinoza und Andre haben mit sonderbaren Instinkt alles in der Theologie gesucht — die Theologie zum Sitz der Intelligenz gemacht. Spinozas Idee von einem kategorischen, imperativen, schönen oder vollkommnen Wissen, einem an sich befriedigenden Wissen, einem alles übrige Wissen annihilirenden und den Wissenstrieb angenehm aufhebenden Wissen — kurz, einem wollüstigen Wissen, welche (Idee) allem Mysticism zum Grunde liegt, ist höchst interessant. (Euthanasie.)

Ist nicht die Moral, insofern sie auf Bekämpfung der sinnlichen Neigung beruht, selbst wollüstig, ächter Eudämonismus? Wollust ist ein gefälliger, veredelter Schmerz. Aller Krieg ist wollüstig. (Transscendente Wollust der Schwärmer ꝛc.)

———

Der Traum ist oft bedeutend und prophetisch, weil er eine Naturseelenwirckung ist und also auf Associationsordnung beruht. Er ist, wie Poesie bedeutend, — aber auch darum unregelmäßig bedeutend, — durchaus frey.

Man sollte stolz auf den Schmerz seyn — jeder Schmerz ꝛc. ist eine Erinnerung unsers hohen Rangs.

Aechte Experimentalmethode — Formalitäten des Experimentators.

Behandlung der Wissenschaften und jedes einzelnen Gegenstandes als Werckzeug und Experimentalstoff zugleich.

Die Wissenschaft ist nichts, als die Skale ꝛc. In einem ächt wissenschaftlichen Kopfe indicirt sich alles von selbst. Der Kopf ist die Universalskale.

Thätige Ansicht — thätiger Gegenstand. (Ansicht der Welt durch einen Krystall — durch eine Pflanze — durch einen Menschenkörper ꝛc. Ähnliche Experimentation.)

Ueber das Theatralische des Jahrmarckts und des Experimentirens. Jede Glastafel ist eine Bühne; ein Laboratorium, eine Kunstkammer ist ein Theater.

Cosmopolitische Ideenpolitik — Steinpolitik — Pflanzenpolitik ꝛc. (Ueber die Sensationen und ihre gegenseitigen Verwandtschaften und Verhältnisse.)

Lebendige Kräfte — indirect construirbare — Wunderkräfte.

Wolkenspiel — Naturspiel (ist) äußerst poetisch. Die Natur ist eine Aeolsharfe, sie ist ein musikalisches Instrument, dessen Töne wieder Tasten höherer Sayten in uns sind. (Ideenassociation.)

Göthische Behandlung der Wissenschaften — mein Project.

Das Gedächtniß treibt prophetischen — musicalischen Calcül.

Sonderbare bisherige Vorstellungen vom Gedächtniß, als eine Bilderbude 2c. Alle Erinnerung beruht auf indirecten Calcül, auf Musik 2c.

Wollust des Erzeugens. Alles Erzeugen ist also eine polemische Operation. Wollust der Synthesis.

Gegenwart des Geistes — Zukunft des Geistes — Vergangenheit. (Allwesenheit des Geistes).

Betrachtungen über eine Geschichte der Philosophie.

Zweite immanente Generation ist Verstandesbewußtseynsentstehung. Operations — Existenzreihen. Synthetische Existenzen — Daseynspotenzen.

Ein Körper verhält sich zum Raume, wie ein Sichtbares zum Lichte.

Auch instinktartig ist der Cirkel der Figuren Kanon.

Sollte die Gicht 2c. der Vorläufer der Körperbemächtigungsperiode seyn? Beruht auf Association 2c. Poetisirung des Körpers?

Jeder Gegenstand läßt sich (beynah) zum Object einer besondern Wissenschaft machen.

Eigentlich sind alle die allgemeinen Wissenschaften z. B. Physik und Mathematik 2c. in Einem Fall mit der Philosophie: es sind Proteusse, allgemeine Substanzen, Indicationen 2c.

Kranckheit hat Brown schlechterdings nicht erklärt. Seine Eintheilung trifft beydes, Leben und Kranckheit.

Die Erklärung des Wesens, der Entstehung der Kranckheit ist weit über Browns Horizont. Seine Eintheilung ist eine dem Geschlechts=Phänomen, worunter Gesundheit und Kranckheit als Arten gehören, zukommende Partial=Eintheilung.

Mittel=Action des Bewußtseyns — Sthenie (Exceß), Asthenie (Exceß.)

———

Der Mensch strebt nach nichts mehr, als reitzend, Aufmercksamkeit erregend (Turgescirend, Reflexion=anziehend) zu seyn.

———

Sollte der Froschhaut Hygrometer und der Hygrometer überhaupt — so wie auch die Folgen des Anhauchs beym Galvanism nicht Wirckung der hier verschwindenden Wärme 2c. seyn?

———

Der Differentialcalcül scheint mir die allgemeine Methode, das Unregelmäßige auf das Regelmäßige zu reduciren; es durch eine Funktion des Regelmäßigen auszudrücken; es mit dem Regelmäßigen zu verbinden; das Regelmäßige zu dessen Meter zu machen; es mit demselben zu logarythmisiren.

———

Die Kriegskunst zerfällt in eine Menge besonderer Lehren: Die Tanzkunst, Gymnastik, Fechtkunst, Schießkunst, Psychologie 2c. liefern ihre Beyträge zur Kriegskunst. (Auch Rechenkunst, Mathematik, Oeconomie, Politik 2c.)

(Krieg — kriegen — erhalten).

———

Der Wissenschaft ist es wie den Menschen gegangen: um sie leichter bearbeiten und bilden zu können, hat man sie in einzelne Wissenschaften (und Staaten) eingetheilt;

der Eintheilungsgrund war hier und dort zufällig und fremd.

———

Der Ausdruck: aufs reine bringen. (Spannung und Aufmercksamkeit ist Repulsion und Attraction vereinigt, eins um des Andern willen z. B. bey der Abstraction ist die Repulsivkraft gegen Einiges vermehrt, gegen das andre vermindert 2c.)

———

Leichtsinn — Schwersinn 2c. (Entstehungsformel eines Triangels). Ueber die successive und stückweise Bestimmung des Raums. (Winkel, Hyperbeln, Parabeln — Parallellinien — bloße Linien 2c.)

———

Der Begriff der Fläche ist nach dem Begriff des Körpers und fast aus demselben oder wenigstens mittelst desselben entstanden.

———

Ein Mährchen ist wie ein Traumbild, ohne Zusammenhang. Ein Ensemble wunderbarer Dinge und Begebenheiten, z. B. eine musicalische Fantasie, die harmonischen Folgen einer Aeolsharfe, die Natur selbst.

Wird eine Geschichte ins Mährchen gebracht, so ist dies schon eine fremde Einmischung. Eine Reihe artiger und unterhaltender Versuche, ein abwechselndes Gespräch, eine Redute sind Mährchen. Ein höheres Mährchen wird es, wenn, ohne den Geist des Mährchens zu verscheuchen, irgend ein Verstand (Zusammenhang, Bedeutung 2c.) hinein gebracht wird. Sogar nüzlich könnte vielleicht ein Mährchen werden.

Der Ton des bloßen Mährchens ist abwechselnd — er kann aber auch einfach seyn. (Bestimmte Theorie der Mährchen.)

———

Harmonie ist Ton der Töne, genialischer Ton.

Hätten wir auch eine Fantastik, wie eine Logik, so wäre die Erfindungskunst — erfunden. Zur Fantastik gehört auch die Aesthetik gewissermaaßen, wie die Vernunftlehre zur Logik.

Sonderbar, daß eine absolute, wunderbare Synthesis oft die Axe des Mährchens — oder das Ziel desselben ist.

Der Begriff von Causalität bezieht sich auf eine reelle Zeiterfüllung, indem in dem gegenwärtigen Momente ein specifischer Gegenstand gedacht wird, der sich auf den Gegenstand des gegenwärtigen Moments, wie sein Moment zu diesem Momente verhält. Im Zweckbegriffe wird dem gegenwärtigen Momente (Gegenstand) ein veranlassender, folgender (Gegenstand oder) Moment zugedacht. Das Mittel ist im gegenwärtigen Momente — die Substanz ist auch im gegenwärtigen Momente; sie ist eine personificirte, figirte Gegenwart.

Ein Raumerfüllungs=Individuum ist ein Körper. Ein Zeiterfüllungs=Individuum eine Seele. (Zeiterfüllungsgesetze.) Jenes macht Raum, dies Zeit.

Zeit ist innerer Raum, — Raum ist äußere Zeit. (Synthesis derselben.) Zeitfiguren etc. Raum und Zeit entstehn zugleich.

Die Kraft der zeitlichen Individuen wird durch den Raum, die Kraft der räumlichen Individuen durch die Zeit (Dauer) gemessen.

Jeder Körper hat seine Zeit — jede Zeit hat ihren Körper. Zeitconstructionen (Zeittriangel, Zeitfiguristik, Zeitstereometrie, Zeittrigonometrie.)

Ueber das Oeligwerden der Weine — allmäliche Wasserzersetzung. Das Fett im thierischen Körper entsteht durch Destillation des Oels aus den Säften mittelst der feinen

Gefäßchen. (Je zarter und feiner die organische Masse sich bildet, desto lebendiger wird sie.)

Ueber das Reflexions Phaenomen — das sich selbst auf die Schultern springen der reflectirenden Kraft. (Gliederung der Bewegung.) (Zeitverdichtung — Gedankenconcentration.)

Alles Verdampfende ist zugleich ein Electricitäts Sammler. (Eine Wärme anziehende (lockende) Ursache.) Beziehung auf Galvanism.

Giebt es überhaupt einen absoluten Isolator oder Excitator? Beydes sind relative Begriffe. Es kommt auf die Höhe und den Umfang des Grades des Isolandums und Excitandums an.

(Sind nicht alle Wärmeattractionen mit Origénanziehungen verbunden?)

Alle Armatur ist am Ende eine Reitzbarkeitserhöhung, wie das Fernrohr eine Sichtbarkeitserhöhung ist.

Unser Geist ist eine Associationssubstanz. Aus Harmonie, Simultaneität des Mannichfachen geht er hervor und erhält sich durch sie. Er ist eine Gicht, ein spielendes Wesen.

Der Geist ist das sociale, concatenirende Princip. Nur ein Geist, eine Association hat ihm das Daseyn gegeben.

Der Tod versezt ihn in der großen Association irgend wo anders hin, — Associationsgesetze —, er wird irgendwo anders erweckt.

Licht ist die Action des Weltalls, — das Auge, der vorzeichnende Sinn für das Weltall oder Weltseele — Weltaction. Die Strahlen desselben sind eine bloße Fiction.

Am Ende giebt es auch in der Chymie keine eigentlich generisch (sprungweise) verschiedne Stoffe. Alcalien und

Säuren gehn in einander über, Alcalien und Erden, Säuren und Erden, Erden und Metalle 2c.

(Hydrogène sulfureux, Blausäure, Alcalifluor 2c.)

Butter schwächt wie alle Oele 2c. Wie fixe Ideen oft Exostosen im Gehirn, oder andre körperliche Ursachen haben, so umgekehrt physische Schmerzen 2c. haben Seelenursachen.

Gewiß ists, daß der Mensch selbst Seelenkranckheiten Herr werden kann, und dies beweist unsere Moralität, unser Gewissen, unser unabhängiges Ich. Selbst in Seelenkranckheiten kann der Mensch außerhalb seyn und beobachten und gegenexperimentiren. Es ist freylich oft sehr schwer — den Sensibelsten am schwersten, deren Hang überhaupt lebhaft und schnell ist.

Gegensatz von Schule und Welt. Modificiren ist relatives Machen und zerstören. Absolut machen können wir nichts, weil das Problem des absoluten Machens ein imaginäres Problem ist. Keinen absoluten Anfang giebts nicht — er gehört in die Kategorie der imaginären Gedanken.

Was eigentlich Weltbürger und weltbürgerlich Interesse ist?

Kant ist ein netter Beobachter und Experimentator.

Die Synthesis von Seele und Leib heißt Person. Die Person verhält sich zum Geist wieder wie der Körper zur Seele. Sie zerfällt auch einst und geht in veredelter Gestalt wieder hervor.

Vom Pluralism und Dualism (Kants Warnung vor Selbstbeobachtung.) Seine fehlerhafte Erklärung von Naivetät. (Seine unrichtige Auslegung des merckwürdigen Plurals in der öffentlichen Sprache (wie: ihr, sie 2c.) (Ueber das Buhlen der Seele mit dem Körper.)

Vielleicht kann man mittelst eines dem Schachspiel ähnlichen Spiels Gedankenkonstructionen zu stande bringen. Das ehemalige logische Disputirspiel glich ganz einem Brettspiel.

Die mathematische Methode ist das Wesen der Mathematik. Wer die Methode ganz versteht, ist Mathematiker.
Sie ist als die wissenschaftliche Methode überhaupt höchst interessant und giebt vielleicht das richtigste Muster zur Eintheilung des Erkenntniß- oder Erfahrungsvermögens her.

Axiome und Postulate bezeichnen das theoretische (a) und practische (b) Wissensvermögen überhaupt. Aufgaben bezeichnen den Trieb. Auflösung und Beweis das analytische (ad a) und synthetische (ad b) Vermögen. Die Erklärungen und Zusätze haben auch ihre Bedeutung. Hieraus sieht man, daß unser Wissenstrieb der Lebenstrieb der Intelligenz ist, ein Spiel der intellectuellen Kräfte.

Wie das Auge nur Augen sieht — so der Verstand nur Verstand, die Seele Seelen, die Vernunft Vernunft, der Geist Geister 2c., die Einbildungskraft nur Einbildungskraft, die Sinne Sinne; Gott wird nur durch einen Gott erkannt.

Auch das Flüssige ist beseelt — freylich anders, als das Feste. Es ist vielleicht mit der Seele, wie mit der Wärme. Gas entspricht dem Seelenmedium, dem Nervenäther. Heftiger Reitz (mechanischer oder Feuerreitz) bewirckt Verdampfung und Verflüchtigung. Entstehung des Seelenmedii — gleichsam Entstehung der Seele selbst.

Bey der Zeugung braucht die Seele den Körper und vice versa vielleicht. Mysticism dieser Operation.

Man hat starre Bewegungen (Spannungen) wie flüssige — und beyde übergehend, und von mannichfaltigen Graden.

Aufgaben: denken — erfinden — wissen — glauben — wollen.
(Axiome, Postulate, Aufgaben, Lehrsätze rc. der Art.)

Der Raum geht in die Zeit, wie der Körper in die Seele über. Simultanerzeugungsproceß einer Seite. (Das Mährchen ist ganz musicalisch.) Das Auge ist ein Flächensinn, das Gefühl schon cubischer. Gehör ist ein mechanischer, Geruch und Geschmack chemische Bewegungssinne. Wie Sprache und Ohr, Geruch und Geschmack im Verhältniß stehn, so stehn auch wohl noch mehrere Organe in Gemeinschaft. Mit dem Auge scheint das Gefühl in besondrem Verhältniß. Auch mit dem Ohr z. B. Unterschied von Mahlern und Musikern. Verhältniß der Schärfe dieser Sinne zum Verstande rc. Ihre Schärfe scheint beynah mit der Schärfe des Verstandes, Gemüths überhaupt, in umgekehrtem Verhältniß zu stehn, z. B. Wilde und Thiere rc. (Flächenbewegungsreiß scheint Licht zu seyn.)

Wie wir uns durch gewisse Erscheinungen auch zu Hinzudenkungen, nicht blos zu gewissen Sensationen genöthigt fühlen, zu einem bestimmten Supplement und Reglement von Gedanken, z. B. durch eine Menschengestalt, ihr einen geistigen Text unterzulegen, so ist es auch — indem wir an uns selbst denken oder uns selbst betrachten. Wir fühlen uns zu einer ähnlichen Hinzuthat von Begriffen und Ideen, zu einem bestimmten Nachdenken genöthigt, und dieser gegliederte Zwang und Anlaß ist das Bild unseres Selbst.
Die Regeln unsers Denkens und Empfindens rc. sind das Schema theils des Karacters der Menschheit überhaupt, theils unserer individuellen Menschheit. Indem wir uns

selbst betrachten, fühlen wir uns auf eine mehr oder weniger deutlich bestimmte Weise genöthigt, uns so und nicht anders zu entwerfen, zu denken 2c.

Lithokaracteristik. Eine mittelbare Sensation — eine Sensation der Sensation ist ein halber Gedanke — ist vielleicht schon ein Gedanke. (vid. Harmonie — Schluß.)

Die synthetische Methode (mit den Datis anzufangen) ist die frostige, anschießende, krystallisirende, figirende, successive Methode. Die analytische Methode dagegen ist erwärmend, auflösend, liquitirend. Jene sucht das Ganze, diese die Theile.

Versuch, das zu beweisen und aufzulösen, zu construiren, was die Mathematik nicht beweist oder auflöst: Wissenschaftslehre der Mathematik.

Applicatur der Aufgaben und Lehrsätze, Verknüpfung derselben, Scientificirung der Mathematik.

Alle historische Wissenschaft strebt mathematisch zu werden. Die mathematische Kraft ist die ordnende Kraft. Jede mathematische Wissenschaft strebt wieder philosophisch zu werden, animirt oder rationalisirt zu werden — dann poetisch, endlich moralisch, zuletzt religiös.

Wissenschaftslehrer der Physik. Dieser macht erst Licht, Luft, Wärme 2c., er hört auf, wo der Physiker anfängt. Er deducirt die Bestandtheile der Natur und ihre Beschaffenheit und ihre Verhältnisse aus der Aufgabe der Natur überhaupt. Der Mensch ist die philosophische Natur — vielleicht auch die poetische 2c., die Wissenschafts-Natur überhaupt.

Das Maaß ist, was an der Skale der Nullpunct oder der Mittelgrad ist. Das ächte Maaß ist allemal das Mittel: auf der einen Seite Bruch, auf der andern Zusammensetzung.

Verschiedne Arten des Maaßes.

Bemerckungen über die Bildung des Rauchs — beym Rauchen und sonst.

———

Auch Cohaesion beruht am Ende auf Schwere.

Ueber das Identificiren und Substituiren des Algebraisten.

Denken ist unter den Operationen, was der Schlußsatz unter den Sätzen ist.

Wie, wenn der Verstand nicht der Sinn für Qualitäten sondern nur für Quantitäten wäre, und das thätige Gedächtniß hingegen der Sinn für Qualitäten wäre; jener der mathematische, dieser der physikalische Sinn? (Gedächtnißkategorieen — Vernunftkategorieen; thätige Vernunft ist productive Imagination.)

Gott, Welt, Mensch, Thier, Pflanze 2c. sind Vernunftkategorieen. (Beyspiele von Gedächtnißkategorieen.)

Am Ende ist Electricität trockner Galvanism (trockner Weg) und Galvanism nasse Electricität (nasser Weg). Beziehung auf Chymie.

———

Luft wirckt, meiner Meynung nach, auf Wasser und Oel 2c. wie diese auf starre Körper.

Wirckung heterogener Flüssigkeiten aufeinander. Luftleiter (?) in flüssigen und starren Ketten. Luftketten.

———

Wasser ist eine nasse Flamme. Probe mit dem Diamant und dem Honigstein bey galvanischen Versuchen. Sollte der Brennpunct keinen Einfluß auf Excitation und Leiter haben?

———

Einführung thätiger Materien — wie thätiger Sinne.

———

Electrische Ketten und Nichtketten. — Action, + Action. Bewegung bey Schluß und Oeffnung; Berührung und Trennung; Gebung und Beraubung. Anwendung auf Asthenie.

Die Theorie des Lebens 2c. ist so unabhängig, wie die Theorie des thierischen Baus und seiner Bildung; nur der Geist synthesirt Leben und Figuration.

Richtung entsteht mit Figur.

Ausschließender Wechsel von Quantität und Qualität.

Bey allem Flüssigwerden entsteht Kälte. Nur beym Eise scheint dies nicht der Fall zu seyn. Daher entsteht umgekehrt beym Frost des Wassers Kälte, da hier eigentlich Wärme entstehn sollte. Wenns schneyt, wirds sogleich etwas wärmer. Aber der Schnee entsteht auch nicht aus Wasser, sondern aus dem allerdings dünnern Dunst.

Dimensionen = Richtungen. (Selbstberührung im Galvanismus und Electricität auch wohl in der Chemie.)

Der Fantasie Begriff ist die Anschauung — ihre Einheit 2c.

Eine Synthese ist ein chronischer Triangel. (Die Sprache und die Sprachzeichen sind a priori aus der menschlichen Natur entsprungen, und die ursprüngliche Sprache war ächt wissenschaftlich. Sie wieder zu finden ist der Zweck des Grammatikers.)

Wissenschaftliche Beantwortung der Frage: Giebt es eigenthätige Fantasmen? (Synthetisches Urtheil a priori) Eigenthümliche Sensationen? Sensuale Kategorieen?

Wie sehr der Verstand Raum und Zeit vindicirt, um gültige Bestimmungen für die Sinne zu bewirken, so die Fantasie x und g, um gültige Bestimmungen für den Verstand machen zu können. (x und g, vielleicht Zeichen [Schein] und Grenze).

Sollte es nicht ein Vermögen in uns geben, was dieselbe Rolle hier spielte, wie die Veste außer uns, der Aether, jene unsichtbar sichtbare Materie, der Stein der Weisen, der überall und nirgends, alles und nichts ist? Instinkt oder Genie heißen wir sie, sie ist überall vorher. Sie ist die Fülle der Zukunft, die Zeitenfülle überhaupt — in der Zeit, was der Stein der Weisen im Raum ist: Vernunft, Fantasie, Verstand und Sinn (Bedeutung 3—5 Sinne) sind nur ihre einzelnen Funktionen.

Sonderbar, daß dem Willen nur die eigentlichen Glieder und fast nur die äußern unterworfen sind.

Die Theorie des Falls kann zu sehr interessanten Aufschlüssen über die Gesetze der Vivication, der innern mechanischen Aufschließung ꝛc. veranlassen.

Ueber Pump und Saugwerke — den neuen Hubsatz ꝛc.

Die Gleichung für den Menschen ist Leib = Seele; für das Geschlecht Mann = Weib.
(Die Polarität ist eine reale Gleichung.) (Glieder heißen die Theile, die mit + und — zusammenhängen.) 0 ist das generale Gleichungsglied der vereinigten Gleichungs-Glieder.

Zahlen und Worte sind Zeitdimensionsfiguren und Zeichen. Wort und Zahlfigurationen.

Der Keil, der Hebel ꝛc. sind Kraftverstärkungs- und Schwächungsmittel; die kleine, absolute Kraft zu einer großen, specifischen, relativen zu machen. Eine Spitze ist ein mechanischer Brennpunct, eine Fläche das Gegentheil. (der Bohrer).

Könnte man nicht das Wasser stoßweise aufs Rad bringen? (Acustische Versuche mit Erschütterungen einer Scheibe 2c. durch Töne — Luftvibrationen 2c.)

Worte und Töne sind wahre Bilder und Ausdrücke der Seele. Deschiffrirkunst. Die Seele besteht aus reinen Vocalen und eingeschlagenen 2c. Vocalen.

Ueber Combination verschiedner Zeichensysteme und Skalen z. B. wie bey der Meteorologie — wo man aus 5—6 signalisirenden Werckzeugen zusammengesezte Worte des zusammengesezten Phaenomens der Witterung erhält. So bey allen zusammengesezten Phaenomenen. (Synthesis zweyer heterogener Welten und Operationen.)

Reagens des wahren Christenthums.

Vergleichung der Körper und der Zeichen — und der Gedanken und der Zeichen.

(Ein Gedanke ist nothwendig wörtlich.) (Tonkunst und Schriftkunst ist Psychologie — wenigstens die Basis derselben.)

Unser Geist ist Verbindungsglied des völlig Ungleichen.

Alle Sensationen sind Folgen einer Grundsensation. (Es hat Sinn — widersinnig 2c.) Isochronism. (Zahl der Gesichtspuncte eines Körpers und einer Vorstellung oder eines Gedankens.)

Ueber das Drama — und die dramatische Construction. Scenen, Acte, Verwickelung, mimisches Spiel; Eintheilung, Gliederung einer Handlung 2c.

Ueber die Kryſtallübergänge. Anwendung dieſer Theorie auf Figurenverwandlungen überhaupt. Sollte die Acuſtik Einfluß haben? Die Uebergangsperiode iſt durchaus die mannichfachſte.

Die Figur des kleinſten Theils iſt nichts, als Figur der Urformation — Elementarformation — und dieſe iſt nur der figürliche Ausdruck der dynamiſchen Gemeinſchaft oder Compoſition.

Wie wird eine chymiſche, materiale Verbindung figürlich ausgedrückt? Dies iſt eine innre Sinneinungsausgabe.

Gefrierung — Gegenſtück der Entzündung. (Indikation der kalten und blaſſen Extremitäten.) Bey Einer Gattung Menſchen iſt die Lebenskraft herausgedrängt in die äußern Glieder, bey andern zurückgedrängt in die innern Theile. Betrachtungen darüber.

Die Schwere dürfte wohl nur ein Compoſitum aller Kräfte ſeyn.

Denken iſt Wollen oder Wollen Denken.

Die Leber iſt das temperirende Organ; alles Fett temperirt.

Die Seele iſt unter allen Giften das ſtärckſte. Sie iſt der durchdringendſte, diffuſibelſte Reitz. Alle Seelenwirckungen ſind daher bey Localübeln und entzündlichen Kranckheiten höchſt ſchädlich.

Ein Localübel läßt ſich oft nicht anders kuriren, als durch Erregung einer allgemeinen Kranckheit und umgekehrt. Kur einer Kur durch die andre.

Plan zu dem pantomathischen Journal und dem intellectuellen Ritterorden 2c.

———

Vom merkantilischen Geiste.

Der Handelsgeist ist der Geist der Welt. Er ist der großartige Geist schlechthin. Er sezt alles in Bewegung und verbindet alles. Er weckt Länder und Städte, Nationen und Kunstwercke. Er ist der Geist der Kultur, der Vervollkommnung des Menschengeschlechts. Der historische Handelsgeist, der sklavisch sich nach den gegebenen Bedürfnissen, nach den Umständen der Zeit und des Orts richtet, ist nur ein Bastard des ächten, schaffenden Handelsgeistes.

Der Geist verhält sich zur Seele, oder die Bestandtheile des unsichtbaren Individuums zu einander, wie die Säfte und die festen Theile im Körper. Der Geist entsteht aus der Seele, er ist die krystallisirte Seele. Seine Figur oder sein Karacter, sein Temperament und seine Constitution sind Functionen der ersten Anlage, der Geisterwelt und der Seelenbeschaffenheit. Auch hier trifft man die beyden Systeme der Humoral und Solidarpathologie — des trocknen und nassen Weges an.

———

Die Philosophie ist von Grund aus antihistorisch. Sie geht vom Zukünftigen und Nothwendigen nach dem Wircklichen, sie ist die Wissenschaft des allgemeinen Divinations-Sinns. Sie erklärt die Vergangenheit aus der Zukunft, welches bey der Geschichte umgekehrt der Fall ist. (Sie betrachtet alles isolirt, im Naturstande, unverbunden.)

Die Gicht 2c. scheint mehr eine allgemeine Kranckheit zu seyn, die nicht in concreto existirt, sondern sich in mannichfaltigen Variationen äußert — also eine Disposition.

Vielleicht sind das schon gute Constitutionen, in denen reine Sthenieen 2c. entstehn. Die meisten Constitutionen vermögen vielleicht nicht wahrhaft kranck zu werden, und es bleibt nur bey unvollkommnen Kranckheiten, Kranckheitstendenzen. Vielleicht ist Gliederreißen ꝛc. eine unreife Entzündung.

Ueber das Einschlafen eines Gliedes. (Isochronism — isochronisch = simultan.)

Menschen sind in Bezug auf den moralischen Sinn, was Luft und Licht in Bezug auf Ohr und Auge sind.

Jeder Engländer ist eine Insel.

Der Körper entsteht durch ein plastisirendes Idol, ein bildendes Schema, einen mystischen, selbstthätigen Typus.

Die Hypostase versteht Fichte nicht, und darum fehlt ihm die andre Hälfte des schaffenden Geistes.

Ohne Ekstase — fesselndes, alles ersetzendes Bewußtseyn — ist es mit der ganzen Philosophie nicht weit her. (Spinozas Zweck.)

Die Oryctognosie gehört zur Historie.

Briefe, Unterhaltungen oder Gespräche, Geschäftsarbeiten, wirksame Brochüren — das sind practisch schriftstellerische Arbeiten. Predigten auch.

Romane, Erbauungsbücher, Komoedien ꝛc. selbst historische und philosophische Arbeiten, sobald sie nicht, als Geschäftsarbeiten, Berichte, Protocolle ꝛc. betrachtet werden können, sind blos gefällige, liebenswürdige, schriftstellerische Arbeiten.

Individuen vereinigen das Heterogene z. B. in den sogenannten gemengten und gemischten Wissenschaften. Sie bringen wunderbar das Verschiedenartigste in Eine Gemeinschaft des Zwecks und der Arbeit, der Zusammenwirckung.

Ein Individuum ist ein magisches, willkührliches Princip, ein grundloses Leben, ein persönlicher Zufall. Die Menschheit überhaupt ist freylich das generelle und eigenthümlichste Individualprincip der Wissenschaften. Für sie setzen sie sich alle, bis ins unendlichste Glied, in Thätigkeit.

Kur der Schmerzen mit Kitzel — Entgegensetzung von Schmerzen.

———

Symmetrik — Symmetrie in Compositionen. Abscisse und Ordinaten wachsen symmetrisch.

———

Was suchte Spinoza? (Selbst Fichtens Philosophie ist nicht ganz frey von genialischer Empirie, glücklichen Einfällen.)

———

Das Leben ist etwas, wie Farben, Töne und Kraft. Der Romantiker studirt das Leben, wie der Mahler, Musiker und Mechaniker Farbe, Ton und Kraft. Sorgfältiges Studium des Lebens macht den Romantiker, wie sorgfältiges Studium von Farbe, Gestaltung, Ton und Kraft den Mahler, Musiker und Mechaniker.

———

Populaire und gelehrte — historische und philosophische Staatsverfassungen.

———

Der thätige Gebrauch der Organe ist nichts, als magisches, wunderthätiges Denken, oder willkührlicher Gebrauch der Körperwelt; denn Wille ist nichts, als magisches, kräftiges Denkvermögen.

———

Unsre Erde ist ein Schwere Leiter, ein isolirter nämlich. Comprimirte, verdichtete und verdünnte Schwere — wie Electricität und Magnetism.

Sollten lokre Gewebe auch die Schwere isoliren und aufhalten?

Ueber die Entstehung der Kälte bey Schnee und Salzmischungen.

———

Bewußtseyn des Besitzes von äußern und innern Geld oder Vermögen. (Paarung von Enthusiasmus und Vernunft).

———

Ueber das Erfrieren eines Gliedes.

———

Die Häufung von Verbis, Adjectivis und Substantivis ist oft nichts als eine doppelte und mehrfache Rede — ein zerstückelter Parallelism.

———

Von der Corruptibilität des menschlichen Nachdenkens.

———

Freyheit ist eine Materie, deren einzelne Phänomene Individuen sind.

———

Fortsetzung des Hemsterhuisischen Gedankens von der sonderbaren Veränderung der Welt in der Fantasie des Menschen durch die Copernikanische Hypothese, oder schon durch die Gewisheit der himmlischen Weltkörper, durch die Gewisheit, daß die Erde in der Luft schwebe.

———

Wer weiß, was für wunderbare Resultate der Isochronismus mehrfacher Handlungen geben würde — so wie Feuerstein und Stahl einen lichten Funken durch stoßweise Reibung geben.

———

Deduktion der Reitzbarkeit und Constitution jedes Gliedes am menschlichen Körper aus seiner Lage, seiner Fülle und seinen Nachbarn 2c. Betrachtungen über die Schönheit des menschlichen Baus.

———

Anschaffung einiger schönen Statuen.

———

Kalte Luft scheint ein besserer Leiter, oder ein schlechterer Nichtleiter der Electricität zu seyn als Wärme — daher die Electrisirmaschinen wircksamer im Sommer als Winter sind. Kalte Luft ist aber auch dichter als warme.

Muß die Erde, und die Planeten überhaupt, nicht negativ electrisch seyn, wenn die Sonne positiv ist — und so existirt auch vielleicht ein ähnlicher Schwere- und Licht-Wechsel.

Wir leben eigentlich in einem Thiere als parasitische Thiere. Die Constitution dieses Thiers bestimmt die unsrige, et vice versa. Die Bedingungs-Verhältnisse der atmosphärischen Bestandtheile sind vielleicht sehr mit den Bedingungs-Verhältnissen derselben Bestandtheile im organischen Körper übereinstimmend.

Begriff von Geschwindigkeit und Erzeugung. Leztere ist eine Stoff- oder Schwerkraftorgan Bildung — und in diesem Sinne ist vielleicht die gewöhnlich so benannte Erzeugung keine wahre Erzeugung.

Erstere ist ein Element jeder verkörperten Kraft schlechthin, eine nothwendige Folge der Erscheinung der Kraft.

Vielleicht ist Denken eine zu schnelle, zu ungeheure Kraft, um wircksam zu seyn; oder die Dinge sind zu gute Leiter (oder Nichtleiter?) der Denkkraft.

Bey allem Verdichten erfolgt Abstoßung von Wärme — Wärme wird fühlbar. Bey allem Verdünnen wird Wärme angezogen, es entsteht das Gefühl von Kälte.

Unsre neueren Physiker arbeiten ins Große, sprechen vom Bau des Universums, und darüber wird nichts fertig, kein wahrer Schritt gethan. Entweder zaubern — oder handwercksmäßig, mit Nachdenken und Geist arbeiten.

Hauptideen. Glaube. Alles was geschieht, will ich. Willkührliches Phlegma. Thätiger Gebrauch der Sinne. Moral und Religion und Poesie. (Studium des Einzelnen.)

Der Poet versteht die Natur besser, wie der wissenschaftliche Kopf.

———

Die Seele wirckt, wie Oele und auch wie narcotische Gifte, deprimirend und auch excitirend.

Die Meynung von der Negativität des Christenthums ist vortrefflich. Das Christenthum wird dadurch zum Rang der Grundlage der projectirenden Kraft eines neuen Weltgebäudes und Menschenthums gehoben, einer ächten Veste, eines lebendigen, moralischen Raums.

Damit schließt sich dies vortrefflich an meine Ideen von der bisherigen Verkennung von Raum und Zeit an, deren Persönlichkeit und Urkraft mir unbeschreiblich einleuchtend geworden ist. Die Thätigkeit des Raums und der Zeit ist die Schöpfungskraft, und ihre Verhältnisse sind die Angel der Welt.

Absolute Abstraktion, Annihilation des Jetzigen, Apotheose der Zukunft, dieser eigentlichen, bessern Welt: dies ist der Kern der Geheiße des Christenthums, und hiermit schließt es sich an die Religion der Antiquare, die Göttlichkeit der Antike, die Herstellung des Alterthums, als der zweite Hauptflügel an; beyde halten das Universum, als den Körper des Engels, in ewigen Schweben, in ewigen Genuß von Raum und Zeit.

———

Das Beste in der Natur sehn indeß diese Herrn doch nicht klar. Fichte wird hiernach seine Freunde beschämen, und Hemsterhuis ahndete diesen heiligen Weg zur Physik deutlich genug. Auch in Spinoza lebt schon dieser göttliche Funken des Naturverstandes. Plotin betrat, vielleicht durch

Plato erregt, zuerst mit ächtem Geiste das Heiligthum — und noch ist keiner nach ihm wieder so weit in demselben vorgedrungen.

In manchen ältern Schriften klopft ein geheimnißvoller Pulsschlag, und bezeichnet die Berührungsstelle mit der unsichtbaren Welt, ein Lebendigwerden. Göthe soll der Liturg dieser Physik werden — er versteht vollkommen den Dienst im Tempel. Leibnitzens Theodicee ist immer ein herrlicher Versuch in diesem Felde gewesen. Etwas ähnliches wird die künftige Physik, aber freylich in einem höhern Style. Wenn man bisher in der sogenannten Physikotheologie nur statt Bewunderung ein ander Wort gesezt hätte.

Schöne liberale Oeconomie. Bildung einer poetischen Welt um sich her. Dichten mit lebendigen Figuren.

Fichtens Ich ist die Vernunft. Sein Gott und Spinozas Gott haben große Aehnlichkeit. Gott ist die übersinnliche Welt, rein — wir sind ein unreiner Theil derselben.

Wir denken uns Gott persönlich, wie wir uns selbst persönlich denken. Gott ist gerade so persönlich und individuell, wie wir — denn unser sogenanntes Ich ist nicht unser wahres Ich, sondern nur sein Abglanz. (vid. Göthens Fragment aus Faust.)

Ueber den Nutzen warmer Einreibungen verschiedner Substanzen, z. B. Milch, Fleischbrühe, Eyer, Wein, China ꝛc. besonders fette Oehle. Bisherige Vernachlässigung der Haut, des Hauptorgans.

Ueber Fichtes Appellation — Fichte macht sich einen Gegner — dies ist die rhetorischpolemische These — Postulat aller Polemik: Es giebt Gegner. Das Choquante in Fichtes Behauptungen. Was ist Atheisterey? Christliche

Religion. Geheimnißwürdigkeit aller religiösen Angelegenheiten. Hat der Staat Religion? Gott? (Atheisterey und Selbtheil Gottes.) Wir Ebenbilder Gottes. Ueber die Schritte der kursächsischen Regierung. Warum sind andre Schriften nicht confiscirt?

Ueber die Kunst — in die Propyläen. Entstehung der Kunst. Ueber die Artistik der Natur. Ihre Zweckmäßigkeit für Freyheit der Menschen. Sie ist durchaus zukünftig ꝛc.

Schelling geht nur von dem Irritabilitätsphaenomen der Welt aus — er legt den Muskel zum Grunde. Wo bleibt der Nerv, die Adern, das Blut und die Haut, der Zellstoff? Warum geht er, der Chymiker, nicht vom Proceß aus — von den Phaenomenen der Berührung, der Kälte?

Ueber Fichtes Sehnen ꝛc. — Tendenzen überhaupt.

Die Astronomie muß die Grundlage aller physikalischen Wissenschaften werden.

Der Hebel ist schlechthin ohne starre Linien und Unterstützungspunct aus der Lehre der Kraft überhaupt, den Centralkräften überhaupt zu erklären.

Die Ehe ist für die Politik, was der Hebel für die Maschinenlehre. Der Staat besteht nicht aus einzelnen Menschen, sondern aus Paaren und Gesellschaften. Die Stände der Ehe sind die Stände des Staats: Frau und Mann. Die Frau ist der sogenannte ungebildete Theil.

Es giebt ein Ideal dieses Standes; Rousseau sah es ausschließend in seiner Apologie des Naturmenschen. Rousseaus Philosophemen sind überhaupt weibliche Philosophie oder

Theorie der Weiblichkeit — Ansichten aus dem weiblichen Gesichtspuncte. Jezt ist die Frau Sklavin geworden.

Dialektik ist Rhetorik des Verstandes. Alles auf Verstandesrührungen abgesehn.

Der Sinnenrausch ist zur Liebe, was der Schlaf zum Leben.

Heroism (?) ist die Grundlage zum Patriotism.

Das Licht ist unstreitig galvanisches Produkt. Bey ihm ist offenbar actio in distans. Die Luft ist Leiter dieser Action. Spiegelnde Körper sind Nichtleiter leitender Flächen.

Die Religion begreift das ganze Gebiet des sogenannten Uebersinnlichen und Ueberirrdischen in sich. Sie ist theils theoretisch, theils practisch.

Wir sollen nicht blos Menschen, wir sollen auch mehr als Menschen seyn. Oder Mensch ist überhaupt soviel als Universum. Es ist nichts Bestimmtes. Es kann und soll etwas Bestimmtes und Unbestimmtes zugleich seyn.

Genuß und Natur sind chemisch. Kunst und Vernunft ist mechanisch.

Der physiologische Mensch ist gewiß in Beziehung auf alle Kräfte nur Halbleiter (auch nur eine Kette von unzähligen Nuancen von Leitern, Halbleitern und Nichtleitern des Galvanism 2c.)

Je vielfacher der Mensch sich zugleich beschäftigen kann, versteht sich, daß diese Beschäftigungen nichts collidirendes und störendes haben, desto energischer und reiner wirckt die

Denkkraft, und vielleicht heben sich überhaupt heterogene Beschäftigungen.

Nach Fichte ist Ich gleichsam das Resultat des Universums. Um Ich mit Bewußtseyn zu setzen, muß ich gleichsam das ganze Universum voraussetzen, so wie gegentheils die absolute Setzung des Ich nichts anders ist, als die Setzung des Universums.

Der Begriff des deutlichen Kopfs läßt sich durch ein Exempel aus der Mathematik am besten erläutern.

Ein geometrisches Verhältniß wird deutlich, wenn ich es mit sehr einfachen Quantitäten ausdrücke z. B. 88 : 44 = 2 : 1. Die Fantasie wird hier nicht schwindlich, nicht verwirrt, die Seele erhält einen deutlichen Begriff dieses Verhältnisses, weil sie alle Glieder desselben einzeln und in ihrem Zusammenhange auf einmal mit der gehörigen Stärcke fassen und betrachten kann. Ein deutlicher Kopf wird also der seyn, der ein Ganzes als solches und in seinen Theilen mit der gehörigen Stärcke zugleich faßt und betrachtet und leicht für sich und andre den einfachsten Ausdruck complicirter Verhältnisse findet.

(Ueber rationale und irrationale Köpfe.)

Im höchsten Grad auch physiologisch merckwürdig scheint mir die Auflösung des Phosphors, des Schwefels ꝛc. in Luftarten bei niedriger Temperatur.

Sollte im thierischen Körper bey Erzeugung mephitischer Luftarten etwas Aehnliches vorgehn? Sollte etwa durch Stockung der Nerven eine niedrigere Temperatur des Unterleibes und der Organe entstehn — und nun eine Auflösung der thierischen Masse in Luftgestalt möglich werden — besonders, wenn krampfhafte Thätigkeit der Organe dazu kommt?

Krampf überhaupt ist vielleicht Folge negativer Nerventhätigkeit oder auch Unthätigkeit derselben — und in genauer Verbindung mit Kälte.

Ueber den Erkältungsproceß und seine Verbindung mit dem Entzündungsproceß. Der Erkältungsproceß ist ein Zerstörungs= Auflösungs= Verdünnungs= Ausdünstungs= Desorganisationsproceß; der Entzündungsproceß ist gerade das Gegentheil.

Alle Actionen, selbst die des Denkens, werden auf die actio in distans zurückgeführt werden.

Je isolirter — desto wircksamer. Sollte dies der geheime Sinn des chemischen Grundsatzes seyn? Corpora non agunt, nisi soluta. Alle Solution ist mehr eine complette Trennung als eine Vereinigung. Hier giebts dann die wahre Actio in distans. Verschiedne Kräfte können ungestört in Einem Puncte wircken.

Das Wort Stimmung deutet auf musicalische Seelenverhältnisse. Die Akustik der Seele ist noch ein dunkles, vielleicht aber sehr wichtiges Feld. Harmonische und disharmonische Schwingungen.

Hypothesen über mehrfache Sinne — über dunkle, über neue Sinne — über ihre mögliche Einrichtung.
(Mannichfaltigkeit und Bestimmtheit gleichzeitiger Augensensationen.)

Wie Entzündungen gern Beraubungen zu folgen pflegen, so folgen Erkältungen (Detonationen?) gern Ueberfüllungen. Daher würd ich sehr geneigt seyn, die Kranckheiten des Sommers denen des Winters entgegenzusetzen und ihnen auch gegengesezte Kurarten vorzuschreiben.

Der heiße Sommer kurirt die Pest, so auch der kalte Winter die Inflammatorien.

Der Uebergang im Frühjahr aus den heißen Stuben in die kalten, feuchten Stuben gebiert Faul- oder Erkältungsfieber, sowie im Herbst der Uebergang der kalten, feuchten Stuben in heiße, Schnupfen ꝛc. hervorbringt.

Durch Beraubung wird der Körper entzündbarer, durch Ueberfüllung erkältbarer.

Auch im Körper ist Pendelschwung.

Die Geistlichen und Hernhuter haben doch das Vorzügliche und Bemerckenswerthe, daß sie Idealisten von Profession sind, und Religion ex professo treiben, sie zu ihrem Hauptgeschäft machen und eigentlich auf dieser Welt in und für eine andre leben.

Der Calcül von den veränderlichen Größen ist eine Art von Mechanik, Configurations- oder Commotionslehre.

Die Mathematik ist ächte Wissenschaft, weil sie gemachte Kenntnisse enthält, Produkte geistiger Selbstthätigkeit, weil sie methodisch genialisirt.

Sie ist Kunst, weil sie genialisches Verfahren in Regeln gebracht hat, weil sie lehrt Genie zu seyn, weil sie die Natur durch Vernunft ersezt.

Die höhere Mathematik beschäftigt sich mit dem Geiste der Größen, mit ihrem politischen Princip, mit der Größenwelt.

Ein deutlicher Begriff ist ein zergliederter und zusammengesezter Begriff zugleich.

Auflösung der Ständeverfassung muß dann nothwendig werden, wenn wahrhafte Ungleichheit, Mißverhältniß und Ausartung der ursprünglichen Stände entstanden ist.

Dies kann auf mancherley Art geschehn: 1) wenn der Naturstand seine Bestimmung verläßt. 2) Wenn dies der Kunststand thut. 3) Wenn einer zu sehr anwächst oder sich vermindert. 4) Wenn die Wircksamkeit des Einen und die Empfänglichkeit des andern nicht mehr proportionirt ist. 5) Wenn ein Theil eines Standes zu dem Andern übergeht, ohne seine Rechte zu erhalten et vice versa.

———

Aus Oekonomie giebt es nur Einen König. Müßten wir nicht haushälterisch zu Wercke gehn, so wären wir alle Könige.

———

Die pathologische Erklärung des menschlichen Zustandes — unsre Welt, unsre Constitution, unsre Stimmung, Reitzbarkeit und Sensibilität.

———

Wissenschaften sind Folgen der Bedürfnisse und des Mangels — mithin erste Mittel denselben abzuhelfen. Suchen wir also den Inbegriff der Mittel zur Erfüllung unsrer Wünsche, so müssen wir zu den Wissenschaften gehn und ihr Studium als den geradesten Weg zum Ziele ansehn. Eine höchst interessante Anwendung dieser allgemeinen Bemerkung bietet uns die Heilkunde. Wenn wir hier nach den Aussichten fragen, die die Menschheit jezt auf Befreyung ihrer körperlichen Uebel hat, so wird man uns, zur Antwort, den Zustand der Heilkunde zeigen. Ihre Ausbildung und Verbreitung bestimmt das Gegengewicht der Last der körperlichen Uebel, die uns drücken.

Je mehr die Heilkunde Elementarwissenschaft jedes Menschen werden — je größere Fortschritte die gesammte Physik machen und die Heilkunde sie benutzen wird — je inniger die gesammten Wissenschaften zur Beförderung ihres gemeinschaftlichen Interesse, des Wohls der Menschheit, zusammentreten und die Philosophie zur Vorsitzerinn und Leiterinn ihrer

Beschlüsse nehmen werden, — desto leichter wird jener Druck, desto freyer die Brust des Menschengeschlechts werden. Jezt suche jeder Einzelne zur beschleunigenden Annäherung dieser glücklichen Zeit das Uebel an der Wurzel anzugreifen, er studire Medicin und beobachte und forsche und erwarte mehr gründlichen Nutzen von der Aufklärung seines Kopfs als von allen Tropfen und Extracten.

Die Gegenwart ist das Differential der Funktion der Zukunft und Vergangenheit.

Auch die Inoculation des Todes wird in einer künftigen allgemeinen Therapie nicht fehlen; so wie manche Kranckheiten unter den Erziehungs=Methoden stehn, und von den Pädagogen dazu die Heilkunde requirirt werden wird.

Die Heilkunde, wie die Physik und Philosophie ist ebensowohl Machungs=, als Vernichtungskunsttheorie.

Mechanische — chemische — und zusammengesezte oder synthetische Heilkunde. Relativität der Ausdrücke: stärckend, schwächend, entzündlich 2c. Trüglichkeit der Symptome bey Individuen — der Arzt muß sich hier oft nach der Indikation der Zeit, des Orts, der Epidemie 2c. richten und über die einzelnen Symptome weg sehn. (Ueber die Action der atmosphärischen Luft.) Ueber den therapeutischen Karacter der Heilmittel z. B. die Wirckung der Neutralsalze, der Opiate 2c. Giebt es entzündliche und erkältende Mittel? In welcher Verbindung stehn der Zehr= Nähr= und Entzündungsproceß? 2c.

Gleichgewicht der mancherley Actionen im Körper, Anwendung der hydrostatischen und hydraulischen Lehrsätze auf die Lehre von den Actionen und ihrer Vertheilung. (Ueber die Locations= und Dislocationsmethode der Kranckheiten.)

Anwendung von Kälte durch Verdunstung bey entzündbaren Kranckheiten.

Wolkenerzeugungsapparate im Großen, um Wasser an wasserleere Orte zu bringen.

Fermentations und Fäulnißbeobachtungen.

Chemische und physicalische und mathematische 2c. Maschinenlehre.

Die intuitive Darstellung beruht auf systematischen Denken und Anschaun.

Die Individualisirung durch Regelmäßigkeit der Mannichfaltigkeit in der Natur.

Wie die Stimme mannichfaltige Modificationen in Ansehung des Umfangs, der Geschmeidigkeit, der Stärcke, der Art (Mannichfaltigkeit), des Wohlklangs, der Schnelligkeit, der Präcision oder Schärfe hat, so ist auch die schriftliche Stimme oder der Styl auf eine ähnliche Weise unter mannichfachen Gesichtspuncten zu beurtheilen. Die Stylistik hat ungemein viel Aehnlichkeit mit der Deklamationslehre oder der Redekunst im strengern Sinne.

Rhetorik ist schon ein Theil der angewandten Rede und Schreibekunst. Außerdem gebraucht sie die angewandte geistige oder psychologische Dynamik und die angewandte, specielle Menschenlehre überhaupt mit in sich. Technische Menschenlehre. (Jene Dynamik ist ein Theil der Menschenlehre überhaupt.)

Jeder muß mit seiner Stimme und mit seinem Style zu oeconomisiren, beyde gehörig immanent zu proportioniren und zu nuanciren wissen.

Das Denken ist wie die Blüthe, gewiß nichts als die feinste Evolution der plastischen Kräfte, und nur die allgemeine Naturkraft in der n. Dignität.

Die Denkorgane sind die Weltzeugungs-, die Naturgeschlechtstheile.

Die Blüthe ist das Symbol des Geheimnisses unsers Geistes.

Staat und Kirche stehn und fallen zusammen. Die Philosophen oder die systematischen Denker sind nothwendig Monarchisten und Religiosen.

Fichtes Philosophie ist ein Denkerzeugungsproceß oder Organisationsproceß — ein Phaenomen selbst, oder ein Factum.

Begriff der thätigen Reitzbarkeit und Sensibilität.

Erhöhte Reitzbarkeit und Sensibilität sind wohl immer nur Folgen, nicht Ursachen von Kranckheiten. Die Kranckheit äußert sich am allermeisten durch Erhöhung oder Erniedrung von Reitzbarkeit und Sensibilität. Ist die Kranckheit gehoben, so ist auch Reitzbarkeit und Sensibilität wieder im gewöhnlichen stetischen Zustande.

Brown scheint also das Hauptverdienst zu haben, das wesentlichste, karacteristische Symptom der Kranckheit bemerckt und sie darnach in Beziehung auf Arzeneykunde (also schon angewandte Pathologie) geordnet zu haben.

Die Anordnung der Heilmittel ist dem proportional.

Alle sogenannte reitzende Substanzen außer der Wärme sind Kraft Leiter — also benehmend.

Die Lebenskraft erhält durch sie Spielraum.

Nährende Mittel sind Halbleiter, Condensatoren.

Nicht reitzende Mittel sind schlechte Leiter, Isolatoren, Kraftbeschränckende, comprimirende, narcotische, in Ruhe setzende Mittel.

Der Mensch ist eine (unerschöpfliche) Kraftquelle oder ein Krafterzeugungsproceß. Das Gleichniß mit dem Lichte ist sehr passend.

———

Wärme ist ein wahrer Reitz — ein Reitz durch Miterregung. Vielleicht wircken chymische Substanzen auch erregend — Action mittheilend. Chymische — mechanische Actionen.

———

Schaden der mystischen Moral der neuern Zeit z. B. der Tiraden von Unschuld 2c.

———

Bey allen technischen Verrichtungen ist der Zweck das kritische oder bildende Princip — und aus ihm muß die ganze Anstalt beurtheilt und deducirt werden.

———

Freyheit und Gleichheit verbunden ist der höchste Karacter der Republik, oder der ächten Harmonie.

Eine vollkomme Constitution — Bestimmung des Staatskörpers, der Staatseele, des Staatsgeistes, macht alle ausdrückliche Gesetze überflüssig. Sind die Glieder genau bestimmt, so verstehn sich die Gesetze von selbst. So lange die Glieder noch nicht vollkomme Glieder sind, noch nicht genau bestimmt, so muß es Gesetze geben. Mit wahrer Kultur im Allgemeinen vermindert sich die Zahl der Gesetze. Gesetze sind das Complement mangelhafter Naturen und Wesen, daher synthetisch. Wenn wir das Wesen eines Geistes näher bestimmen werden, so haben wir auch keine geistigen Gesetze mehr nöthig.

Ueber das Moralgesetz. Mit vollständiger Selbstkenntniß und Weltkenntniß, vollständiger Selbst= und Weltbestimmung verschwindet das Moralgesetz, und die Beschreibung des moralischen Wesens steht an der Stelle des Moralgesetzes. Gesetze sind die Data, aus denen ich Beschreibungen zusammensetze.

Wir sind mit dem Unsichtbaren näher als mit dem Sichtbaren verbunden. (mystischer Republikaner).

Gesetze sind nothwendige Folgen des unvollkommnen Denkens oder Wissens.

(Ueber die Mittel mechanisches Gemenge zu sortiren — eine Anwendung auf Chymie.)

Hierarchie = Monarchie. Regierung eines Einzelnen. Episcopalverfassung = Aristokratie. Regierung Mehrerer. Protestantism = Demokratie. Regierung Aller und eines jeden.
Ihre Vermischungen, Beschränckungen 2c.

Das Leben ist ein moralisches Princip. (Unvollkommne Moralität — unvollkommnes Leben.)

Erziehungs Wissenschaft des Gelehrten. Der Historiker wird durch die Zeitungen, ein Verzeichniß individueller Nachrichten, gebildet. Hier kann er Kritik lernen. Kritisches Zeitungslesen und Schreiben. Falsche Nachrichten, einseitige, entstellte lernt er nachgerade benutzen. Vollkommen entgegengesezte Nachrichten heben sich auf. Unvollkommen entgegengesezte geben die Wahrheit zum Resultat, wenn man die sich aufhebenden Data oder Glieder durchstreicht. Die Materialien des Historikers sind die Quellen oder die Zeitungen, oder die Historien, welches Eins ist. Kritisch ordnet der directe Historiker seine Data zu Gleichungen, zu einer großen, gutgeordneten Aufgabe. Dies ist die erste Arbeit — die Auflösung dieser Aufgabe, oder des Gleichungensystems, ist die zweite Arbeit — diese beschäftigt den reflectirenden Historiker. Die Zeit ist der sicherste Historiker. Die gewöhnlichen Zeitungen liefern eine reale Kritik.

Den directen kann man auch den beobachtenden Historiker nennen. (Die Beobachtung bereitet den Beweis vor) (Jeder Beweis ist eine Ahnenprobe.) Der Beweis ist die umgekehrte Auflösung. Bey der Auflösung folgt die Integration der Differentiation — bey dem Beweise umgekehrt. (Integration und Differentiation nehme ich hier nicht ganz in der gewöhnlichen Bedeutung.).

Das sind glückliche Leute, die überall Gott vernehmen, überall Gott finden, diese Leute sind eigentlich religiös. Religion ist Moral in der höchsten Dignität, wie Schleyermacher vortrefflich gesagt hat.

Unaufhörliche Thätigkeit in bestimmter Richtung, objective Thätigkeit ist die negative Kette, die die positive (subjectiv allgemeine) Thätigkeit sehr verstärckt — und nur im vereinigten Besitz dieser beyden Thätigkeiten und im Zustande ihrer Harmonie ist man wahrhaft besonnen, wahrhaft ruhig und freythätig, zu allem geschickt, durchaus gesund.

(Künstler aus Sittlichkeit.) (Der vollständige und der vollkomme Künstler überhaupt ist von selbst sittlich — so auch der vollständige und vollkomme Mensch überhaupt.)

Alles, was dem sich bildenden Menschen noch schwer dünckt, da sollt er nachgerade seine Kräfte daran versuchen, um es heben, und mit großer Leichtigkeit und Geschicklichkeit heben und bewegen zu können. Dadurch gewinnt er es lieb. Was einem Mühe kostet, das hat man lieb.

Physik der geistigen Thätigkeit. Moralität des Glaubens überhaupt. Er beruht auf Annahme der Harmonie. Aller Glauben geht von moralischen Glauben aus.

Der Staat ist immer instinktmäßig nach der relativen Einsicht und Kenntniß der menschlichen Natur eingetheilt worden; der Staat ist immer ein Makroanthropos gewesen: die Zünfte = die Glieder und einzelnen Kräfte, die Stände = die Vermögen. Der Adel war dies sittliche Vermögen, die Priester das religiöse Vermögen, die Gelehrten die Intelligenz, der König der Wille. Allegorischer Mensch.

Auflösung des hauptpolitischen Problems. Ist ein politisches Leben möglich? oder: Sind Verbindungen der entgegengesezten politischen Elemente a priori möglich?

Genialischer Staat. (Reunion der Oppositen.)

Die Elemente haben nicht das mindeste Verhältniß zum Composito. (vid. Linien zu Flächen, Flächen zu Körpern.)

Ueber die Formel Ich — die Aufgabe Ich. Formel des Genies — Formel des Geistes. Die Auflösung ist in ihr enthalten.

Aehnliche Eintheilung der chemischen und mechanischen Geschäfte.

(Wasser und Feuer sind die Hauptkraftquellen.)

Synthetische, simultane Reitzbarkeit des Menschen oder Thiers. Simultane Reitze. Componirte synthetisch simultane Reitzung. (vid. Browns Einseitigkeit.)

Die Sternwarte ist dem Dienste der Gestirne gewidmet.

Das Lächerliche ist eine Mischung, die auf Null hinausläuft. (Detonation) (Mischung des Gemeinen, Niedrigen und Erhabenen 2c.)

(Instinkt ist Kunst ohne Absicht — Kunst, ohne zu wissen wie und was man macht. Der Instinkt läßt sich in Kunst verwandeln, durch Beobachtung der Kunsthandlung. Was man also macht, das läßt sich am Ende kunstmäßig zu machen erlernen. Kunst, das Lächerliche und das Romantische hervorzubringen.)

Das Lächerliche ist nicht beißend. Lachen ist ein Krampf. Die Ursache des Lachens muß also von einer plötzlichen Entladung der gespannten Aufmercksamkeit — durch einen Contrast entstehn. Aehnlichkeit mit dem electrischen Funken. Der ächte Komiker muß ernsthaft und wichtig aussehn, wenn er eine Posse macht. (Ironie. Parodie. Travestie.) Die Verkleidung ist ein Hauptbestandtheil des Lächerlichen. (Wortspiele. Lächerliche Fragen und Antworten. Anecdoten. Scenen. Shakespeare. Die Italiäner. Aristophanes. Witz der gemeinen Leute. Carricaturen. Hogarth. Lichtenberg.) Aus vielen Lachen und Witzeln kann aber auch Hypochondrie entstehn. Lachen bekömmt sthenischen Constitutionen vorzüglich gut. Alles, was die Aufmercksamkeit erregt und nicht befriedigt, ist lächerlich. (Nur) das plötzliche Abspannen der Aufmercksamkeit ist aber die eigentlich lachen machende Operation. Das Weinen ist eine sthenische Krisis; das Rührende ist das Gegentheil des Lächerlichen. Das Rührende fängt mit Abspannung an — und spannt plötzlich; das Rührende oder das Eindringende dringt schnell ein, eh man Zeit hat sich zu fassen. Es ist eine Uebersättigung, Weichwerden, Zerfließen, Schmelzen. Jenes ist ein Absonderungs-, dies ein Einschluckungs-Proceß; jenes ein Flüchtigwerden (daher die Kälte des Lächerlichen), dies ist ein Gerinnen, ein Starrwerden; daher die Wärme. Das Weinen und Lachen mit ihren Modificationen gehören so zum Seelenleben, wie Essen und Secerniren zum körperlichen Leben. Weinen macht das arterielle System, das Lachen das venöse System.

(Verhältnisse des arteriellen und venösen Systems in jeder Constitution. Sollte die Gicht ꝛc. nicht oft von fehlerhaften Verhältnissen dieser Systeme (und ihrer Säfte) herrühren? (Verhältniß der Röthe des arteriellen Bluts zur Schwärze des venösen Bluts.)

Aller Ernst frißt, aller Spaß sondert ab.

Ist Denken auch Absondern? Dann ist vielleicht Empfinden Fressen. Selbstdenken ist vielleicht ein Lebensproceß; Freß- und Absonderungs-Proceß zugleich, Denken und Empfinden zugleich.

Durch Abstraction wird die Reitzbarkeit vermehrt. Zuviel Abstraction erzeugt Asthenie, zuviel Reflexion Sthenie. Ich muß viel reflectiren und nicht viel abstrahiren. Ich bin schon reitzbar genug. Ein scharfer Denker ist ein empfindlicher Meter, ein sehr subtiles Reagens.

Daß der Erzeugungsproceß so früh und so vorzüglich die philosophischen Physiker beschäftigt, ist kein Wunder. Sie ahndeten wohl, daß hier eine merckwürdige Grenzhöhe läge. Was ich begreife, das muß ich machen können, was ich begreifen will, machen lernen. Kommt die Physik hier an eine wirckliche Grenze, so muß sie die angrenzende Wissenschaft requiriren. Vielleicht ist der Erzeugungsproceß nur antinomisch construirbar — i. e. nur philosophisch — die Physiologie liefert das Eine Glied, die Psychologie das

zweite, und die Philosophie construirt aus beyden den
Zeroproceß.

(Die Wissenschaft von den Substanzen und Ursachen
(und Harmonieen) kann man auch die Lehre vom Unendlichen
oder von den Zeros nennen. Die Harmonie ist wohl die
Synthese von Substanz und Ursache.)

Was ist eine Schlacht? Ein Desorganisationsproceß.
Der Zweck der Schlacht ist, die feindliche Armee zu vernichten.
Sie kann durch ihre Aufreibung oder ihre Auflösung, als
Armee, zerstört werden. Tödten ist keine Kunst, aber binden,
trennen ꝛc.

Der Festungs- und Positionskrieg ist eine ganz andre
Art von Krieg.

(Weisheit ist die moralische Philosophie.)

(Bearbeitung einer Sprache. Sylbenverzeichniß. Karacterisirende Bestandtheile der Sprache. Scientifisch systema-
tisches Lexicon.)

Uebergang einer Sprache in die Andre durch corrupte
oder eigenthümliche Aussprache. Erhebung der gemeinen
Sprache zur Büchersprache. Die gemeine Sprache wächst
unaufhörlich, aus ihr wird die Büchersprache gebildet. Uebergang und Umbildung der Vocalen, der Sylben ineinander.
1, 2, 3, 4 und mehrsylbige Wörter.

Allgemeines Sprachsystem — Sprachgeschichtssystem. Erfindung jeder Sprache a priori. Verschiedenheit der Aussprache.

Die gemeine Sprache ist die Natur Sprache — die
Büchersprache die Kunstsprache.

Karacter der Geschwätzigkeit. Geschwätzigkeit des Humors. Tristram Shandy; Jean Paul.

Encyclopädisirungs Calcül. (Ueber den moralischen Schriftsteller. Der ächte Moralist — die höchste Stufe der litterairischen Bildung. Buchkünstler der Moral.) (Die Oryktognosie in Tafeln.) (Um die Stimme zu bilden, muß der Mensch mehrere Stimmen sich anbilden; dadurch wird sein Organ substantieller. So um seine Individualität auszubilden, muß er immer mehrere Individualitäten anzunehmen und sich zu assimiliren wissen, — dazu wird er zum substantiellen Individuum. Genius.) Die mahlerische Bekleidung muß harmonisch mit dem Bekleideten zusammenstimmen.

Mathematische Fragmente.

Die ganze Mathematik ist eigentlich eine Gleichung im Großen für die andern Wissenschaften.

Was ihr die Logarythmen sind, das ist sie den andern Wissenschaften.

Der Begriff der Mathematik ist der Begriff der Wissenschaft überhaupt.

Alle Wissenschaften sollen daher Mathematik werden.

Die jetzige Mathematik ist wenig mehr, als ein speciell empirisches Organon.

Sie ist eine Substitution zur bequemeren Reduktion, ein Hülfsmittel des Denkens.

Ihre vollständige Anwendbarkeit ist ein nothwendiges Postulat ihres Begriffs.

Sie ist der vollgültigste Zeuge des Natur-Idealism.

Der innige Zusammenhang, die Sympathie des Weltalls, ist ihre Basis.

Zahlen sind, wie Zeichen und Worte, Erscheinungen, Repräsentationen katexochin.

Ihre Verhältnisse sind Weltverhältnisse. Die reine Mathematik ist die Anschauung des Verstandes, als Universum.

Wunder, als widernatürliche Facta, sind amathematisch, aber es giebt kein Wunder in diesem Sinn, und was man so nennt, ist gerade durch Mathematik begreiflich, denn der Mathematik ist nichts wunderbar.

Aechte Mathematik ist das eigentliche Element des Magiers.

In der Musik erscheint sie förmlich als Offenbarung, als schaffender Idealism.

Hier legitimirt sie sich als himmlische Gesandtin, kat anthropon.

Aller Genuß ist musikalisch, mithin mathematisch.

Das höchste Leben ist Mathematik.

Es kann Mathematiker der ersten Größe geben, die nicht rechnen können.

Man kann ein großer Rechner seyn, ohne die Mathematik zu ahnden.

Der ächte Mathematiker ist Enthusiast per se. Ohne Enthusiasmus keine Mathematik.

Das Leben der Götter ist Mathematik.

Alle göttliche Gesandten müssen Mathematiker seyn.

Reine Mathematik ist Religion.

Zur Mathematik gelangt man nur durch eine Theophanie.

Die Mathematiker sind die einzig Glücklichen. Der Mathematiker weiß alles. Er könnte es, wenn er es nicht wüßte.

Alle Thätigkeit hört auf, wenn das Wissen eintritt. Der Zustand des Wissens ist Eudämonie, selige Ruhe der Beschauung, himmlischer Quietism.

Im Morgenlande ist die ächte Mathematik zu Hause. In Europa ist sie zur bloßen Technik ausgeartet.

Wer ein mathematisches Buch nicht mit Andacht ergreift, und es wie Gottes=Wort liest, der versteht es nicht.

Jede Linie ist eine Weltaxe.

Eine Formel ist ein mathematisches Recept.

Die Zahlen sind die Droguen.

Die Arithmetik ihre Pharmacie.

Die höhere Mathematik enthält am Ende nur Abkürzungs= Methoden.

Das Höchste und Reinste ist das Gemeinste, das Verständlichste; daher ist die Elementargeometrie höher, als die höhere Geometrie. Je schwieriger und verwickelter eine Wissenschaft wird, desto abgeleiteter, unreiner und vermischter ist sie.

Die sogenannten physicomathematischen Wissenschaften sind, wie Neutralsalze oder andre chemische Verbindungen, Mischungen von Physik und Mathematik, die eine neue Natur angenommen haben — die man in einem andern Sinn höhere Natur nennen kann.

Jenes ist das Elementarhöchste, dies das Gemischthöchste.

Doppelte Wege, von leztern zu jenem oder umgekehrt.

Definitionen sind äußre (Merckmalsverzeichnungen) oder innere (Elementenverzeichnungen) oder gemischte. Es sind Constructionsformeln. Indirecte Definitionen sind Recepte. Zu den Recepten gehören die Experimentalvorschriften oder Beschreibungen. (Positive und negative Definitionen.)

Lehrsätze müssen etwas Neues aussagen, etwas, was nicht in der Definition (Bezeichnung der eigenthümlichen Natur) begriffen ist. Sie müssen, nach der Kunstsprache, synthetisch seyn. (Zusätze, Erklärungen, Auslegungen, Anwendungen.)

Die allzugroße Deutlichkeit oder Wiederholung derselben Wahrheit, die neuen Aussagen desselben Themas mit veränderten Worten, sind schuld an der scheinbaren Dunkelheit und Schwierigkeit für den Lehrling. Der strengere, wissenschaftliche Gang würde hier der leichtere seyn. — Bessere Thesen (Definitionen) würden eine Menge Sätze überflüssig machen.

Ein Beweis ist eine indirecte Construction, ein mathematisches Experiment, ein Recept.

Die (meisten) mathematischen Sätze gleichen alle dem Satze $a = a$. Jeder mathematische Satz ist eine Gleichung.

Die Perspective gehört in die mathematische Phaenomenologie.

Es ist in analogischer Hinsicht merckwürdig, daß man bey Auflösungen von Gleichungen eine — und + Wurzel bekömmt und erst aus der Vergleichung mit den Datis bestimmen kann, welche Wurzel in dem Falle gilt.

Die Verhältnisse der drey Rechnungsarten 1) + und — 2) × und : 3) a^n und $\sqrt{}$ versteh ich recht gut; wie ververhält sich aber das Differentiiren und Integriren und das Verwandeln in Reihen und Reduciren der Reihen dazu? Das Logarythmisiren ist ein Appendix zu Nr. 3. Die Bruchlogarythmen sind, wie die Brucherponenten, nur Approximationen zu Rationallogarythmen und Exponenten.

Die Primzahlen sind nur irrational in Beziehung auf andre Zahlensysteme z. B. gegen das System von 2. 3. ꝛc.

Der Schachcalcül.

Unendliche Größen sind werdende Größen, Approximationen an Größen. Eine Größe ist etwas Bestimmtes. Aber alle Nichtgrößen — alle unbestimmten lassen sich den bestimmten nähern, den Größen nähern. Etwas ist nur relativ Größe und Nichtgröße. Es ist nur in Beziehung auf andre Größen und Nichtgrößen eins von beyden.

Es giebt also nur verschiedne Arten von Größen, die in Beziehung auf einander nie ganz vereinigt, aber relativ, zur Nothdurft, vereinigt, in Eine Gattung gebracht oder gegeneinander bestimmt werden können.

Der Begriff Größe drückt das Verhältniß zu einem gemeinschaftlichen Begriff oder Ganzen, zu einer Einheit, wenn man will, aus. Der Antheil am gemeinschaftlichen Begriff bestimmt die Größe. Dieser gemeinschaftliche Begriff mag nun Zahl oder Kraft, oder Ausdehnung, oder Richtung, oder Stoff, oder Lage — oder Helligkeit oder sonst des etwas seyn.

Die Mathematik bestimmt den Unterschied im Gemeinschaftlichen, die Ungleichheiten im Gleichen. Sie unterscheidet in Beziehung auf das gemeinschaftliche Merckmal.

Und die Mathematik bestimmt auch (jezt) die Aehnlichkeiten, die Gemeinheiten im eigenthümlichen Merckmal. Dort macht sie Unterschiede, hier hebt sie Unterschiede auf. Dort individualisirt sie, hier republicanisirt sie. Dort theilt sie das Gemeinsame, hier macht sie das Eigenthümliche gemein. Dort vertheilt sie den Staat an die Einzelnen, hier die Einzelnen an den Staat. Wenn jenes Zertheilung des Einfachen, so ist dieses Union des Vielfachen. Jenes Differentation, dies Integration.

(Das Aeußre ist das Gemeinsame. Das Innre, das Eigenthümliche; die Integration ist sehr viel schwerer als die Differentation. In Beziehung auf Physik und Philosophie.)

Die Wissenschaft, die beydes in Contact sezt und verbindet: aus dem Gemeinsamen aufs Eigenthümliche und umgekehrt, und so auch beym Aeußern und Innern schließen lehrt, diese Wissenschaft ist die verbindende und höhere.

Wenn jene erste die quantitative, die zweite die qualitative Mathematik ist, so ist die dritte die relative Mathematik, die in Gliedersystemen und Einem Universalsystem erscheint. (Kategorieen. Fichtes Wissenschaftslehre.)

Begriff von Factor, Quotient, Summe, Differenz, Potenz, Wurzel, Logarythm, Function, Reihe ꝛc. Bruch — Exponent.

So wenig die bloße Länge der Gränze die Größe des eingeschloßnen Raums bestimmt, ebenso wenig umgekehrt. Hab ich das Gesetz der Näherung, so kenn ich auch die Natur der unendlichen Größe.

Jede Größe kann durch eine Reihe ausgedrückt werden. Ist die Reihe geschlossen, bestimmt, so ist die Größe bestimmt;

ist die Reihe unendlich, so ists auch die Größe. Jede Größe ist ein Aggregat, ein Theilbares, eine Reihe, Kette; eine schlechthin einfache Größe giebts nicht.

Je kleiner der Zirkelausschnittbogen, desto mehr nähert er sich der geraden Linie; ein unendlich kleiner Bogen ist eine gerade Linie. Hier kann man dann den Pythagoräischen Lehrsatz anwenden.

Auch die Irregel ist gesetzmäßig wie die Curven. Unterschied zwischen Rat(ional) und Irrat(ional.).

3 in eine Reihe verwandelt $2 + 1/2 + 1/4 + 1/8 + 1/16$ 2c. Diese Reihe läßt sich noch sehr verändern.

In der reinen Algebra kommen keine Zahlen vor.

So wie sich andre Größen finden lassen, so müssen sich auch Formeln berechnen lassen: Formelnerfindungskunst. (Instrumenten Erfindungskunst.) Vielleicht will dies die combinatorische Analysis thun? Dann wäre sie sehr hoch.

Die combinatorische Analysis der Physik wäre die indirecte Erfindungskunst, die Baco gesucht hat.

Ritter sucht durchaus die eigentliche Weltseele der Natur auf. Er will die sichtbaren und ponderabilen Lettern lesen lernen und das Setzen der höhern geistigen Kräfte erklären. Alle äußre Processe sollen als Symbole und lezte Wirckungen innerer Processe begreiflich werden. Die Unvollständigkeit jener soll das Organ für diese und die Nothwendigkeit einer Annahme des Personellen, als lezten Motivs, Resultat jedes Experiments werden.

Gewiß wird die chemische Astronomie in Kurzem die merckwürdigste Wissenschaft werden. (vid. Hellers Beobachtungen über den Magnet 2c.)

Galvanische Batterieen. Ritters Abhandlung über die Muskelkontraction. Ritters Ideen über die Geistigkeit der Sonne — daß der Mond die Sonne garnicht sehe 2c.

Ponderabilien = Terrestrien. Imponderabilien = Solarien.

Einige Sätze des Brownischen Systems. Sthenie ist Entzündung. Asthenie Paralyse. Aller Entzündung folgt indirecte Asthenie sowie aller Asthenie indirecte Sthenie. Reitz ist vermehrtes Daseyn, Erhöhung und Vermehrung der sinnlich unterscheidbaren Wirksamkeit.

Es giebt directe + Reitze und indirecte + Reitze, und directe und indirecte − Reitze.

Directe und indirecte (Reitzbarkeit), Beweglichkeit und (Stumpfheit) Masse, Schwere.

Specifische Reitze und Unreitze können sowenig wie kritische Zeiten geläugnet werden.

Die Associationen, die äußerst individuell sind, haben auch auf die Kranckheiten großen Einfluß.

———

Oxydation findet im weitern Sinn bey jeder Wärme= und Lichtentwicklung statt. Daher ist Oxydation mit Schwerer= werdung jedesmal verbunden und der eigentliche Erd= proceß. Je oxydabler, desto mehr Capacität für das Oxigéne und desto leichter wieder desoxydirbar.

Ueber das Personelle jedes Stücks, jedes isolirten Quantums Stoff.

———

Betrachtung und kritische Ordnung der unzählichen Kranckheitsbeobachtungen nach einfachen physischen Grund= sätzen.

In Sthenieen muß Verminderung des Daseyns das Augenmerck des Arztes seyn: Aufhebung der Gemeinschaft mit dem reitzenden Mittel.

Sthenie wird mit Asthenie kurirt und umgekehrt. In= directe Asthenie mit indirecter Sthenie und umgekehrt. Eigentlich sind Sthenie und indirecte Asthenie und Asthenie und indirecte Sthenie Eine Kranckheit mit zwey Stadien.

Auf indirecte Sthenie folgt directe Asthenie und auf in= directe Asthenie directe Sthenie. Hieraus sieht man die Selbsterhaltung jeder Art Kranckheit.

Kranckheit und Disposition müssen ja nicht verwechselt werden. Doch ist Disposition auch Gegenstand einer Kur.

Scheinbare Sthenie und indirecte Sthenie sind höchst verschieden. Sthenie und Asthenie werden durch absolute Schwächungen und Reitze geheilt. Indirecte Sthenie und indirecte Asthenie aber durch relative Reitze und Schwäch= ungen. Lebhaftes Muskel= und Nervenspiel kann schwächen und stärcken.

Die Gesundheit wird durch einen Conflict von mannich=
fachen specifischen Reitzen und Schwächungen unterhalten.

Was den Magen reizt, kann den Kopf schwächen.

Sollten mehrere Heilmethoden jeder Kranckheit möglich
seyn? Wie in der Musik mehrere Auflösungen einer
Dissonanz.

Es hat von jeher nur Eine Kranckheit, mithin auch nur
Eine Universal=Arzeney gegeben. Mit der Sensibilität und
ihren Organen, den Nerven, tritt Kranckheit in die Natur.
Es ist damit Freyheit, Willkühr in die Natur gebracht, und
damit Sünde, Verstoß gegen den Willen der Natur, die
Ursache alles Uebels. Es giebt nur Muskelkranckheiten, die
aus Nervendespotism entstehn. Der sittliche Mensch muß
auch eine freye Natur haben, eine gegenstrebende, eine zu
erziehende, eine eigenthümliche Natur. Ist das thierische
Leben ein phlogistischer Proceß, so sind alle Kranckheiten
antiphlogistische Processe, Störungen des Brennens. Ihre
Mannichfaltigkeit zeugt gerade von ihrer Personalentstehung.
Kranckheit ist Zwist der Organe. Die Allgemeine muß fast
immer örtlich werden, sowie die Oertliche nothwendig in All=
gemeine übergeht.

Vergänglichkeit, Gebrechlichkeit ist der Karakter der mit
Geist verbundenen Natur. Er zeugt von der Thätigkeit
und Universalität, von der erhabnen Personalität des Geistes.

Der Reitz kann, als Widerstand, er kann als Sollicitation
betrachtet werden. Die erstere Ansicht ist die Natürlichere.
Der Reitz ist reflectirend, der Extension entgegenstrebend.
So löst sich der Gedanke, die Vorstellung und die Mannich=
faltigkeit, das Leben entsteht.

Direct, indirect säuernde Mittel. Beständig neu soll der
Körper gesäuert werden. Daher Reduktionsmittel indirect

säuernde Mittel sind. Nehm ich alles Oxigéne weg, so muß die Stelle mit neuem ersezt werden. Kranckheit ist eine Abnahme der Oxydabilität und mithin eine verminderte Oxydation.

Oxigéne ist also das Universalarzeneymittel.

Oxydation = Auflösung, Luftwerdung, Entfärbung, Diaphanation (Wärmebindung, Lichtbindung), Vermehrung des Volumens, Verminderung der Terrestricität oder der specifischen Schwere, Verminderung der Cohaesion, Verminderung der Elasticität, Verminderung der Wärmecapacität, negative Electrisirung, Demagnetisation, Verminderung der Acusticität, Verminderung der Leitungskraft der galvanischen Action.

Mit der Sensibilität wächst die Lebensdauer.

Das Oxigéne nimmt an Masse im Verhältniß der Zunahme der Sensibilität ab.

Die Nerven sind Gefäße und bestehn eigentlich ganz aus Muskularsubstanz; mithin muß der eigentliche Karakter des Nervs, der Grund der Sensibilität in dem Marke, in der Gehirnsubstanz stecken. Das Mark ist ein Uebergang der flüssigen und festen Theile. Es ist ein organisirter Klang.

Alle Naturkräfte sind nur Eine Kraft. Das Leben der ganzen Natur ist ein Oxydationsproceß. Aller Reitz ist oxydirend, Beförderungsmittel der Oxydation. Die todte Materie ist Phlogiston. Die Schwere ist desoxydirende Kraft.

Specifische Schwere der Planeten. Ihre Oxydabilität.

Der Schwere ist die Verwandtschaft zum Oxigéne entgegengesezt — die Oxydabilität.

In der Materie selbst liegt der Grund des Lebens, das Spiel des Triebs der Oxydation und der Desoxydation.

Spiel des Aethers, des Weltraums und der schweren Körper.

Oxydation, Verminderung der Personalität.

Phlogiston = Geist.

Dem Geiste ist Ruhe eigenthümlich.

Das Schwere rührt vom Geiste her.

Gott ist von unendlich gediegenen Metall; das Körperlichste und Schwerste aller Wesen. Die Oxydation kommt vom Teufel.

Leben ist eine Kranckheit des Geistes, ein leidenschaftliches Thun. Luftvernichtung ist Herstellung des Reichs Gottes.

Die Kranckheiten nehmen mit der Sensibilität überhand. Sensation ist so gut wie Reproduction und Irritation eine Oxydation. Höhere Arten der Oxydation.

Origéne muß eigentlich oxydirend und desoxydirend zugleich wircken; alle Oxydation muß von Desoxydation begleitet seyn.

Das Produkt der Desoxydation wird abgesezt im animalischen Körper, das Produkt der Oxydation eingesogen und angesezt. Daraus entsteht eine Bewegung von Innen nach Außen und umgekehrt. Das Oxyd wird organisirt, das Desoxyd desorganisirt. Störungen der Desoxydation sind indirecte Störungen der Oxydation.

Die Säuren liefern ein sehr desoxydirtes Origéne, daher sie in entzündlichen Kranckheiten gut zu gebrauchen sind, wo eine zu heftige Respiration eintritt.

———

Verbindung, die auch für den Tod geschlossen ist, ist eine Hochzeit, die uns eine Genossin für die Nacht giebt. Im Tode ist die Liebe am süßesten; für den Liebenden ist der Tod eine Brautnacht, ein Geheimniß süßer Mysterien.

Ist es nicht klug für die Nacht ein geselliges Lager zu suchen?

Darum ist klüglich gesinnt — der auch Entschlummerte liebt.

———

Die Abenddämmerung ist immer eine wehmüthige, wie die Morgendämmerung eine freudige, erwartungsvolle Stunde.

―――

Wenn die Schwere eine saigere Kraft ist, so muß es auch eine söhlige Kraft geben, die vielleicht eine Modification der Schwere ist.

―――

Die Graderhöhung der Materie, ihre Verdichtung, ist mit Zunahme des Gewichts verbunden.

―――

Der Begriff Materie, Phlogiston, Oxigéne, Gas, Kraft ꝛc. gehören in eine logische Physik, die nichts von concreten Stoffen weiß, sondern mit kühner Hand eigensinnig in das Weltchaos hineingreift und eigne Ordnungen macht. Plotins Physik.

―――

Zum Experimentiren gehört Natur=Genie, d. i. wunderartige Fähigkeit, den Sinn der Natur zu treffen, und in ihrem Geiste zu handeln. Der ächte Beobachter ist Künstler; er ahndet das Bedeutende, und weiß aus dem seltsamen, vorüberstreichenden Gemisch von Erscheinungen die wichtigen heraus zu fühlen.

―――

Eine ganz eigne Liebe und Kindlichkeit gehört, nebst dem deutlichsten Verstande und dem ruhigsten Sinn, zum Studium der Natur. Wenn erst eine ganze Nation Leidenschaft für die Natur empfäht, und hier ein neues Band unter den Bürgern geknüpft wird, jeder Ort seine Naturforscher und Laboratorien hat, dann wird man erst Fortschritte auf dieser colossalischen Bahn machen, die mit ihr im Verhältniß stehn.

―――

Sollte die söhlige Kraft ein Compositum von Centrifugal= und Centripetalkraft seyn?

―――

Ueber die Geschwindigkeit.

Einführung der Erregungstheorie in die Mechanik. Die Trägheit steht mit der Sensibilität in umgekehrten Verhältniß, vielleicht also in geradem mit der Irritabilität, und ist nichts anderes als diese.

Unter den vielen Geschwindigkeiten, die einer specifischen körperlichen Masse eingedrückt werden können, nimmt sie Eine am willigsten an und behält sie am längsten — und erfodert also den mindesten Zuschuß von erhaltender Kraft.

Ist das Phänomen des Kochens und Verdampfens schon gehörig untersucht? (Die strahlenförmige Bildung der Dunstblasen am Boden des Gefäßes.)

Einfluß der Auflösbarkeit der Metalle und Erden in Gasarten auf die Geognosie und Geogenie.

Vielleicht sind die alten mechanischen, sogenannt groben Erklärungen der Veränderungen im thierischen Körper, die idealisch richtigen. Je vollkommner der Körper ist, desto mechanischer ist vielleicht seine Oekonomie?

Anwendung der sauren Gräser 2c. zur Bleyweißfabrication.

Ein kalter Körper ist der, in welchen die Ernährung nicht überwiegt.

Alle Mittheilung stärkt oder schwächt — nach den Umständen. Ueberladene Körper mit irgend einer Kraft werden durch Mittheilung wirksamer; umgekehrt mit nicht saturirten. Anwendung auf Maschinistik, Wärme 2c.

Giebt es keine Nicht= oder Geringleiter der Schwere? Sollten nicht alle Nicht= oder Geringleiter der Wärme auch schlechte und Nichtleiter der Schwere seyn?

Jede Sursaturation der Muskeln erregt ein heftiges Verlangen nach Entladung — Ausübung der Muskelkräfte. Bey der Erektion ꝛc. ist dieser heftige Trieb nach Muskelbewegung vorzüglich zu bemercken.

Sollten die meisten Gifte indirect entzünden? Sie schwächen und bringen so Entzündungen hervor. Es sind also Erkältende Substanzen. (Alles was die animalisch chemischen Verbindungen inniger macht, stärckt; was sie loser macht, schwächt; oder sollte das Gegentheil wahr seyn?)

Erhitzende Substanzen bringen Krämpfe hervor, als Reaction.

Manche Absonderung macht vielleicht die anorganisch chemische Verbindung enger, manche loser, oder manche verdichtet, manche verdünnt; so auch umgekehrt mit manchen Nahrungsmitteln.

Wenn unterdrückte Transpiration schlimme Wirckungen hervorbringt, so wohl auch mehrere unterdrückte, gehemmte Ausleerungen.

Im kalten Paroxysm des kalten Fiebers lockert sich der Körper auf, schluckt Wärme ein. Im heißen umgekehrt.

Sollte Erkältung nur Heterogeneisirung eines galvanischen Kettengliedes seyn?

Mechanische Analysen gemengter mineralischer, vegetabilischer und thierischer Substanzen. Mechanischchymische Methode. (vid. Fourcroy.)

Scheidung des Kochsalzes von Wasser durch: Weinstein, ätzenden Kalck, Phosphorkalck, Salzsauren Kalck ꝛc.

Gewinnung des Natrons — Verbindung der frey gewordenen Salzsäure mit Kalck — Anwendung desselben zur Praecipitation des Kochsalzes.

Sollte siedendes Pech, Wachs, Talg, Schwefel nicht Metall auflösen? und als ein Amalgamationsmittel gebraucht werden können?

Schwefel und Bley sind bey der Koch und Bleyarbeit nichts als Amalgamationsmittel, und die Quecksilber Amalgamation ist ein ganz ähnlicher Prozeß.

Ließe sich eine Schwefelleberauflösung nicht mit Vortheil im Großen anwenden?

Vielleicht auch einige Gläser oder Flüsse?

In der Vergleichung wird jedes Glied des Gleichnisses durch das andere stärcker, frappanter, polarisch individualisirt. (z. B. Farben werden bey Vergleichungen heller und dunkler.)

Ueber die isolirende Haut. Die Haut überhaupt ist äußerst merckwürdig.

Schließen heißt Isolation aufheben, ein unwircksames Medium mit einem wircksamen vertauschen. Oeffnen — das Umgekehrte. Völlig unwircksame, so wie völlig wircksame Media giebts wohl nicht; es ist also immer nur ein relatives Schließen und Oeffnen.

Je heterogener die Tangenten sind, desto umfassender und energischer ist die dadurch construirte Substanz, desto mächtiger also auch ihre Wirckungen.

Jede ächte Berührung ist wircksam. Es giebt scheinbare Berührungen, die wahre Nichtberührungen, und scheinbare Nichtberührungen, die wahre Berührungen sind. Die Unwircksamkeit einer Berührung zeugt noch nicht von ihrer Scheinbarkeit oder Falschheit.

Wahre Wirckſamkeit iſt nicht ſenſibel, i. e. nicht auf=
dringlich. Das Phänomen der Wirckſamkeit erfolgt nur
während des Proceſſes der Vereinigung und während des
innern Proceſſes, der der Trennung folgt.

Um ſich zu vereinigen wird man relativ flüſſig gegen
einander, aber deſto ſtarrer gegen die Fremde.

Die Empfindung des Süßen iſt auf ähnliche Art wie
das Süße conſtruirt. Conſtruction der Subſtanzen.

Geſchloſſen heißt man, was iſolirt iſt. Abſolut iſolirt
wär ein durchaus einfacher Stoff. Relativ iſolirt iſt ein
Körper in Rückſicht ſeiner beſtimmten Zuſammenſetzung. Ab=
ſolut frey iſt ein Körper inſofern er unendlich zuſammen=
geſetzt iſt; i. e. nach Willkühr veränderlich iſt.

Abſolut frey iſt ein Körper alſo als ächtes Glied des
Weltalls — mithin ſelbſt, als Weltall.

Ein ſolcher Körper iſt eine Function des Weltalls und
das Weltall iſt eine Function von ihm. Er kann zur Einheit
des Weltalls und das Weltall, als ſeine Einheit dienen.

Im erſtern Falle iſt er zum Weltall wie $1 : 1 \times \infty$. Im
zweiten Falle iſt das Weltall zu ihm, wie $1 : \dfrac{1}{\infty}$.

Kann nicht auch ein Körper wieder immanent iſolirt ſeyn?
Sollte dies der Fall bey der ſogenannten Kette ſeyn — wenn
ſie nicht geſchloſſen iſt? Hier wäre der Körper durch ſich und
durch das äußre nichtleitende Medium zugleich iſolirt.

Armiren heißt in Contact mit einem ſpecifik elaſtiſchen
Körper bringen. Alle unvollkommnen Leiter und Medien
ſind unvollkommne ſpecifik elaſtiſche Körper. Ein vollkommen
elaſtiſcher Körper iſt vollkommner Leiter und Medium zugleich.

Elasticität ist also relative Capacität und Erregbarkeit. Alles Synthetische ist elastisch mehr oder minder. Vollkommne Synthese, vollkommne Elasticität.

―――

Sinne überhaupt sind schon Armaturen. Ueber Fernröhre und Mikroskope.

―――

Wahrscheinlich bringt ein Fluidum desto leichter mechanisch durch das Andre, je schneller seine Verdichtung, seine Strahlenbildung vor sich geht. (vid. Baader.) (Wenn man Oel unterm Wasser zur Zusammensetzung und Secretion reitzen könnte, so würde es auch strahlenförmig das Wasser durchdringen oder durchbrechen. Electrischer Funken ist ein schnell entstandnes Individuum — seine Schnelligkeit ersezt seine Kraft.) (Man sollte electrische Funken durch Oel brechen lassen.) (Der verdünnte Raum trägt wohl zu manchen Phaenomenen weniger bey als der verminderte Druck der Atmosphäre.)

―――

Algebraische Bearbeitung der bis jezt bekannten Naturgesetze. Jedes Gesetz ist Function eines Naturgesetzes.

―――

Das System hebt alle fremde Verbindungen möglichst auf und bewirckt neue, eigne Verbindungen.

―――

Jezt erhalten wir ein neues Licht, warum das eigentliche Ding an sich unerkennbar ist: es ist absolut isolirt, es ist der einfache Stoff. Es ist nur in Gemeinschaft etwas Bestimmbares und Bestimmtes, und alle unsre Wissenschaften sind Verhältniß=Wissenschaften. Alle Wissenschaften ruhn auf der einfachen Wissenschaft, dem einfachen, synthesirenden Satze — Ich.

―――

Alle chemischen Produkte entstehn aus einfachen oder zusammengesezten binomischen Factoren. Alle chemischen Synthesen (Multiplicationen) sind Wechselbestimmung der Factoren, und so sind auch alle Analysen (Divisionen) dichotomische Operationen.

———

Allgemeiner Satz: Was ein Körper gegen andre ist, davon ist er, im Momente jenes Verhältnisses, das Gegentheil gegen sich.

———

Dreyfache Art von Homogenëität und Heterogenëität: 1. Aehnlichkeit, quantitativ — qualitativ. 2. Gleichheit, quantitativ — qualitativ. 3. Synthesis, quantitativ — qualitativ und relativ.

Sollte die Unähnlichkeit zwischen chemischen und organisch chemischen Verbindungen nur die seyn, daß im erstern Falle die heterogenen Wechselglieder Eins werden, sich wirklich selbst vermischen, hingegen im leztern Falle nur eine gegenseitig sich mischende Masse absondern —? (freylich wird die Masse und die Mischung selbst in dieser höhern Einheit und Gattung anders modificirt, das liegt schon im Begriff der Aehnlichkeit.)

———

(Die Erden sollen Lebensluft enthalten. Verbrennung des Salzes. Verflüchtigung des Kalck, Strontium und Schwererde vor dem Löthrohre, indem sie sich mit der Kohle verbinden und in einem hellen Lichte zu verfliegen scheinen.)

Auf einem gewissen Puncte fangen allgemeine Kräfte an zu localisiren, und umgekehrt, locale Kräfte werden auf einem gewissen Punct allgemein. Direct allgemein und indirect local; direct local und indirect allgemein.

Sollten alle allgemeinen Sthenieen von asthenischer Beschaffenheit der Glieder und alle allgemeinen Asthenieen von sthenischer Beschaffenheit der Glieder herrühren oder davon begleitet seyn und so auch umgekehrt?

Mehr oder minder allgemein — mehr oder minder local.

———

Sollte sich der Magnetism zur Schwere wie Electricität zur Wärme verhalten?

———

Alles Eigenthum (Eigenschaft) in den Naturreichen entsteht durch das große System des Eigenthums den Naturstaat. Sonst ist alles und nichts Eigenthum.

———

Ueber die Excremente der Pflanzen.

———

Sollte flüssig seyn, worinn die Centrifugalkraft die Oberhand hat, und starr, worinn die Centripetalkraft die Oberhand hat? Wenn wir von Kraft sprechen, so haben wir eigentlich nur die Centrifugalkraft im Sinn — mithin das rein Flüssige — und umgekehrt, wenn wir an Last denken, so denken wir an Centripetalkraft und mithin ein rein Starres. Dem rein Flüssigen entspricht das rein Dünne und das rein Leichte — und umgekehrt mit dem Reinstarren. (Flüssig und immanent beweglich ist Eins, so wie starr und transscendent beweglich.)

Was ich wircklich für mich bewege, das bewege ich eigentlich an sich nicht. Was ich für mich wircklich nicht bewege, das beweg ich indirecte für sich. Anwendung auf Starr und Flüssig.

———

Allgemeine Gesetze der Aehnlichkeit (Qualität), Gleichheit (Quantität) und der Verhältnisse (Relation) oder Gleichungen. Verkürzung der Geometrie (:: =).

———

Merckwürdige Stelle im zweiten Theile von La Place p. 214 über die Vervollkommnung der Physik. Er ahndet hier auch die große Rolle, die die Wärme- (Lebens-) lehre spielen wird.

———

Die Eintheilung in Körper, Seele und Geist ist univer=
sell. Auch die Wärme hat ihren Geist und ihre Seele 2c.

Synthesis der Methode a priori und a posteriori.
Elastische Art zu denken, zu philosophiren, von den Erschei=
nungen zu den Principien und umgekehrt hin und her zu
gehn; oder besser, zugleich hierhin und dorthin zu gehn, in
doppelten Richtungen unaufhörlich sich zu reiben. (vid. den
magnetischen Strom. Ein Fluidum, das sich polarisch zer=
sezt, nach entgegengesezten Richtungen immanent bewegt.)

Astronomische Methode der Behandlung der Astronomie.
vid. La Place, zweiter Theil 313.

Sollten Licht, Wärme und Schwere sich wie Antithesen
und Synthesen verhalten? Licht vielleicht das absolut Flüssige,
Wärme das absolut Starre, oder beyde polarische Kräfte;
eine durchaus centripetal und die andre centrifugal. Licht
die Basis alles Flüssigen, Wärme die Basis alles Starren;
beyde nur relativ in diesem Sonnensystem vorhanden,
immer gemischt.

Verhältnisse der Temperatur und des Barometerstandes.
Verhältnisse des Pendelschwungs, der Fallgesetze und der
Temperatur. Induktionen für die Temperaturen der andern
Planeten durch die Wissenschaft von ihren Fallgesetzen. Von
der Temperatur weiter geschlossen auf ihr Origéne 2c.

Aberrationen des Lichts durch stärkere Anziehung des
Lichtkörpers und dadurch bewirkte Langsamkeit oder Dünnig=
keit des Lichts.

Anwendung auf farbige, schwarze und leuchtende Körper.
(La Place, 333 zweiter Theil.)

Die Betrachtung des Großen und die Betrachtung des
Kleinen müssen immer zugleich wachsen; jene mannichfacher,

diese einfacher werden. Zusammengesezte Data sowohl des Weltgebäudes, als auch des individuellen Theils desselben. Macrocosm und Microcosm vergrößern sich allmälich durch gegenseitiges Analogisiren; so klärt das Ganze den Theil und der Theil das Ganze auf.

A. Geognosie und Astrognosie und B. Uranologie im Wechselwachsthum — und Ernährung. A. und B. hier in ganz neuen allumfassenden Bedeutungen.

Allgemeine Oryktognosie oder algebraische Oryktognosie. Grundgesetze der Lehre von den äußern Kennzeichen überhaupt.

Entzündet sich Phosphor unterm Wasser durch Electricität? Aber in Weingeist oder Oel? Erzeugung des Schwefels und Phosphors im thierischen Körper.

Hat man schon in mehreren Luftarten, bey starcker und schwacher Wärme destillirt? (Rücksicht bey der Destillation auf den Barometerstand.)

Man nimmt, wie mir scheint, zu wenig Rücksicht in der Chemie auf die Zeit und Eintheilung des Processes. Sollte man nicht gewöhnlich übereilen?

Die Wärme befördert die Nutrition sowohl als die Secretion.

Verhalten der Luftarten gegeneinander genauer untersucht.

Es giebt vielleicht Luftarten, auch gährbare wie brennbare.

Eintheilung der Stoffe in gährbare und nicht gährbare. (Entspricht Zersezbar dem Gährbar?)

Nähere Untersuchung der Gährungsprocesse.

Ist im Braten etwa Azote carboné oder Carbure d'Azote?

(Ueber die gekohlten Erden.)

Man hat im Oel, Zucker, Ammoniak ꝛc. schon die thierischen Stoffe in einzelnen Verbindungen; könnte man diese verbinden und reitzen durch Saamen, so könnte man vielleicht thierische Wesen erzeugen. Beyhülfe der Electricität und des Galvanismus.

Sollte die Geometrie zum Theil nach der Lehre von den äußern Kennzeichen überhaupt behandelt werden können?

Nur das Element ist einfach und eben darum nicht darstellbar und eben darum eine Imagination.

Sollte Zeit Raum^2 seyn? Attraction, die Potenz von Repulsion? Das Subject, die Potenz des Objects?

Bindung ist simultane Freyheit. Im Neutral- oder Indifferenzpuncte sind beyde Opposita gänzlich frey — eine wirckt zugleich mit der Andern, und dies macht beyde insensibel. Seele und Materie sind insensibel in ihrer gänzlichen wechselseitigen Durchdringung.

$$a = b.$$

Gebunden im gewöhnlichen Sinn, sind beyde in gegenseitigen verkehrten Verhältnissen. Das Maximum und Minimum ist schlechthin gebunden. Wie im Indifferenzpuncte beyde sich nur scheinbar für einen dritten gegenseitig aufheben, insensibel sind, so sind im absoluten Differenzpuncte beyde in der That gegenseitig aufgehoben und scheinbar jede absolut sensibel. (Absolut nährend und absolut zehrend.)

Hier wird nun der absolute Tod eine absolute Größe, die sich nie auf endlichen Wegen erreichen läßt — der absolute Tod enthält die Möglichkeit des absoluten Lebens. Der Tod ist polarisch — das Leben durchaus synthetisch. Aus der Wechselsättigung eines Plus- und Minus-Todes entspringt das Leben. Todt ist das Einfache, das Element. Die absolut polarischen Elemente im Wechselsättigungszustande constituiren das absolute Leben. Unvollkommne Elemente, + und — Elemente konstituiren auch nur ein unvollkommnes Leben, weil sie sich nicht vollkommen saturiren, durchdringen können und also keine vollkommne Harmonie stattfinden kann.

Das vollkommne Leben ist der Himmel. Die Welt ist der Inbegriff des unvollkommnen Lebens. Das Insensible propter Harmoniam ist die Substanz. Das vollkommne Leben ist also die Substanz — die Welt ist der Inbegriff seiner Accidenzen. Was wir hier Tod nennen ist eine Folge des absoluten Lebens, des Himmels — daher die unaufhörliche Zerstörung alles unvollkommnen Lebens — diese fortwährende Verdauung, dieses unaufhörliche Bilden neuer Freßpuncte, neuer Mägen, dieses beständige Fressen und Machen; absolutes Leben — absolutes Genießen. Jedes soll zum Himmel werden. Der Zweck unsers Lebens ist Tugendübung; Tugend ist mehr, wie Genießen. Die Natur oder das absolute Leben ist das immanent Genießende, der Geist ist das transscendent producirende, secernirende. Die Welt ist die Sphäre der unvollkommnen Vereinigungen des Geistes und der Natur. Ihre vollkommne Indifferentiirung bildet das Sittliche Wesen par excellence — Gott. Das Wesen Gottes besteht in der unaufhörlichen Moralisirung. Wie der reine Himmel die Welt belebt, wie der reine Geist die Welt begeistert, bevölkert, so versittlicht Gott die Welt, vereinigt Leben oder Himmel und Geist. 1. Jedes soll Himmel 2. jedes soll Geist 3. und jedes soll Tugend werden. 3 ist die Synthesis von 1 und 2.

Hauptsatz: Man kann nur werden insofern man schon ist.

a. Perfectum b. Futurum. Präsens = Synthesis von a und b. Absolutes Präsens — unvollkommnes Präsens.

Die unvollkommne Gegenwart sezt eine unvollkommne Zukunft und eine unvollkommne Vergangenheit voraus; eine Zukunft, der Vergangenheit beygemischt ist, die durch Vergangenheit zum Theil gebunden, modificirt ist; eine Vergangenheit, die mit Zukunft gemischt und durch dieselbe modificirt ist. Aus beyden besteht die unvollkommne Gegenwart, welches eigentlich ihr Erzeugungsproceß ist. (Unvollkommne Gegenwart — unvollkommne Besonnenheit.)

Vollkommne Gegenwart erzeugt vollkommne freye Zukunft und vollkomne freye Vergangenheit, die beyde zugleich afficirt werden und beyde zugleich wircken. In der vollkommnen Gegenwart läßt sich keins von beyden unterscheiden. Die Aeußerungen, das Verhalten der neuen Einheit läßt sich aus den Eigenschaften und dem Verhalten der isolirten Elemente nicht erklären. (Alle Erklärung muß, ihrer Natur nach, herabsteigen, analytisch werden und so verfahren, wie Kant in der Phaenomenologie die Bewegung konstruirt hat.)

Synthesis des Mittelbaren und Unmittelbaren, des Vollkommnen und Unvollkommnen: Gott und Mensch, Natur und Naturwesen, Geist (Zauberer) und Seele (Künstler).

―――

Der vollkommen Besonnene heißt der Seher.

Als irrdische Wesen streben wir nach geistiger Ausbildung, nach Geist überhaupt. Als außerirrdische, geistige Wesen nach irrdischer Ausbildung, nach Körper überhaupt. Nur durch Sittlichkeit gelangen wir beyde zu unsern Zwecken. Ein Dämon, der erscheinen kann, wircklich erscheinen, muß ein guter Geist seyn. So wie der Mensch, der wircklich Wunder thun kann, der wircklich mit den Geistern Umgang pflegen kann. Ein Mensch, der Geist wird, ist zugleich ein Geist, der Körper wird. Diese höhere Art von Tod, wenn ich mich so ausdrücken darf, hat mit dem gemeinen Tode nichts zu schaffen; es wird etwas seyn, was wir Verklärung nennen können.

Der jüngste Tag wird kein einzelner Tag, sondern nichts, als diejenige Periode seyn, die man auch das tausendjährige Reich nennt.

Jeder Mensch kann seinen jüngsten Tag durch Sittlichkeit herbeyrufen. Unter uns währt das tausendjährige Reich beständig. Die Besten unter uns, die schon bey ihren Lebzeiten zu der Geisterwelt gelangten, sterben nur scheinbar; sie lassen sich nur scheinbar sterben; so erscheinen auch die guten Geister, die bis zur Gemeinschaft mit der Körperwelt ihrerseits gelangten nicht, um uns nicht zu stören. Wer hier nicht zur Vollendung gelangt, gelangt vielleicht drüben, oder muß eine abermalige irrdische Laufbahn beginnen.

Sollte es nicht auch drüben einen Tod geben, dessen Resultat irrdische Geburt wäre?

So wäre das Menschengeschlecht kleiner, an Zahl geringer als wir dächten. Doch läßt es sich auch noch anders denken.

Gespenster, — indirecte, falsche, täuschende Verklärung — Resultat der Verfinsterung. Nur dem Weisen, dem schon hienieden Verklärten, erscheinen verkörperte Geister.

———

Vernünftiger Traum ist Gedanke rc. Gewöhnliche Träume sind indirecte Gedanken, Symptome des entzündlichen Vernunftmangels. Träumen und Nichtträumen zugleich — synthesirt, ist die Operation des Genies — wodurch beydes sich gegenseitig verstärkt. (Das analog moralische Träumen.)

Das analog moralisch Sichtbare ist das Schöne. Das analog moralische Denken macht den Philosophen. Das analog moralische Sprechen den Redner und Dichter.

———

Denken, empfinden, schließen, urtheilen, fantasiren, sehn rc. sind Eine Operation — nur nach den Gegenständen oder der Direction verschieden.

———

Denken im gewöhnlichen Sinn, ist Denken des Denkens, Vergleichen 2c. der specifisch verschiednen Gedanken. Directes Träumen — reflectirtes Träumen — potenzirtes Träumen.

Die Verhältnisse entstehn erst aus den Potenzen. Summe ist auch eine Art von Potenz. Potenz und Einheit ist Eins. Unvollkommne Einheiten — irrationale Größen; vollkommne Einheiten — rationale Größen.

Unser Leben ist ein Traum heißt soviel, als unser Leben ist ein Gedanke. Betrachtungen über den Traum im gewöhnlichen Sinne.

Eisen, Nickel und Kobalt sind idiomagnetische Körper. Sind die andern Körper symperimagnetische Körper? Der Turmalin ist beständig magnetisch und beständig electrisch zugleich — er hat die stärckste Erregbarkeit gegen beyde Kräfte.

Leiter — Nichtleiter — Halbleiter: Vollkommner Leiter und Nichtleiter zugleich, elastischer Körper.

Kreuz Skalen — cubische Skala — cubisches Dreyeck. Drey Dimensionen.

Was ist ein Punct, eine Linie, eine Fläche 2c., ein Körper? (Ruhepuncte, hypomochlia, Axen, Sphären sind es.)

Der Magnetism ist die verkehrte Electricität und die Electricität der verkehrte Magnetism. Sollte Magnetism zum Lichte vielleicht in dem Verhältnisse stehn, wie Electricität zur Wärme?

Keine Electricität ohne Magnetism, kein Magnetism ohne Electricität.

Theorie der reinen Ferne, des Flüssigen und flüssiger Bewegungen. Anwendung der Phoronomie auf die Flüssigkeitslehren. Flüssiges ohne Metalle — Starres ohne Masse.

———

Liegt nicht der Grund der Curve der magnetischen Ströme in der Natur der zu ihrer Darstellung angewandten Eisentheile?

Anwendung einer magnetischen Fläche — und Kugel? Warum hat man nur Stäbe genommen?

Erdmagnetismus. Man hat den Erdmagnetism noch garnicht vollständig genug betrachtet und so sehr viele Erscheinungen. Man bleibt beym Nächsten stehn und sieht nicht leicht etwas universal in Universo an. Astronomische Betrachtung des Erdmagnetismus — Erdelectricität — Erdwärme — Erdenlicht — Erdensäuerung — Erdengährung — Erdenleben. In jedem einzelnen System herrscht wieder individuelle Freyheit des analogen Systematisirens. So wenig als die Erdenschwere verhindert, daß in ihrer Sphäre wieder einzelne Centralsysteme entstehn und sich mannichfach verbinden können — vielmehr dieses befördert — so mit allen.

(Gleiches zu Gleichen 2c.)

———

Der Mond ist auf allen Fall ein jüngerer Körper als die Erde; daher sein Aussehn. Die äußersten Weltkörper sind am ersten entstanden, daher vielleicht ihre Trabanten. Das rothe Licht von Mars; hat Mars Trabanten? Warum sind sie vielleicht nicht sichtbar?

Können nicht aus Trabanten Planeten werden? Die Entstehung des Mondes mag wohl manche Veränderung auf unsrer Erde veranlaßt haben. (vid. Hemsterhuis.)

Ließe sich nicht die Epoke der Mündigkeit des Mondes berechnen? Wir erziehen jezt den Mond.

———

Ueber die Vereinigung von x und x' — ihre (scheinbare) Opposition in der Berührung — und ihre Homogenëität im Ganzen — oder an den Enden.

Zieht sich das Homogene in der That, und das Heterogene nur scheinbar an? Jenes insensibel, dies sensibel.

Muß man alles Sensible verkehrt nehmen? Bild im Spiegel. Meine alte Idee von der Phil(osophie) Paradoxism.

Ueber die Corpuscularphilosophie. Der Weg vom Kleinen zum Großen. — Demohngeachtet ist sie schon synthetisch; sie geht von dem Eingebildeten Wircklichen (Organ), Zusammengesezten aus, dahingegen die entgegengesezte Philosophie vom Wircklichen Eingebildeten von realer (synthetischer) Imagination ausgeht.

Imaginaire (Organisation) — Realisation; Reale (organische) Imagination.

Ding und Werckzeug ist Eins. Ding ist das Bewirckbare. Das n Werckzeug ist das Afficirbare.

Raum ist das Starre ohne Masse. Zeit das Flüssige ohne Masse. Bey dem erfüllten Raum konkurrirt schon die Zeit. Das Undurchdringliche ist gerade der absolute Raum. Das Ungetheilte (Individuelle) die Zeit. Bey getheilter Zeit konkurrirt der Raum.

Eine relative (abgeleitete) Raumerfüllung ist die Bewegung. Eine relative (abgeleitete) Zeittheilung die Geschwindigkeit.

Ein durchdrungner Raum ist ein Zeitraum. Eine durchdrungene Zeit eine Raumzeit.

Raum, Secretion, Vacuum: Zeit, Plenum, Nutrition.

Wenn man ein correspondirendes Verhältnißglied gefunden hat, eine Wahrheit, so erhebt man sich ipso momento über die Glieder, und beyde erhalten durch diesen höhern Moment, diese höhere Einheit, eine höhere Bedeutung, in der sie einzeln subaltern sind.

Das Unendliche ist in der Mathematik das Ideale. Eine unendliche Größe in der Mathematik eine solche Größe, die weder vermehrt noch vermindert werden kann: eine absolute, unveränderliche, mithin imaginäre Größe. Auch hier giebts also ein Ideal, das aushelfen muß, ein Soll.

Theorie der absoluten Größen; sie begründet die Theorie der endlichen Größen, der gradualen Größen, die vermehrt und vermindert werden können. Die Integration hebt durch ein entgegengesetztes Verfahren den angeblichen Fehler (die Beziehung auf endliche Größen) auf. Sie annihilirt die Differentialen und vergrößert ihre scheinbaren Differenzen bis zur endlichen Größe. Es ist ein positives und negatives Verfahren.

Die Grundformel des Infinitesimal Calcüls $\frac{a}{\infty} \cdot \infty = a$.

Es ist eine scheinbare Behandlung, Bestimmung des Idealen, ein indirecter, polarischer Calcül. Gebrauch des Irrthums.

(Wahrheit ist ein vollständiger Irrthum, wie Gesundheit eine vollständige Kranckheit.)

Wenn man ein Instrument in seinen vollkommen, reinen Wirckungen sehn will, so muß man ihm ein Quid pro quo, ein Nichts, zur Bearbeitung geben, so erhält man das reinste allgemeine Resultat seiner Wirckungsfähigkeit und Weise.

---

1 ist der Neutralpunct, der Bestimmungspunct, es ist eine graduale Größe. Je mehr es gebrochen wird, desto höhere Integrität erlangt (es), es wird ein höheres Ganze, eine höhere Einheit.

$$\frac{1}{1} = 1.1$$

Dies ist der Mittelpunct. Von beyden Seiten geht die Reihe nun $\frac{1}{n} - \frac{1}{4} - \frac{1}{3} - \frac{1}{2} - 1.2 - 1.3 - 1.4 - 1.n$.

Zeit ist Potenz vom Raum. Betrachtungen der Zeitenfüllen und der Raumfüllen.

Durch den Menschen wird des Menschen Welt so zusammengehalten, wie seines Körpers Bestandtheile durch sein Leben.

Die Materie ist theilbar ins Unendliche, weil sie individuell ungetheilt ist.

Wenn die Phoronomie die allgemeine Naturlehre ist, so muß sie nach den allgemeinen Kategorieen abgehandelt seyn.

. . . .

Qualitative Potenzenreihe.

Die zunehmende Sphäre des Berührungsprocesses bey der Entfernung steht im umgekehrten Verhältniß mit der Energie derselben. Daher ist es wenigstens wohl falsch gesagt, wenn man sich die Kraft des Anziehenden in umgekehrtem Verhältniß mit den Entfernungen vermindern läßt. Ist das Quadrat der Entfernungen (die Größe der Wirckungssphäre) das richtige Gleichungsglied, so hätten wir eine Flächenkraft im Andern, oder einen Flächenproceß im Andern Gliede; denn wär es eine cubische Kraft oder Proceß, so müßt es der Cubus der Entfernung seyn.

Diese Bemerckung scheint mir wichtig zu seyn. Jede zweyfache polarische Kraft ist Flächenkraft. Eine Kraft oder ein Proceß in drey Dimensionen ist ein durchdringender, die Masse betreffender Proceß. (Proceß oder Kraft von Einer Dimension.) Da dies der Fall mit der Schwere ist, so muß auch die Schwere eine Flächenkraft seyn. Zum chemischen Proceß gehören drey Kräfte, drey Dimensionen. Ist das Flüssige etwa Produkt zweyer Kräfte?

―――

Sollte die Wärme die dritte starrmachende Kraft seyn — und Flüssigkeiten nicht durch Ueberfluß an Wärme, sondern durch Mangel an Wärme flüssig seyn?

Bey der Verbrennung, die übrigens nichts anders ist, als Auflösung, nur zwischen heterogenen Stoffen entsteht, nur in ipso momento des Eindringens eine heftige Repulsion und Attraction zugleich. Beyde Stoffe, der Verbrennende und das Oxigén verlieren im Einzelnen nichts ponderables — (denn es ist ja gerade ein Gravificirender Proceß) und gewinnen im Ganzen an Energie und Erregbarkeit.

Zwey Stoffe sind jezt dauerhafter vereinigt als drey und so weiter. Dies soll aber anders werden. Mannichfaltigkeit und Stärcke soll vereinigt werden.

―――

Mittelbare Handlung — unmittelbare Handlung.

―――

Wenige bekannte Glieder, durch die man in Stand gesezt wird, eine unendliche Menge unbekannter Glieder zu finden, machen die Constructionsformel der Reihe aus.

Zahlen Reihen — Flächen — Körper — Körperreihen. Körperflächen — Körper Körper u. s. fort.

Addition — Subtraction — Multiplication — Division. Potenzirung — Ausziehn — Logarythmisiren.

Poniren — negiren ꝛc. von Reihen — des Infinitums — der Idealreihe.

Reihenformel einer Reihenformelreihe.

―――――

Sollte die Flamme galvanische Action seyn? Vielleicht wieder Produkt ihrer Produkte.

Aechte Produkte müssen das Producirende wieder produciren. Aus dem Erzeugten entsteht wieder das Erzeugen.

―――――

Starr und flüssig sind polare Entgegensetzungen. Beydes ist vereinigt im Begriff von Feuer.

Die Plasticität des Starren — die Beweglichkeit des Flüssigen. Feuer ist ein beweglich Starres und gebildet Flüssiges. Starr und flüssig sind polare Praedicate des zersezten Feuers. Berührung von Feuerindividuen bringt entweder starre Körper oder flüssige Körper zum Vorschein. Dieses kommt auf die plastische oder bewegliche Capacität des Feuerindividuums an, und ihre Wechselverhältnisse, ihre Energie.

―――――

Hauptunterschied zwischen der anorgischen und organischen Natur: jene hat keine Eingeweide.

Die Eingeweide und Nichteingeweide stehn in polarer Wechselwirkung, Wechsel der Oberfläche, des Aeußern und des Innern.

. . . .

(Papiere von Fr. Schlegel.) Schlegel classificirt die Kranckheiten nach den Naturen, und es giebt also nach ihm Pflanzen- und Thier- und Stein-Kranckheiten, die der Mensch sämmtlich haben kann, weil er auch so ein Compositum von Naturen ist.

Der Mann ist mehr mineralisch, die Frau mehr vegetabilisch. (—)

(Zu der Schlegelschen Ansicht könnte man das noch hinzufügen, daß die kräuterfressenden Thiere den Philogynen und die fleischfressenden den Päderasten zu vergleichen wären.

Umarmen ist Genießen, Fressen. Ein Weib ist wie der unsterbliche Eber in Walhalla alle Tage wieder speisefähig.) (—)

Der Sinn überhaupt ißt, verdaut, sondert ab oder befruchtet, empfängt, wird befruchtet und gebiert. (—) Die wahre Liebe ist nicht eine einzelne Blume, sondern eine vegetabilische Fabrik.

Neigungen sind das Analogon der Muskeln. (—)

Schlafen ist Verdauen der Sinneneindrücke. Träume sind Excremente; sie entstehn durch die peristaltische Bewegung des Gehirns. (—)

Die Natur ist zugleich ein unendliches Thier, eine unendliche Pflanze und ein unendlicher Stein. Ihre Functionen in dieser dreyfachen Gestalt. Durch ihr Essen, das dreyfach ist, entstehn die Naturreiche. Es sind ihre Traumbilder. (—)

Der unendliche Stein kann weder stoßen noch gestoßen werden. Er stößt und drückt sich wahrscheinlich selbst. Er allein liegt fest (in sich selbst). Er ist das Dos moi pou sto des Archimed. (—).

. . . .

Der Mensch ist diejenige Substanz, die die ganze Natur unendlichfach bricht, i. e. polarisirt. Die Welt, des Menschen Welt, ist so mannichfach, als er mannichfach ist. Die Welt der Thiere ist schon viel ärmer und so herunter.

. . . .

Wir nennen den Körper todt, der bloßer Leiter der Sollicitation ist, den die Sollicitation nicht weckt. Der absolute Nichtleiter der Sollicitation ist wieder todt zu nennen. So sehn wir, daß das sensible Leben an sich ein Halbzustand ist, worinn wir die Körper unvollkommene Leiter der Sollicitation nennen können. Wir entdecken hier zugleich den Unterschied zwischen Leben und Tod, daß es ein absolut positives und negatives Leben, die beyde nicht sensibel sind, giebt; daß Leben und Tod relative Begriffe sind.

Leben mit menschlicher, thierischer und Pflanzen=Organisation ist etwas Höheres, so wie gewöhnlicher Tod Trennungsproceß von Leben und Organisation. Leben ohne Organisation, und Organisation ohne Leben sind etwas sehr Geringes und Anderes. Ihre höhere Einheit, die beyde bestimmt, und beyde wechselseitig potenzirt, beyden höhere Bedeutung giebt: auf die kömmts an.

. . . .

Gefühl ist gebildete (organisirte) Bewegung. (—) Zum Gefühle gehört hier jeder Affect der äußern Sinne. Empfindung ist das dem Verstande assimilirte Gefühl.

Empfindungen, Gefühle und Gedanken sind wohl Excremente?

=====

Wenn ein Geist stirbt, wird er Mensch. Wenn der Mensch stirbt, wird er Geist. Freyer Tod des Geistes, freyer Tod des Menschen.

Was correspondirt der menschlichen Existenz drüben? Die Dämonen= oder Genienexistenz, denen der Körper das ist, was uns die Seele ist.

. . . .

Kann man nicht sagen, daß die Nahrungsmittel den wieder fressen, der sie frißt? Oder sind Nahrungsmittel auch Abführungsmittel zu nennen? (Mittel, um manches loszuwerden —?)

. . . .

Das Flüssige isolirt das Feste, und umgekehrt. Das Flüssige ist wohl nicht Körper zu nennen, es ist das sensible Chaos.

Alle Wircksamkeit ist Folge eines Repulsivprocesses oder des mechanischen Secretions= und Gährungsprocesses. Man kann aber auch umgekehrt sagen, der Grund aller Veränderung ist Freßbegierde, Combustionstendenz, Nutritionstrieb. Durch diesen entsteht erst, als nothwendige Folge, Secretion.

Hauptfrage: ist das Ernähren des Absonderns oder das Absondern [des Ernährens wegen? Die Frage führt zur Auflösung, daß beydes Accidenzen sind, deren Action die eigentliche Substanz ist, die Generationsaction. (—)

———

Jedes specifische Organ, z. B. Leber, Gallenblase, Nieren, Magen, Drüsen rc. erhält zuförderst sich selbst, bereitet sich selbst. Seine Absonderungen hängen von diesem eigenthümlichen Nahrungsprocesse ab. Jedes dieser Gefäße ist eine lebendige Concretion eines specifischen Grades der Mischung seiner Bestandtheile. Jede isolirte Composition sucht sich zu verewigen, jeder Proceß ist fortwährend in Bezug auf die sogenannte Trägheit der Materie (Trägheit = Selbstheit). Seine Resultate vereinen sich zu eigenthümlichen Zeugungsgefäßen für denselben, zu specifischen Organen. Die Verhältnisse dieser Organe zu einander. Ihre Anzahl und Qualität beruht auf der ersten Anlage der gesammten Organisation, zu der sie gehören; auf dieser ihre Verhältnisse.

———

Die Person ist als Object besonders, als Subject ein Allgemeines. Die Natur ist als Subject besonders, als Object ein Allgemeines.

———

Jeder denkende Mensch wird allemal Wahrheit finden. Er mag ausgehn wo, und gehn wie er will.

———

Nicht blos das Reflexionsvermögen begründet die Theorie. Denken, Fühlen und Anschaun ist Eins.

———

These ist eine Vorstellung ohne ausdrückliche Beziehung.

· · · · ·

Vorurtheile und Affecten sind für die Einbildungskraft, was Nebel, Blendlicht und bunte Brillen für das Auge sind.

Die meisten Leute sind daran gewöhnt, sich alles individual vorzustellen und daher, wenn sie nur Fragmente oder einzelne Stücke vor sich haben, das Uebrige aus ihrem eignen Vorrath von Einfällen hinzuzusetzen, um es zu complettiren.

Versuche, ohne bestimmtes Bewußtseyn des Erfolges sind synthetischer Art. Es sind Fragen, die man der Natur vorlegt.

Bey Erfahrungen spricht die Natur von selbst verständlich. Sie zwingt sie zu verstehn. Bey Beobachtungen muß man schon mit Ueberlegung zuhören. Bey Versuchen muß man sie fragen und auf die Antwort mercken.

Hiebey sind drey Fälle: 1. Beobachtung von allen Seiten, 2. Durchführung einer neuen Materie durch alle Proben, 3. Aufstellung einer neuen Probe mit allen Materien. Bey der analytischen Methode des Experimentirens ist die Sache umgekehrt.

Man fängt bey dem Erfolg der Erfahrung an und sucht die Umstände, worinn sie gemacht werden muß, die Vorbereitung dazu oder den Versuch so zu bestimmen, daß der verlangte Begriff oder Satz auf eine bestimmte und sichere Art herausgebracht wird.

Alle Versuche sind individual. — Giebt es nicht auch algebraische Versuche? (Sind das nicht in Hinsicht auf die Natur die philosophischen?)

Eine der fünf Arten von Experimenten ist diejenige, wodurch man eine Wirckung erfahren und bestimmen will. Hier wird erfordert, daß die Ursache, deren Wirckung man erforschen will, nicht nur in dem Experiment ihre Wirckung äußre, sondern daß sie auch allein wircke, und zwar auf die zur Bestimmung erforderliche Art. Die Auswahl des Stoffs und die übrigen bedingenden Umstände der Wirckung müssen auch bedacht werden.

Ist die Ursache nicht zu isoliren, so muß man den Versuch abändern, um so allmälich den Antheil der bezielten Ursache rein bestimmen zu können. Concurriren mehrere Ursachen oder Wirckungsglieder, so muß man mehrere Versuche combiniren, z. B. bey der Meteorologie.

Bestimmungsversuche des Verhältnisses der Ursache und Wirckung.

Die chymischen Versuche haben das Besondere, daß, weil die Ursachen in den innern Theilen der Materien wircken, die Ursache und besonders die Art, wie sie wirckt, verborgener ist, und daher der Erfolg des Versuchs nur durch Analogieen vermuthet werden kann.

Die wissenschaftliche Erkenntniß gründet sich auf die Abhängigkeit einer Erkenntniß von der andern und untersucht, wie sich eine durch die andre bestimmen lasse. Darinn ist sie demnach der gemeinen Erkenntniß entgegengesezt, weil diese jeden Satz, jeden Begriff, als für sich subsistirend und meistens ohne allen Zusammenhang ansieht.

(Einzelne Erfahrungen sind Fragmente.)

Jeder Körper strebt nach Unabhängigkeit.

. . . .

Die Natur ist ewig, nicht umgekehrt, sie erhält sich von selbst. Wozu sie einmal veranlaßt ist, das bringt sie nach Gesetzen der Trägheit immer fort hervor. Im Geiste ist der Grund der Vergänglichkeit zu suchen. Perpetuum mobile.

. . . . . .

Lichtstoff — Lichtreiz. Stoff ist das Erregbare. Reiz das Erregende. Licht das Produkt.

Schlaf ist auf alle Fälle eine temporelle Unthätigkeit der Nerven und des Gehirns. Lichtstoff ist vielleicht ihre und seine Substanz. Sonderbar ist der Zusammenhang zwischen dem Auge, dem Gehirn, dem Tage ꝛc. Schädlichkeit des Nachtwachens — Schlaf bey Tage.

Wenn die Luft nicht durch die festen Körper und das Wasser beständig negativirt würde in Hinsicht auf Wärme, so würde alle Wärme davongehn, und so umgekehrt.

Jeder Körper, der eine Eigenschaft besizt, (sollte jede Eigenschaft ein durch das System, durch das Individuum gebundener Stoff ꝛc. seyn?) hat auch eine Grenze dieser Eigenschaft, einen Eigenschafts=Punct, wo sie sensibel wird, wo sie entsteht, erscheint. Die Eigenschaft ist das weibliche Princip, das Subjekt; der Reitz ist das männliche Princip, das Objekt.

So hat ein jeder verbrennliche Körper einen Brennpunct, wegen seiner Brennlichkeit, der schmelzbare Körper einen Schmelzpunct, der Reitzbare einen Reitzpunct, der Bewegliche einen Bewegpunct. Die Ichheit hat ihren Grenzpunct, ihren Ichpunct. Man könnte auch diese Puncte zuweilen die Saturationspuncte nennen, ohnerachtet die Saturationspuncte wohl sonst noch von diesen Puncten verschieden seyn dürften. Die Indifferenzpuncte sind wieder verschieden.

. . . .

Alles Wirksame, Wirkliche, Sensible ist schon subaltern: Resultat einer Antithese, einer Zersetzung. Das Aechte, Wahrhafte ist nicht sensibel. Subjekt und Objekt sind also auch schon Antithesen.

. . . .

Sollte der Sauerstoff der generale Nahrungsstoff des Mineralreichs seyn? Die Metalle verzehren den Sauerstoff bey der Verkalkung ꝛc.

. . . .

Jedes Aufnehmen eines Stoffs ist vielleicht mit n Combustion verknüpft. Sollte das Licht nur das Zeichen eines neuen Bundes, der sichtbare Genius des Bundes überhaupt seyn?

. . . . . .

Werner ist geognostischer Humoralpatholog.

. . . .

Vernunftlosigkeit gehört mit in den Karacter des Thiers. Sichtbare Unvernunft (ist) negativer Karacter des Thierkörpers; Karacter des Menschenkörpers sichtbare Vernünftigkeit.

Der positive Karacter des Thierkörpers bestimmt den negativen Karacter der Pflanze und so bis zum Fossil.

Hindeutung der chemischen Analyse auf die künstlichere Generation der Pflanzen= und Thierwelt.

Durch die Vernunft erhalten die innern Fähigkeiten, die Seele, eine ganz andre Bedeutung. Die Seele und die innern Fähigkeiten des Thiers sind durch die niedrigere Einheit schon ganz anders modificirt. Vielleicht ist Nutzen sein Höchstes. Mit der Pflanze und dem Fossil verhält es sich ebenso.

So wie die Natur und Individualität jedes Fossils durch die Natur und Individualität seines Planeten, dessen Natur und Individualität durch die seines Systems, dessen Natur und Individualität durch die seiner Milchstraße, und so fort, bestimmt ist; so verhält es sich auch mit dem Menschen, wenn wir unter Menschheit das Vernunftprodukt oder Wesen im Weltganzen verstehn; die Natur und Individualität der Menschheit dieses Planeten ist durch die seines Systems, und so fort, bestimmt. Wir sind nur in dieser Welt diese beschränckten Wesen, — doch nicht für immer beschränckt.

. . . .

Sollte die Flamme, der Funken 2c. in ein neues Reich gehören, das von Pflanzen=, Thier= und Menschenreich verschieden wäre? (Lebendige Processe.)

Vier Arten von Flammen: 1. diejenigen, deren Excremente die anorgischen Naturen sind; 2. deren Excremente Pflanzen; 3. deren Excremente Thiere; 4. deren Excremente Menschen sind. Je höher die Flamme, je künstlicher, desto complicirter, gebildeter das Excrement. Alles Fressen ist ein Assimilations-Proceß, Verbindungs-, Generations-Proceß. Die Flamme ist das Gefräßige κατ' εξοχην.

Die Gährungen, auch die Excremente haben noch Flammennatur. Sie fressen auch noch, wie z. B. die rostenden Metalle.

Die Metalle, die Wasser zersetzen, componiren gewiß auch welches.

Sollt nicht die Luft auch ein Resultat einer Verbrennung seyn, wie das Wasser?

Die Flamme verbindet das Getrennte und trennt das Verbundene. Sie komponirt und dekomponirt Wasser. Sie oxydirt und desoxydirt. Sie magnetisirt und demagnetisirt. Sie electrisirt und deselectrisirt.

Das allgemeine Scheidungsmittel ist auch das allgemeine Verbindungsmittel.

Sollte der electrische Funken nur eine gepreßte Flamme, eine comprimirte Flamme seyn?

Das Gerinnen und Anschießen ist in der That eine Deflammation, oder vielleicht Effect einer Gährung. (Gährung vielleicht Deflammation?)

Verwitterung der Fossilien. Auch die Lebensflamme trennt die Verbindungen, die sie selbst gemacht hat. (Gährung, Fäulniß.)

Physicalische Bemerckungen.

(—) Sollte unser Körper nicht weit abstrakter seyn, als wir gemeinhin glaubten? Dieser Sinn liegt in der Brownischen Lehre. Er ist vielleicht weit freyer, unsystematischer, willkührlicher als wir glauben.

Das Wesen der Kranckheit ist so dunkel als das Wesen des Lebens.

Daß unser Körper ein gebildeter Fluß ist, ist wohl nicht zu bezweifeln.

Daß überall das Höchste, das Allgemeinste, das Dunkelste mit in Spiel ist, und daher jede Untersuchung bald auf dunkle Gedanken stoßen muß, ist sicher.

Alle Namen sind dunkel und ohne Sinn, die nicht eine bestimmte Definition enthalten, oder ihren Sinn mitbringen, z. B. Kohlenstoff, Sauerstoff 2c. Die Physik ist noch nicht auf dem rechten Wege, so lange sie nicht fantastisch, willkührlich und streng und gebunden zugleich zu Wercke geht. Von der wahren Philosophie, der creatio rationalis, ist allein Heil zu erwarten.

Sollte nicht die Bewegung einen wichtigen Einfluß auf die Auflösung haben?

Die Welt ist ein gebundener Gedanke. Wenn sich etwas consolidirt, werden Gedanken frey. Wenn sich etwas auflöst, werden Gedanken gebunden.

———

Experimentalphysik des Gemüths. (Gedanken sind vom Ich durchdrungne, angeschaute Bewegungen und Actionen.)

Von der Krystallisations-Luft 2c. Ritters Gesetz für die Cohaerenz. Sein Galvanism in der anorgischen Natur. Seine Entdeckungen in Beziehung auf Electricität. Seine Vermuthung, daß die Atmosphäre durch die Erdoberfläche regiert und modificirt werde. Seine Bemerckung des Zusammenhangs der Volumen Zunahme und der Oxydation. Seine Hypothese des Planeten- und Sonneneinflusses auf die Erdbildungen; Anspielung auf Astrologie. Seine Verknüpfung aller Eigenschaftsverhältnisse in Reihen oder seine comparative Methode. (Realität des Schaffens. — Comparative Chemie.) Seine Methode, die Cohaerenz des Flüssigen durch Tropfen Zahl zu bestimmen. Versuch, die specifische Schwere durch Galvanismus abzuändern. Wägung des Galvanism.

. . . .

Alle Kraft wirckt in infinitum. Wo sie nicht ist, wird sie aufgehalten, hat sie ein Object gefunden.

Jede Substanz ist nur, als solche, vermittelst aller andern Substanzen (bestimmbar).

. . . .

Sollten die Weltkörper Versteinerungen seyn? Vielleicht von Engeln.

. . . . . .

Sollte die Schwere unser Isolator seyn? Was die freye Evolution unsers Geistes, unsre Einwirckung aufs Universum, unsre Brechung in unendliche Sinne hindert?

. . . . . .

Am Hebel scheint ebenfalls nichts anders als eine Aeußerung des allgemeinen Verkehrs des Flüssigen und Festen zu erfolgen: Wechsel von Cohaerenz und Schwere, — vielleicht gerade das Umgekehrte bey der Gravitations-Erscheinung.

. . . .

Keine Kraft, kein Phänomen wird sich einzeln in der Natur erklären lassen, z. B. Schwere. Alle Kräfte sind was sie sind durch Vertheilung in Ketten. Eins ist, was das andre ist, nur verschiedentlich durch seine Stelle, seine Nachbarschaft modificirt. — Sollte negative Electricität nicht Kälte bey sich führen, wie die positive Wärme? (Ihre Wirckung auf die Verkalkung der Metalle.)

. . . .

Sollten nicht alle Thiere leuchten können, in gewissen Zuständen phosphoresciren? Was Einem zukommt, kommt allen zu.

. . . .

Sollten alle Metalle einem einzigen zerstörten Urmetall ihren Ursprung zu danken haben und nichts als Resultate des Aequilibrirens seyn?

Es muß sich beweisen lassen, warum just das Eisen, der Nickel und Kobalt magnetisch sind.

Die durch das Licht erregte Wärme ist eine Tendenz der Körper eine größere Lichtaction zu ertragen, schlechterer Leiter der Lichtaction zu werden; mithin ist Ausdehnung und Licht in sonderbarer Verwandtschaft. (—)

Sollte Licht sichtbare galvanische Action seyn, sichtbar Innres seyn und daher die Oberfläche dasselbe reflectiren? Ausdehnung bewirckt negative Electricität. (—)

. . . . . .

Sollten Menschen allein Menschen kuriren können?, als Arzeneymittel gebraucht.

Pflanzen wircken auf den Pflanzensinn des Menschen, Thiere auf den Thiersinn, Steine auf den Steinsinn des Menschen.

. . . .

(—) Zur Wissenschaft ist der Mensch nicht allein bestimmt, der Mensch muß Mensch seyn, zur Menschheit ist er bestimmt, Universaltendenz ist dem eigentlichen Gelehrten unentbehrlich. Aber nie muß der Mensch wie ein Fantast etwas Unbestimmtes, ein Kind der Fantasie, ein Ideal suchen. Er gehe nur von bestimmter Aufgabe zu bestimmter Aufgabe fort. Eine unbekannte Geliebte hat freylich einen magischen Reitz. Das Streben nach dem Unbekannten, Unbestimmten ist äußerst gefährlich und nachtheilig. Offenbarungen lassen sich nicht mit Gewalt erzwingen.

Der ächt idealistische Weg des Physikers ist nicht aus dem Einfachen, Zersplitterten das Zusammengesezte, Verbundene, sondern umgekehrt zu erklären. Aus einem Naturstand wird nie ein Staat, aber wohl aus einem Staat ein Naturstand entstehen. Durch Ausartung ist die Natur entstanden. Aus der Sensibilität erklärt die Schwere, nicht aus Schwere, Electricität ꝛc. die Sensibilität. Aus Gedanken erklärt die Entstehung der Schwere. Der Geisterwelt gehört das erste Capitel in der Physik. Die Natur kann nicht stillstehend, sie kann nur fortgehend zur Moralität erklärt werden.

Einst soll keine Natur mehr seyn. In eine Geisterwelt soll sie allmälich übergehn.

Sollten die unabänderlichen Gesetze der Natur nicht Täuschung, nicht höchst unnatürlich seyn?

Alles geht nach Gesetzen und nichts geht nach Gesetzen.

Ein Gesetz ist ein einfaches, leicht zu übersehendes Verhältniß.

Aus Bequemlichkeit suchen wir nach Gesetzen. Hat die Natur einen bestimmten Willen oder gar keinen? Ich glaube beydes: Sie ist jedem alles.

. . . .

Die Blüthe ist schon eine Annäherung zum Thierischen. Ist vielleicht das Höchste des Thiers ein der Pflanze sich näherndes Produkt?

. . . .

Der Begriff der thierischen Erregbarkeit, die zwey entgegengesezte Eigenschaften und Wirckungsweisen hat, ist das Wundervolle und Geheime. Es ist eine Zeitfülle, ein wirckliches Zeitindividuum, eine Zeitkraft, Zeitstoff.

Thierischer Magnetism. (Versuch mit J(ulie)) (—)

. . . .

Könnte die Sensibilität nicht zur Irritabilität sich verhalten, wie Farbe zum Licht — gebrochne Irritabilität seyn?

. . . .

Wenn der Galvanism alle Functionen der individuellen Stoffe vermehrt, so ist er vielleicht nichts als höheres Bewußtseyn der Natur; Naturseele, Geist des Ganzen, politische Action der Naturkörper. (—)

Sollte der Galvanism etwas anders seyn, als innres Licht? Spur der Empfindung im anorgischen Reiche.

Die Steine und Stoffe sind das Höchste: der Mensch ist das eigentliche Chaos.

. . . .

Bemerckungen gegen Humboldts Respirationsrohr und Lichterhalter. (—).

. . . .

(Atmosphärische Studien.)

. . . .

Im Galvanism scheinen sich die Körper erst empfinden zu müssen, eh sie sich gegenseitig äußern.

. . . .

Ueber den Phosphor an Ritter. Erklärungsart nach Braun.

. . . .

Beweis des Denkens und Empfindens in der anorgischen und vegetabilischen Natur.

. . . . . .

Der Raum scheint, wie das Wasser, womit er überhaupt Aehnlichkeit hat, Resultat einer dynamischen Verbindung zu seyn.

So auch der dem Raum entsprechende Mechanismus, der gleichsam ein Wellenschlag des Raums ist.

Entstehung mechanischer Bewegungen im Galvanism 2c.

. . . . . .

Mehrere Stoffe zusammen bilden organische Stoffe. Mehrere Kräfte zusammengenommen lebendige Kräfte, mehrere Kontractionen: Empfindungen, mehrere Sensationen: Gedanken, mehrere Gedanken: Ideen 2c. Mehrere Menschen: Genien; mehrere Thiere: Menschen; mehrere Pflanzen: Thiere; mehrere Stoffe: Pflanzen; mehrere Elemente: Stoffe.

Alle Anziehung geschieht durch Reitz. Alles zieht uns an, was uns erregt.

Die Magnetnadel würde sich nicht nach Norden richten, wenn sie ihre Pole vereinigen könnte. Direction jeder ungeschloßnen, schwebenden Kette.

---

1. Sinn und Kraft sind in einer bestimmten Sphäre polar. Was jenen erhöht, vermindert diesen, und was diese vermehrt, stumpft jene ab.

2. Der ganze menschliche Körper besteht aus Sinn und Kraft und ihren Organen: Nerv und Muskel.

3. Nerv ist das chemische, electrische und galvanische Agens. Muskel das mechanische, magnetische und hypermagnetische Agens.

4. Es giebt mineralische, vegetabilische, animalische: Chymie, Mechanik, Calorik, Magnetism, Electricität.

Galvanism ist vielleicht nichts als thierische Electricität. Was der Galvanism zur Electricität ist, ist der thierische Magnetism zum Magnetism.

5. Alles was den Nerv begünstigt, schadet der Muskel, und umgekehrt. Oxydation ist für den Muskel, Desoxydation für den Nerven.

6. Es giebt mehr Muskel= als Nervenkranckheiten.

7. Es giebt auch gemeinschaftliche Leiden. Dafür sind die Neutralsubstanzen.

———

Klingende Körper und wärmeleitende Körper sind wohl identisch. Wie das Holz auf Stroh klingender wird, so wird es auch wärmeleitender.

Klang des matten Glases.

———

Vorzüglich muß man bey chemischen Processen auf die Rückanwendung der Produkte auf den Proceß, auf die Um= kehrungen des Processes, und die Selbstverhältnisse der Bestandtheile zu den Zusammensetzungen achten.

———

Zersetzung der Sulfure de Chaux durch Kohlensäure — vielleicht bey sehr niedriger Temperatur. Schwefelwerck, Alaun= fabrik, Sodafabrik, Bittersalz=, Magnesia=, Glaubersalz=, Säuren= fabrik. (—) Salmiak, Salpeter, Pulver, mineralische Wässer.

Wasser kann man von einer Auflösung scheiden: 1. durch Wärme= und Luftagitation. (Affinität des Dunstes zur Luft.) 2. Durch Zersetzung des Wassers. 3. Durch Präcipitation oder unter Verwandtschaft eines aufgelösten Körpers zum Wasser, im Fall die neue Auflösung nicht das Präcipitat auflöst, oder der hinzugesezte Körper nur in der alten Auflösung auflöslich ist. 4. Durch Bindung des Wassers mittelst eines hygrometrischen Körpers. (z. B. decrepitirtes oder calcinirtes Glauber- und Bittersalz, calcinirter Gyps, gebrannter Kalck 2c. selbst calcinirtes Kochsalz muß Kochsalz präcipitiren. 5. Vielleicht durch Electricität. 6. Durch Kälte (und Ruhe).

Ein Krystall ist also ein Ausdruck specifischer Schwere.

Ueber die Poesie der Natur. Die Blüthe ist ganz poetisch.

Die Ruhe befördert die Schwere, die Cohaerenz 2c. Die Langsamkeit wirckt im Gegentheil der Geschwindigkeit.

Jeder durchsichtige Körper ist in einem höhern Zustande — er scheint eine Art des Bewußtseyns zu haben.

Der Schlaf scheint Perturbation der organischen Welt durch die Anorganische zu seyn.

. . . .

Reinigung der Runkelrüben mit Oel. Kochen der Runkelrüben mit ihrem eignen Branntwein. Trocknung der Runkelrübe. Legung der Runkelrüben ins Wasser.

Galvanisch chemische Behandlung der Pflanzenstoffe mit Metallen — zur Verwandlung des Schleimstoffs in Zucker 2c.

Ueber das Cementiren.

Ueber die Fortpflanzung der Kälte.

Sollte die Erdumdrehung nicht ein Effect einer Polarisirung seyn?

Verringerung der Schwere durch den Umschwung.

Ueber die Geschwindigkeit, die jeder Erdkreis durch den Umschwung der Erde ruhend in sich hat.

Aehnlichkeit der negativen Electricität und der Schwere.

Die Gravitation ist ein Effect der Schwere (der Hebels=
kraft) wie die Ausdehnung ein Effect der Wärme. Wärme
und Gravitation haben Verwandtschaft.

Lavoisierscher Versuch, die Thonerde durch einen Strom
von Origéne in kalten Fluß zu bringen.

. . . .

Expansive Kraft ist zugleich phlogistisch, oxydirend, negativ
electrisch.

Die Schwerkraft wirckt antiphlogistisch, desoxydirend (Luft=
erzeugend).

Innres der Erde, brennlicher Stoff. Daher auch die
Negativität der Erdfläche.

+ des Puncts und — der Peripherie.

Luft und Wasser sind sich mehr entgegengesezt, als dem
Starren.

Die atmosphärische Luft ist krystallinischer Beschaffenheit.

Vortheil, die Flamme dicht an das Ofen Eisen zu bringen,
weil sie die Luft weniger erwärmt als das Eisen.

Selbst sich erwärmende Mischungen in Stuben zu ge=
brauchen. Selbst die Erdkohle. (Erwärmt sich die Damm=
erde nicht?) Einfluß auf Vegetation.

Wärmere Einrichtung der Stuben. Doppelte Glastafeln
in die Fenster.

Metall fühlt sich um deswillen kälter an, weil es die
Hitze besser leitet, (fängt) als die Luft.

Ein Stück Metall verkühlt sich weit langsamer in der
Luft als zwischen Metall.

Reduciren durch die Flamme im Treibeheerd — daher
Unzweckmäßigkeit dieser Operation.

Elastische Körper sind polare Körper.

Mancherley Geträncke und Speisen für den Krancken; Hülfsmittel gegen den Durst, Reitzmittel. Wie erregt das Salz Durst?

Ueber das Glatt= und Glanzschleifen — durch Staub. Positive und negative Glanzfläche des Metalls.

Ueber Undurchsichtigkeit. Innrer Zustand undurchsichtiger Körper.

Was Nichtleiter für eine Kraft ist, ist ihr Flüssiges.

Willen, guter, böser, Eigenschaft, Karacter.

Naiv und sentimental — objectiv und subjectiv. Die Aeltern sind naiver, so auch die Alten.

Ich bin zu sehr an der Oberfläche; nicht stilles, innres Leben — Kern — von innen, aus einem Mittelpunct heraus wirckend, sondern an der Oberfläche, im Zickzack, horizontal, unstät und ohne Karacter, Spiel, Zufall, nicht gesezliche Wirckung, Spur der Selbstständigkeit, Aeußerung Eines Wesens.

Krumme Linie — Sieg der freyen Natur über die Regel.

Begriff der Sprache, der Grammatik.

O ist die positive Nichtbestimmung. Unendlichkeit — die negative Bestimmung überhaupt. x oder der Name — ebenfalls negative Bestimmung überhaupt.

Innerliches Hören, wie innerliches Sehn. Man muß alle seine Kräfte üben und regelmäßig ausbilden, die Einbildungskraft, wie den Verstand, die Urtheilskraft 2c. Die Vernunft baue ich jezt an, und die verdient es auch am ersten, denn sie lehrt uns den Weg finden.

Religion — Jesus 2c.

Wissenschaft ist nur Eine Hälfte. Glauben ist die Andre.

―――

Sollten wir nur die Materie des Geistes und den Geist der Materie kennen lernen?

―――

Vernunft und Fantasie ist Religion; Vernunft und Verstand ist Wissenschaft.

Was ist glauben?

All — Weltall.

Ist Sprache zum Denken unentbehrlich?

―――

Nie wird die Theorie bestimmen können, ob Tugend oder Laster preferabler ist. Sie kann nur ordnen, Denkformen aufstellen.

―――

Handeln nach Grundsätzen ist nicht der Grundsätze halber schätzenswerth, sondern der Beschaffenheit der Seele wegen, die es voraussezt. Wer nach Grundsätzen handeln kann, muß ein schätzenswerther Mann seyn — aber seine Grundsätze machen ihn nicht dazu, sondern nur das, was sie bey ihm sind — Begriffe seiner wircklichen Handlungsweise, Denkformen seines Seyns.

―――

Practische Vernunft ist reine Einbildungskraft.

―――

Begriffe, Worte wircken aufs Entgegengesezte, daher die Macht der Worte und ihr Nutzen.

―――

Wo viel Worte sind, müssen auch viel Handlungen seyn — wie mit dem Geldumlauf.

―――

Jezt kann ich nichts besseres thun, als die Studien vollenden und französisch langsam treiben. 2—3 Stunden alle

Tage müssen auf die Länge etwas fruchten. Vor Vollendung der Studien kann ich auch nicht gut an andre Wissenschaften denken, oder selbst Occupationen vornehmen. Mein Geist wird sehr durch das Studium der französischen Sprache gewinnen, denn ich werde besonnener, gewandter und reicher an Wendungen. Je ruhiger und freyer ich arbeiten werde, desto fester und egaler muß mein Styl werden.

Studien — französisch — Schöne Wissenschaften — Briefe — Officialia — Officiallecture.

———

Ich ist vielleicht wie alle Vernunftideen blos regulativen, classifizirenden Gebrauchs — garnicht in Beziehung zur Realität.

Was ist Realität?

(Aus Qualität und Quantität entsteht nach den Wechselgesetzen Raum und Zeit in der gemeinschaftlichen Sphäre.)

Glauben ist Empfindung des Wissens; Vorstellung Wissen der Empfindung. Gedanken, Denken ist das Predominirende im Wissen, sowie Fühlen im Glauben.

Idee, Begriff — Gefühl, Empfindung.

Denken   Fühlen.

———

Warum muß ich nur alles peinlich treiben, nichts ruhig, mit Muße, gelassen.

———

Man kann auch ohne Philosophie seine Bestimmung erfüllen, wenn man dem gemäß lebt, was die Weisesten und Besten thaten und lehrten, und Erfahrung und gesunden Menschenverstand zu seinen Führern macht. Mit beyden und Fleiß wird man sich in alle Geschäfte des Lebens finden können und nicht ohne Ressourcen seyn. Das reine Gefühl von der Natur der Sache, das nennt man gesunden Menschenverstand, und dies ist selbst den Gelehrten, den wissenschaftlichen Architecten, unentbehrlich. Uebung kann seinen Gebrauch leichter machen, und ächte Lebenskraft, ungehemmt von Meynungen 2c., erhält ihn rein. (Sein Entstehn ist langsam, sein Daseyn plözlich.)

Man wird nie den Weg fehlen, wenn man auf das Allgemeine in uns und um uns achtet. Unter dem Allgemeinen verstehn wir hier das Allgemeine der Vernunft; daher die nothwendige Achtung für das allgemein Sittliche, die Stimme des Volks 2c. — das Bleibende in uns, die Folge, insofern sie nicht eine besondre (nicht vernünftige) ist. (Die lezte Folge.)

———

Die Wissenschaft (Idee des Ganzen oder eines Ganzen) und Eine Wissenschaft. (Das Ich — ein Ich.)

———

Vernunft und Individuum in harmonischer Thätigkeit — ist Lebenskraft. Theorie der Lebenskraft.

———

Inwiefern erreichen wir das Ideal nie? Insofern es sich selbst vernichten würde. Um die Wirckung eines Ideals zu thun, darf es nicht in der Sphäre der gemeinen Realität stehn. Der Adel des Ich besteht in freyer Erhebung über sich selbst; folglich kann das Ich in gewisser Rücksicht nie absolut erhoben seyn, denn sonst würde seine Wircksamkeit, sein Genuß, i. e. sein Sieg — kurz, das Ich selbst würde aufhören. Laster ist eine ewig steigende Qual (Negation), Gefühl von Abhängigkeit (Ohnmacht) vom Unwillkührlichen — Tugend ein ewig steigender Genuß (Position), Gefühl von Kraft, Unabhängigkeit vom Zufälligen. So wie es dem Lasterhaften wegen seiner Identität nie an Gelegenheiten fehlen kann tugendhaft zu seyn, so nie dem Tugendhaften an Gelegenheit zu fehlen. Die Quantität der Dauer hat keinen Einfluß auf den Werth; der Sieg, den der Lasterhafte auf dem tausendsten Grade unter Null über sich erränge, wäre soviel werth als der Sieg, den der Tugendhafte auf dem tausendsten Grade über Null erkämpft. Der Raum oder die Zeit, die sie trennt, kann ein Augenblick durchfliegen, denn hier sind keine Quantitätsverhältnisse. Es sind zwey absolut getrennte Sphären, die wir uns aber quantitativ vorstellen, und jeden Sieg und jede Niederlage als Schritte vor und rückwärts uns einbilden. Die Gewohnheit ist Erleichterung für den Guten und Erschwerung für den Bösen, und hierinn liegt die Differenz des länger und kürzer — die Strafe des längern Bösewichts, die Belohnung des längern Tugendhaften.

———

Urtheil sezt ein Gesetz und einen gegebnen Fall voraus.

Der Mann muß seine Natur bezwingen und dem Individuo in sich Recht und Herrschaft verschaffen; ihm gebührt Herrschaft des Willens und Unterthänigkeit der Empfindung.

Die Frauen wissen nichts von Verhältnissen der Gemeinschaft — nur durch ihren Mann hängen sie mit Staat, Kirche, Publikum ꝛc. zusammen. Sie leben im eigentlichen Naturstande.

———

So sonderbar, als es manchen scheinen möchte, ist doch nichts wahrer, als daß es nur die Behandlung, das Aeußre, die Melodie des Styls ist, welche zur Lektüre uns hinzieht, und uns an dieses oder jenes Buch fesselt. Wilhelm Meisters Lehrjahre sind ein mächtiger Beweis dieser Magie des Vortrags, dieser eindringenden Schmeicheley einer glatten, gefälligen, einfachen und doch mannichfaltigen Sprache. Wer diese Anmut des Sprechens besizt, kann uns das Unbedeutendste erzählen, und wir werden uns angezogen und unterhalten finden; diese geistige Einheit ist die wahre Seele eines Buchs, wodurch uns dasselbe persönlich und wircksam vorkommt. Es giebt einseitige und vielseitige — eigenthümliche und gemeinsame Seelen — zu den leztern scheint die Seele in Wilhelm Meisters Lehrjahren zu gehören, die man vorzüglich die Seele der guten Gesellschaft nennen möchte.

Schlegels übersehn, indem sie von der Absichtlichkeit und Künstlichkeit der Shakspearschen Wercke reden, daß die Kunst zur Natur gehört, und gleichsam die sich selbst beschauende, sich selbst nachahmende, sich selbst bildende Natur ist. Die Kunst einer gut entwickelten Natur ist freylich von der Künsteley des Verstandes, des blos raisonnirenden Geistes himmelweit verschieden. Shakspeare war kein Calculator, kein Gelehrter, er war eine mächtige, buntkräftige Seele, deren Erfindungen und Wercke, wie Erzeugnisse der Natur, das Gepräge des denkenden Geistes tragen und in denen auch der lezte scharfsinnige Beobachter noch neue Uebereinstimmungen mit dem unendlichen Gliederbau des Weltalls, Begegnungen mit spätern Ideen, Verwandtschaften mit den höhern Kräften und Sinnen der Menschheit finden wird. Sie sind sinnbildlich und vieldeutig, einfach und unerschöpflich, wie jene (die Erzeugnisse der Natur), und es dürfte nichts sinnloseres von ihnen gesagt werden können, als daß sie Kunstwercke in jener eingeschränckten, mechanischen Bedeutung des Wortes seyen.

Ueber Anthroposkopische Werckzeuge.

Proclamation an die Herrnhuter.

Sollte sich eine Inspiration bey einer Frau nicht durch eine Schwangerschaft äußern können? Konnte ein römischer Soldat Vater Jesu seyn? Ueber die heilige Geschichte überhaupt, ihre Poesie, ihre innre Evidenz.

Wer hat die Bibel für geschlossen erklärt? Sollte die Bibel nicht noch im Wachsen begriffen seyn?

Der biblische Vortrag ist unendlich bunt; Geschichte, Poesie, alles durcheinander.

Wenn man Idyllen als poetische Landschaftsstücke betrachtet — so gewinnen sie.

Sollte nicht jeder Körper im verdünnteren Zustande eine größere Capacität — auch wohl eine größere Verwandtschaft zum Sauerstoff haben?

Gerade, wie sich die Tanzkunst zur Naturlehre des menschlichen Körpers und seiner Bewegungen, oder die Mahlerkunst zu der Optik und der Theorie des Auges — ebenso die Logik zu der Psychologie oder deren Capitel, der Naturlehre des Denkens.

Den Satz des Widerspruchs zu vernichten, ist vielleicht die höchste Aufgabe der höhern Logik.

Sollten die Geberden wircklich grammatisch, symbolisch, oder ausdrucksvoll seyn? Ich glaube nicht, daß sie es seyn sollen, aber sie werden es seyn, wenn sie natürlich im idealischen Sinne, Produkte der idealischen Association der innern und äußern Gliedmaßen sind. Sie gehören zum Ressort der Tanzkunst.

Electricität als Dualism der Luft betrachtet.

Alle unsre Neigungen scheinen nichts als angewandte Religion zu seyn. Das Herz scheint gleichsam das religiöse Organ. Vielleicht ist das höhere Erzeugniß des productiven Herzens — nichts anders als der Himmel.

Indem das Herz, abgezogen von allen einzelnen wircklichen Gegenständen, sich selbst empfindet, sich selbst zu einem idealischen Gegenstande macht, entsteht Religion. Alle einzelnen Neigungen vereinigen sich in Eine, deren wunderbares Object ein höheres Wesen, eine Gottheit ist; daher ächte Gottesfurcht alle Empfindungen und Neigungen umfaßt. Dieser Naturgott ißt uns, gebiert uns, spricht mit uns, erzieht uns, beschläft uns, läßt sich von uns essen, von uns zeugen und gebären; kurz, ist der unendliche Stoff unsrer Thätigkeit und unsers Leidens.

Machen wir die Geliebte zu einem solchen Gott, so ist dies angewandte Religion.

Aeußerst merckwürdig für den Arzt sind die medizinischen Wirckungen der Abwechselung, Unterbrechung, Erneuerung, kurz der erregten Thätigkeit und der gehemmten Thätigkeit. — Vorsichtiger Gebrauch des Neuen und Alten, auch im Physischen.

Grobheit und Prügel sind Cordiaca, probat gegen Nervenschwäche, und unerschöpfliche Quellen des Lächerlichen.

Erzählungen, ohne Zusammenhang, jedoch mit Association, wie Träume. Gedichte, blos wohlklingend und voll schöner Worte, aber auch ohne allen Sinn und Zusammenhang — höchstens einzelne Strophen verständlich — wie lauter Bruchstücke aus den verschiedenartigsten Dingen. Höchstens kann wahre Poesie einen allegorischen Sinn im Großen haben und eine indirecte Wirckung, wie Musik ꝛc. thun. Die Natur ist daher rein poetisch, und so die Stube eines Zauberers, eines Physikers, eine Kinderstube, eine Polter- und Vorrathskammer.

Verzeichniß aller Utensilien in Einem Hause.

Eheleute müssen sich von selbst allen öffentlichen Geschäften, — den Studien der Association —, widmen.

Ueber den Galvanism im Pflanzenreiche und seinen bedeutenden Einfluß auf die Oeconomie.

———

Schwere ist nichts als ein Phänomen der Verwandtschaft, der Fülle und Leere.

———

Poeten sind Isolatoren und Leiter des poetischen Stroms zugleich.

———

Wilhelm Meisters Lehrjahre sind gewissermaaßen durchaus prosaisch und modern. Das Romantische geht darinn zu Grunde, auch die Naturpoesie, das Wunderbare. Er handelt blos von gewöhnlichen menschlichen Dingen, die Natur und der Mystizism sind ganz vergessen. Es ist eine poetisirte bürgerliche und häusliche Geschichte. Das Wunderbare darinn wird ausdrücklich als Poesie und Schwärmerey behandelt. Künstlerischer Atheismus ist der Geist des Buchs. Sehr viel Oeconomie; mit prosaischen, wohlfeilen Stoff ein poetischer Effect erreicht.

———

Meistern geht es, wie den Goldmachern — sie suchen viel und finden zufällig indirect mehr.

Sonderbar, daß ihm seine Zukunft, in seiner Lage, unter dem Bilde des Theaters erschien. Wilhelm soll öconomisch werden durch die öconomische Familie, in die er kommt.

———

Töne, Stimmungen des Gemüths. Kälte befördert die Gedankenabsonderung — sowie Sturm der Leidenschaft und Zug der Neigung. Innre Luft — innres Wasser und Licht.

Sollte Poesie nichts als innre Mahlerey und Musik 2c. seyn? Freylich modificirt durch die Natur des Gemüths.

Man sucht mit der Poesie, die gleichsam nur das mechanische Instrument dazu ist, innre Stimmungen und Gemählde oder Anschauungen hervorzubringen — vielleicht auch geistige Tänze 2c. Poesie ist Gemütherregungskunst.

Höchst sonderbar ist die Aehnlichkeit unsrer heiligen Geschichte mit Mährchen: anfänglich eine Bezauberung, dann die wunderbare Versöhnung 2c. die Erfüllung der Verwünschungsbedingung.

Wahnsinn und Bezauberung haben viel Aehnlichkeit. Ein Zauberer ist ein Künstler des Wahnsinns.

Neue Ansicht der Physiognomik — als Metrik des Innern und seiner Verhältnisse.

Einheiten des Romans: Kampf der Poesie und Unpoesie, der alten und neuen Welt. Die Bedeutung der Geschichte; die Geschichte des Romans selbst. Verschwendung 2c.

Passive Natur des Romanhelden. Er ist das Organ des Dichters im Roman. Ruhe und Oeconomie des Styls. Poetische Ausführung und Betrachtung aller Begegnisse des Lebens.

Die Poesie muß nie der Hauptstoff, immer nur das Wunderbare seyn.

Man sollte nichts darstellen, was man nicht völlig übersähe, deutlich vernähme und ganz Meister desselben wäre, z. B. bey Darstellungen des Uebersinnlichen.

Es gehört zur logischen Rhetorik die Opposition des Einfachen, Natürlichen und Populären gegen das Zusammengesezte, Künstliche und Individuelle.

Das ist die Kunst der geltenden Menschen im gemeinen Leben, die Kunst des sogenannten Bonsens.

Es ist die rhetorische Logik eines Bauern, 2c. 2c., ... mein Vater, Campe, Voltaire 2c.

Gemeinplätze — Popularphilosophie.

Ueber sogenannte gefährliche Gedanken. Nähern sich etwa manche Gedanken der magischen Grenze? Werden manche ipso facto wahr?

Abstumpfung und Cultur des Gedankensinns durch Lesen, Hören, Denken, Schreiben. (Geist, nach Fichte, ein Extensum der Zeit nach.)

Staat, Kirche, Ehe, Gesellschaft, Publicum sind lauter Begriffe — die auf unsre eigentlich menschlichen Verhältnisse, das ist auf unsern Bestand in einer unendlichen Association von Vernunftwesen, den eigentlichsten Bezug haben.

Ueber die menschliche Unsterblichkeit en masse. Ueber das Leben und Denken en masse. Gemeinschaft, Pluralism ist unser innerstes Wesen, und vielleicht hat jeder Mensch einen eigenthümlichen Antheil an dem, was ich denke und thue, und so ich an den Gedanken andrer Menschen.

Von der Gleichheit der Sensationen, der Identität der Sinne, dem Primat des Auges und der Annäherung aller Materie dem Lichte, aller Handlungen dem Sehen, aller Organe dem Auge.

Reine Mathematik hat nichts mit Größe zu thun. Sie ist bloße Bezeichnungslehre — mechanisch gewordener, in Verhältnissen geordneter Gedankenoperationen. Sie muß lediglich willkührlich, dogmatisch instrumental seyn. — So auf ähnliche Weise ist es auch mit der abstracten Sprache.

Die catholische Religion ist gewissermaaßen schon angewandte christliche Religion. Auch die Fichtesche Philosophie ist vielleicht nichts als angewandter Christianism.

Aufschlüsse in der Physik durch Fortsetzung und Reduction ihrer Gleichung mit der Mathematik.

Mehr Zahlen in die Physik.

Specifische Gewichtszahlen (Thermometer, Hygrometer, Eudiometer, Barometer, Electrometer, Magnetometer, Pyrometer).

Astronomische Zahlen; Massenverhältnißzahlen; Zahlen der Auflösbarkeit, Verdunstbarkeit und Schmelzbarkeit; Zahlen der Zähigkeit. (Specifische Klangzahlen.)

(Versuche über den Grundton jedes Körpers, Gold, Silber ꝛc.)

Adhaesionszahlen. Lichtmessungszahlen. Cyanometer. Mathematische Krystallzahlen. Bewegungs-, Kraftcapacitätzahlen; Zahlen der Brennlichkeit und der Verkalkbarkeit; Zahlen der Kapillarität; optische Zahlen; Zahlen der Härte, Elasticität.

Es ist artig, daß die Hebelgesetze ein umgekehrtes Wurzel- oder Linearverhältniß von dem Quadrat- oder Flächenverhältniß der Attraction darbieten.

Jede Veränderung der Gestalt, sie sey durch äußere oder innere Kraft, bewirkt eine veränderte innre oder dynamische Disposition.

Mathematicität des Mechanism.

Der Ausdruck Sinnbild ist selbst sinnbildlich.

Alle rein komischen Karactere müssen, wie im alten Lustspiel, grell und derb gezeichnet seyn — die feinen Nüancen sind prosaisch. In der Sphäre der Poesie ist alles entschiedner — jede Function ist höher lebendig, und springt farbiger in die Augen.

Erzeugung von Oel durch nähere Verbindung von gekohlten Wasserstoffgas.

Wenn man Wasserd(ampf) zersezte und das Hydrogéne über glühende Kohlen führte . . .

Gebrauch des empyreumatischen Oels, das bey der Pflanzendestillation erzeugt wird, zum Seifenkochen.

Erzeugung des thierischen Fetts durch innigere Verbindung des Respirationsgas —

Salzsoole löst wohl keine Seife auf — daher die Nothwendigkeit des Zusatzes von Salz beym Seifenkochen. Doch könnte auch wohl die Zersetzung des Kochsalzes in der Lauge —

Künstliche Gestellsteine. Künstliche Tiegelmassen.

Uebersicht der Fragen auf einer Hütte, in einer Oeconomie.

Sollte die reine Lebensluft nicht ein suroxygenirtes Hydrogéne seyn?

(Deluc's Meteorologie.)

Mathematische Zerlegung componirter Körper.

Unendliche chemische Zusammengesetztheit und Zersetzbarkeit vid. analog, Zerlegung der mechanischen Kräfte und Bewegungen.

Sollte jeder Körper aus Phlogiston und Antiphlogiston bestehn — und eine drey- oder vielmehr vierfache Verbindung seyn?

Sollten die Verwandtschaften und die Trennbarkeit nicht erst durch den Contact entstehn?

So wenn z. B. Potasche das Kochsalz berührt, so wird Potasche chemisch negativ, empfänglicher, homogener mit der Salzs(äure) und verbindet sich daher damit.

Ueber die polare Vertheilung der chemischen Qualitäten in zusammengesezten Substanzen.

Arbeit über die Verwandtschaften, die nothwendigen Gründe der Verwandtschaften z. B. Theorie der Schwefelsäure.

———

Sieht man etwa jeden Körper nur so weit, als er sich selbst sieht, und man sich selbst sieht?

In allen Praedicaten, in denen wir das Fossil sehn, sieht es uns wieder. (Schluß auf den Glauben)

. . . .

Werners Princip der Oeconomie. (—).

Dem Jäger und Oeconomen ist die ganze Thier- und Pflanzenwelt Meteorometer.

Man muß die ganze Erde wie Ein Gut betrachten und von ihr Oeconomie lernen.

———

Die Staaten müssen endlich gewahr werden, daß die Erreichung aller ihrer Zwecke blos durch Gesammtmaßregeln möglich ist.

Allianzsysteme. Näherung zur Universalmonarchie.

Prüfung der Güte der Erdkohle in Lichtenbergischen Figuren.

Zusammenhang der Weltkörper-Geschwindigkeiten mit ihrer phlogistischen Beschaffenheit, auch ihrer Sonnenfernen, ihrer Polrichtung gegen ihre Bahn, der Zahl und Verhältnisse ihrer Trabanten.

———

Manche That schreyt ewig.

———

Gebrochne Gedanken sind Anschauungen und Empfindungen — also Körper.

———

Alles, was man denken kann, denkt selbst: ist ein Denkproblem. Geheimniß wirft die Gedanken zurück. Gedanken Leiter und Isolatoren.

———

Streben nach einfachen Verhältnissen, — nach musika­lischen Verhältnissen.

―――――

Nothwendigkeit eines durchsichtigen Glieds und eines Nichtleiters in jedem chemischen und galvanischen Proceß — eines absolut specifisch schweren und relativ specifisch schweren Körpers.

―――――

Die positive Wärme macht polariter lauter negative Körper, weil sie sich nur mit diesen vereinigen kann — in ihnen am besten repräsentirt wird — gedacht wird.

―――――

Mit dem, der mich glaubt und versteht, komm ich am liebsten zusammen.

―――――

Die rationelle Verhältnißkraft, kurz gesagt, der Ver­stand, bleibt immer aus der Physik weg und ist doch überall das vermittelnde und vermannichfaltende Glied. Beweis, daß Fantasie, Verstand, Vernunft 2c. auch in der anorgani­schen Natur vorkommen. Was machen sie — die Welt?

―――――

Die specifische Schwere der Erde ist beynah die des Diamants. Es ist also sehr wahrscheinlich, daß die Erde ein Diamant innerlich ist, — welches auch aus andern Gründen sehr wahrscheinlich ist.

Die Erden und vorzüglich die Edelgesteine sind die ver­branntesten Körper? Daher so wasserähnlich...

Durch viel Verbrennen wird man immer verbrennlicher.

(Galvanische Regeln zur Zusammensetzung der Arzeney­mittel.)

. . . .

Sonderbar, daß eigentlich alles Verbrennen ein ewiger Proceß seyn müßte? Ein Perpetuum mobile. Es müßte eigentlich garnichts verbrennen.

. . . .

Sollte das Licht ein simultaner Zersetzungs- und Compositionsproceß der Lebensluft seyn? Lichtlehre muß wie Galvanism behandelt werden. Das Licht ist ein divinatorisches Wesen. Hat es ein Substrat?

. . . .

Sollten die ätherischen Oele die Pflanzenseelen seyn, und darinn auch der Unterschied der Weine rc. liegen?

. . . .

Thierische Natur der Flamme.

Alle Kraft ist eine Funktion von Zeit und Raum. (Anschauung und Gedanke.)

. . . .

Phänomen des Durchdringens des Wassers durch kupferne Kugeln — vermittelst der Pression.

Sollte nicht jeder Körper den andern erzeugen können, wenn dieser auf ihn wahrhaft einwirckt? d. h. er kann Leiter jeder Kraft, jeder Action werden, soviel er von einer Seite vernichtet, auf der Andern hervorbringen — ganz den Gesetzen des Mechanismus gemäß. Bringt er ein verändertes Produkt hervor, so ist er ein subjectiver, individueller Leiter.

Gerade was das Wasser bey der Bewegung thut, daß es augenblicklich starr wird, das thut es bey der Wärme, es wird augenblicklich erwärmbar und gleichsam ein kalter Körper.

———

Wie entsteht ein Stoff? Augenblickliche, temporelle Stofferzeugung? Im Flüssigen.

(Gedankenleiter rc.)

Indem ich eine Sache übereile, wird es sein Gegentheil.

Die Abweichung der Magnetnadel ist eigentlich ein verkehrtes Anziehn des Südpols — und Nordpols zum Theil.

. . . .

Farben sind oxygenirtes Licht.

Ueber die innre chiffrirende Kraft. Spuren derselben in der Natur.

Bewegungen durch Licht — durch Anschauungen.

Idiowahrnehmende und symwahrnehmende Individuen.

===

Dichterischen Beywörter der griechischen Dichter — durchaus mahlerisch bedeutend. Z. B. in der Juno geben die Augen den Ton an u. s. f. Theorie der idealischen Proportionen.

Kranckheitsproportionen — Elementarproportionen. In den Einen giebt der Magen, in den andern die Lunge u. s. f. den Ton an.

. . . . .

War Rafael Seelenmahler? Was heißt das?

Die Physik ist jezt nur Masse — aus einzelnen Massen bestehend. Es giebt noch keine Physik; es giebt nur einzelne physikalische Wissenschaften — vielleicht auch noch nicht physikalisch.

Geschichte der Encyclopaedistik.

Romantisiren, ähnlich dem Algebraisiren. Brief an Fr. (romantisch).

. . . .

Alles was wegzuwünschen ist, ist nur falsche Meynung — Irrthum. Kranckheit und Uebel sind solches nur in und durch die Einbildung — sie sind nicht zu statuiren.

Nutzen jeder Kranckheit, Poesie derselben. Eine Kranckheit kann kein Leben sein, sonst müßte die Verbindung mit

Kranckheit unsre Existenz erhöhen. Fortsetzung dieses merck=
würdigen Gedankens.

Man lernt Handwercker, Maschinen, Wissenschaften,
Künste, Menschen 2c. durch geschickte Eintheilung und zweck=
mäßige, successive Betrachtung am leichtesten und besten
kennen.

Paedagogische Erziehung von Kindern, wie Bildung eines
Lehrlings — nicht durch directe Erziehung, sondern durch
allmäliches Theilnehmenlassen an Beschäftigungen 2c. der
Erwachsenen.

Langeweile ist Hunger oder asthenischer Mangel. In=
directe Langeweile, directe.

Grenzen der Mahlerey und Sculptur. Gang der Sculptur
vom Ideal heraus, Gang der Mahlerey zum Ideal hinein.

Uebergang der heydnischen Religion in die katholische.

Die Kinder sind Antiken. Nicht alle Kinder aber sind
Kinder. Auch die Jugend ist antik. Aber auch nicht alle
Jünglinge sind Jünglinge.

Alterthum — vom Ideal heraus; Jugendthum — zum
Ideal hinein.

Die Erwachsenen sind die Jüngern in andrer Beziehung.

Contraste sind inverse Aehnlichkeiten.

Ueber das neuere Princip der Nachahmung der Natur.
(Realisirung des Scheins.)

Table nichts Menschliches. Alles ist gut, nur nicht überall, nur nicht immer, nur nicht für alle. So mit der Kritik. Bey Beurtheilung von Gedichten z. B. nehme man sich in acht mehr zu tadeln als, streng genommen, eigentlicher Kunstfehler, Miston in jeder Verbindung ist. Man weise möglichst genau jedem Gedichte seinen Bezirk an, und dies wird Kritik genug für den Wahn ihrer Verfasser seyn. Denn nur in dieser Hinsicht sind Gedichte zu beurtheilen, ob sie einen weiten oder engen, einen nahen oder entlegnen, einen finstren oder hellen, einen hellen oder dunkeln, erhabnen oder niedrigen Standort haben wollen. So schreibt Schiller für wenige, Göthe für viele. Man ist heut zu Tage zu wenig darauf bedacht gewesen, die Leser anzuweisen, wie das Gedicht gelesen werden muß, unter welchen Umständen es allein gefallen kann. Jedes Gedicht hat seine Verhältnisse zu den mancherley Lesern und den vielfachen Umständen. Es hat seine eigne Umgebung, seine eigne Welt, seinen eignen Gott.

Tagebuch ohne Reflexionen, simple Relation. Nach den Blattern — Brief an A. Den Tag verreist. Durch Z. übergeben lassen und sie früh unbestimmt zur Theilnahme aufgefordert.

Dictirübungen — Stunden an meine Geschwister. Unser Archiv.

Ueber den Wechsel des Angenehmen und Unangenehmen in der Welt und im täglichen Leben.

Fein langsam.

Studien. Kritik von Schillers. . . .

Nur das Bleibende ist unsrer ganzen Aufmercksamkeit werth — das Fortwährend Nüzliche.

Man muß anfangen und aufhören können, wann man will — aber man muß sich einen Willen anschaffen. Der Wille ist allemal vernünftig und starck. Wenn man erst will, dann kann man auch. Man hat aber keinen festen Willen, oder gar keinen, wenn man unvernünftig ist und handelt — und nicht anfängt und Buch zumacht, wenn es klug und gut wäre.

Der Staat ist eine Person, wie das Individuum. Was der Mensch sich selbst ist, ist der Staat den Menschen. Die Staaten werden verschieden bleiben, so lange die Menschen verschieden sind. Im wesentlichen ist der Staat, wie der Mensch, immer derselbe.

Die Herrschaft des Rechts wird mit der Barbarey zessiren.

Zustand und Gegenstand zusammen, wie heißen die wohl? Welt oder Natur.

Bey der Handlung, wie ändert sich da das Verhältniß?

Die Welt wird ihrem Grunde entgegengesezt. Der Grund ist die Eigenschaft der Welt und die Welt die Eigenschaft des Grundes. Gott heißt Grund und Welt zusammen.

Der Grund und die Welt laufen nun in Parallellinien fort und theilen sich durchaus gleichförmig. Sie sind Eins, folglich auch im Kleinsten, in allem.

Der Grund besteht aus Gesetz und Thatsache i. e. das Wesen des Grundes ist Gesetz und Thatsache — seine Eigenschaft: Zustand und Gegenstand. Das Wesen der Welt ist Zustand und Gegenstand; ihre Eigenschaft: Gesetz und Thatsache.

Wo finden sich die Begriffe, Wesen und Eigenschaft?

Das kann nicht Wesen und Eigenschaft haben, Welt und Grund — in dessen Bezirk erst diese Begriffe entstehn.

Derivation Gottes von Gattung.

Anfangsgründe der Weltweisheit.

Die Welt ist die Mutter der Eigenschaften — der Vater der Wesenheiten ist der Grund. (Stoff und Form.)

Der Sänger, der Poet, der Hörer und der Leser: Dialog. Der Hörer soll Humanus heißen. Der Leser besteht aus einem Mädchen, einem Studenten und zwey Alten, einem Professor und einem Landedelmann.

Plan und Sinn und Ausführung eines Kunstwerckes, wie ein Roman, eine Comoedie und andere Wercke dieser Art.
Gotter, Thümmel und Wieland scheinen mir wahre schreibende Dichter zu seyn, Dichter zum lesen — Klopstock ein Dichter zum Declamiren, zur Musik.

Die Poesie ist für den Menschen, was das Chor dem griechischen Schauspiele ist — Handlungsweise der schönen, rhythmischen Seele — begleitende Stimme unsers bildenden Selbst — Gang im Lande der Schönheit — überall leise Spur des Fingers der Humanität — freye Regel — Sieg über die rohe Natur in jedem Worte — ihr Witz ist Ausdruck freyer, selbstständiger Thätigkeit — Flug — Humanisirung — Aufklärung — Rhythmus — Kunst.

Eigenschaft bedeutet das Gesetz einer ursprünglichen Thatsache — eine Weise der Selbstthätigkeit — Erscheinung, Offenbarung des Wesens.

(Weisen — wissen — weis — Beweis — zeigen — zeugen — zeihen — zogen.)

Da alles Wesen ist, was ist denn da Eigenschaft? Es muß, da alle Thätigkeit aufs Entgegengesezte geht, Daseyn im Entgegengesezten seyn. Das Wesen ist nur in seiner Eigenschaft sichtbar. Die Sichtbarkeit muß also wohl von der Thätigkeit des Wesens abhängen. Es ist nur wahrnehmbar, insofern es thätig ist. Alles Wahrnehmbare muß also ein Thätiges seyn. Die Eigenschaft des Wesens, seine Art thätig zu seyn, ist also im Entgegengesezten — oder außerhalb. Man nimmt also ein Wesen nur außerhalb im Entgegengesezten wahr und zwar nur seine Thätigkeit und ihre Weise.

(Thätigkeit ist dem Grunde entgegengesezt. Sie verlangt einen Grund, einen Bezirk, ein Produkt, ein Mittel und einen Zweck, ein Ziel.)

Das Entgegengesezte ist aber auch ein Wesen. Es ist nicht bloßes Wesen, insofern es Eigenschaft ist. Um wahrnehmlich zu seyn, muß es thätig seyn — aber dieses muß eine andre Art von Thätigkeit seyn als die Erstere — sowie eine andre Art von Wahrnehmbarkeit. Es müssen nothwendig ihre Entgegengesezten seyn, denn die Thätigkeit und die Wahrnehmbarkeit sind Wesen und müssen ein Entgegengesezten haben, um sich zeigen zu können.

(Es giebt zweyerley Wesen, zweyerley Eigenschaften, die aber unzertrennlich zusammengehören, weil sie auseinander folgen.)

Die Selbstthätigkeit eine Empfänglichkeit — die Wahrnehmbarkeit eine Aufmercksamkeit.

Das Wesen also, in welchem sich das Entgegengesezte offenbart, oder seine Eigenschaft erhält, muß empfänglich und aufmercksam seyn.

Aufmercksamkeit ist eine andre Art von Wahrnehmlichkeit — in welcher sich die Wahrnehmlichkeit offenbart — Eigenschaft der Wahrnehmlichkeit.

Empfänglichkeit ist eine andre Art von Thätigkeit, in welcher sich die Thätigkeit offenbart: Eigenschaft der Thätigkeit.

Hingegen sind Thätigkeit und Wahrnehmlichkeit wieder Eigenschaften der Empfänglichkeit und Aufmercksamkeit. Sie sind also in den Richtungen unterschieden. Thätigkeit geht aus dem Wesen heraus, Empfänglichkeit hinein.

―――

Das Allgemeine jedes Augenblicks bleibt, denn es ist im Ganzen. In jedem Augenblicke, in jeder Erscheinung wirckt das Ganze. Die Menschheit, das Ewige ist allgegenwärtig, denn sie kennt weder Zeit noch Raum. Wir sind, wir leben, wir denken in Gott, denn dies ist die personifizirte Gattung. — Es ist nicht unserem Sinn ein Allgemeines, ein Besonders. Kannst du sagen, es ist hier oder dort? Es ist alles, es ist überall. In ihm leben, weben und werden wir seyn. Alles Aechte dauert ewig, alle Wahrheit, alles Persönliche.

Wo es ein Seyn giebt, muß es auch ein Erkennen geben.

―――

(Nach dem Brownischen System müssen die abführenden Mittel schwächend und stärckend zugleich seyn — wenn Schwächen, Vermehrung der Erregbarkeit, und Stärcken Vermindern der Erregbarkeit bedeutet — und nach Brown kann es nichts anders bedeuten. Mir scheint bey vielen abführenden Mitteln die Stärckung, oder Erregung, beträchtlicher, als die Verminderung zu seyn.)

Was in diesen Blättern durchgestrichen ist, bedürfte selbst in Rücksicht des Entwurfs noch mancherley Verbesserungen 2c. Manches ist ganz falsch, manches unbedeutend, manches schielend. Das Umklammerte ist ganz problematischer Wahrheit — so nicht zu brauchen.

Von dem Uebrigen ist nur weniges reif zum Drucke — z. B. als Fragment. Das Meiste ist noch roh. Sehr — sehr vieles gehört zu Einer großen, höchstwichtigen Idee. Ich glaube nicht, daß etwas Unbedeutendes unter dem Undurchstrichnen ist. Das Angestrichne wollt ich in eine Sammlung von neuen Fragmenten aufnehmen und dazu ausarbeiten. Das Andre sollte bis zu einer weitläuftigeren Ausführung warten. Durch Fortschreiten wird so vieles entbehrlich, so manches erscheint in einem andern Lichte, so daß ich vor der Ausführung der großen, alles verändernden Idee, nicht gern etwas Einzelnes ausgearbeitet hätte. Als Fragment erscheint das Unvollkommne noch am erträglichsten — und also ist diese Form der Mittheilung dem zu empfehlen, der noch nicht im Ganzen fertig ist und doch einzelne merkwürdige Ansichten zu geben hat.

Unwahrheit hat von einem höhern Gesichtspuncte noch eine viel schlimmere Seite, als die gewöhnliche. Sie ist der Grund einer falschen Welt, Grund einer unauflöslichen Kette von Verirrungen und Verwicklungen. Unwahrheit ist die Quelle alles Bösen und Ueblen. (Absolutes Setzen des Falschen. Ewiger Irrthum.) Eine Unwahrheit gebiert unzählige. Eine absolut gesetzte Unwahrheit ist so unendlich schwer auszurotten.

Das lyrische Gedicht ist das Chor im Drama des Lebens — der Welt. Die lyrischen Dichter sind ein aus Jugend und Alter, Freude, Antheil und Weisheit lieblich gemischtes Chor.

[Von interessanten Regenten, die fruchtbar an neuen Ideen, die Regierungskunst erweiterten und ihren Zeitgenossen, ihrer Regierung einen großen, individuellen Karacter gaben — denen die Menschheit Fortschritte und Aufklärungen im Großen zu verdanken hat. In diesem Jahrhundert vielleicht nur Peter der Große und Josef der Zweite. Friedrich der Große gehört wenigstens nicht ganz in diese Rubrik. Interessante Menschen gabs mehr unter den Regenten.]

Mystischer Glaube und Anhänglichkeit an das, was einmal da ist, das Alte, Bekannte — und mystische Hoffnung und Freude auf alles, was da kommen soll, das Neue, Unbekannte; dies sind zwey sehr wichtige Karacterzüge der bisherigen Menschheit.

[Uebersicht der Salinistik]

An Gedanken interessirt uns entweder der Inhalt, die neue, frappante, richtige Function, oder ihre Entstehung, ihre Geschichte, ihre Verhältnisse, ihre mannichfaltige Stellung, ihre mannichfaltige Anwendung, ihr Nutzen, ihre verschiednen Formationen. — So läßt sich ein sehr trivialer Gedanke sehr interessant bearbeiten. Ein sehr weitläuftiges Unter=nehmen der Art kann sehr interessant seyn, ohnerachtet das Resultat eine Armseligkeit ist; hier ist die Methode, der Gang, der Proceß, das Interessante und Angenehme. Je reifer man ist, desto mehr wird man Interesse an Produktionen der leztern Art haben. Das Neue interessirt weniger, weil man sieht, daß sich aus dem Alten so viel machen läßt. Kurz, man verliert die Lust am Mannichfaltigen, je mehr man Sinn für die Unendlichkeit des Einzelnen bekömmt. Man lernt das mit Einem Instrument machen, wozu Andre hunderte nöthig haben, und interessirt sich überhaupt mehr für das Ausführen, als für das Erfinden.

[Ueber Uebung.]

Eine unbestimmte Frage (Frage, worauf mehrere Ant=worten möglich sind) ist eine Aufgabe. Eine bestimmte Auf=gabe, die nur Eine Lösung oder Antwort zuläßt, ist eine Frage. Doch ist auch wohl dasjenige überhaupt eine Auf=gabe, in der die Antwort schon liegt, daher sind Räthsel, Charaden, Logogryphen: Aufgaben.

Verwandlung eines Gedankens — einer Anekdote in eine Aufgabe.

Frage und Antwort sind dogmatisch. Aufgabe und Auf=lösung philosophisch. (Dogma — Lehre — Philosophem — specifiker Reitz.) Sind daher die Nahrungsmittel 2c. im strengsten Sinne Reitze, oder sind es eher Dogmen — Data?

Muß nicht jedes Philosophem Aufgabe seyn? Ist nicht eine Aufgabe, ihrer Natur nach, nöthigend? Ich muß mich damit beschäftigen sie zu lösen — versteht sich solche Aufgaben, deren vollkommnes Verständniß auch ihre Lösung involvirt, und solche Aufgaben heißen Philosopheme. Philosopheme müssen, wenn ich sie höre, mir keine Ruhe lassen, bis ich sie vollständig vernommen, verstanden habe. Sie müssen in mich eindringen und mich dadurch nöthigen, in sie einzudringen.

———

Alles nach einem Plan studiren.

———

Vielleicht habe ich meine glücklichen Ideen dem Umstande zu danken, daß ich einen Eindruck nicht vollkommen gegliedert und durchgängig bestimmt empfange, sondern durchdringend in Einem Puncte, unbestimmt und absolut fähig.

———

(Das Schöne ist das Sichtbare katexochin.)

———

[Theorie der Gliedrung, der Harmonie, der Functionen und der Disharmonie derselben (der Kranckheit). Harmonie befördernde Impulse.]

———

Unser Körper soll willkührlich, unsre Seele organisch werden.

———

Zur Idee, Entwurf und Plan sucht man die Ausführung, zur Ausführung den Plan.

Alle Ideen sind verwandt. Das Air de famille nennt man Analogie. Durch Vergleichung mehrerer Kinder würde man die Eltern-Individuen deviniren können. Jede Familie entsteht aus zwey Principien, die Eins sind — durch ihre und wider ihre Natur zugleich. Jede Familie ist eine Anlage zu einer unendlichen, individuellen Menschheit.

———

So wie nichts frey, so kann auch nichts gezwungen seyn, als der Geist. Nur ein Geist kann wozu gezwungen werden. Was sich also zwingen läßt, ist Geist, in sofern es sich zwingen läßt.

Zur Welt suchen wir den Entwurf: dieser Entwurf sind wir selbst. Was sind wir? Personificirte, allmächtige Puncte. Die Ausführung, als Bild des Entwurfs, muß ihm aber auch in der Freythätigkeit und Selbstbeziehung gleich seyn, und umgekehrt. Das Leben oder das Wesen des Geistes besteht also in Zeugung, Gebärung und Erziehung seines Gleichen. Nur insofern der Mensch also mit sich selbst eine glückliche Ehe führt, und eine schöne Familie ausmacht, ist er überhaupt ehe= und familienfähig.

Man muß sich nie gestehen, daß man sich selbst liebt. Das Geheimniß dieses Geständnisses ist das Lebens=Princip der allein wahren und ewigen Liebe. Der erste Kuß in diesem Verständnisse ist das Princip der Philosophie, der Ursprung einer neuen Welt, der Anfang der absoluten Zeit= rechnung, die Vollziehung eines unendlich wachsenden Selbst= bundes.

Wem gefiele nicht eine Philosophie, deren Keim ein erster Kuß ist?

Liebe popularisirt die Personalität, sie macht Individuali= täten mittheilbar und verständlich. (Liebesverständniß.)

[Mathematische Processe — Rechnung des Unendlichen.]

Ein Triangel schließt eine Fläche ein. Eine dreyseitige Pyramide einen Körper. So wird Form construirt — wie Stoff? Nicht auch eine Trias? Gegenstück zur Trigonometrie.

Nur der Geist sieht, hört und fühlt — so lange das Auge, das Ohr und die Haut noch afficirt sind von den

Medien ihrer Gegenstände, den Incitamenten, so lange sie noch nicht rein leiten — heraus und hinein — so lange sieht und hört und fühlt der Geist noch nicht ordentlich. Erst wenn die Erregung vorbey und das Organ vollkommner Leiter geworden ist 2c.

———

Wie wenig Menschen haben sich nur zu einer mannich=
faltigen — schweigend totalen Aufmerckſamkeit auf alles, was um und in ihnen, in jedem Augenblicke vorgeht, er=
zogen! Bonnets Bemerckung: Aufmerckſamkeit iſt Mutter des Genies.

———

Man würde mit vielen Menschen zufrieden ſeyn, wenn man die Betrachtung nicht ganz über der entgegengesezten vergäße: was diese Menschen alles nicht ſeyn könnten, oder wie viel schlimmer und geringer sie so leicht ſeyn könnten.

———

Was fehlt einem, wenn man brave, rechtliche Eltern, achtungs= und liebenswerthe Freunde, geiſtvolle und mannich=
fache Bekannten, einen unbescholtnen Ruf, eine gefällige Gestalt, convenzionelle Lebensart, einen meiſtens gesunden Körper, angemessene Beschäftigungen, angenehme und nüzliche Fertigkeiten, eine heitere Seele, ein mäßiges Auskommen, mannichfaltige Schönheiten der Natur und Kunſt um sich her, ein im Ganzen zufriedenes Gewissen — und entweder die Liebe, die Welt und das Familienleben noch vor sich — oder die Liebe neben sich, die Welt hinter sich, und eine gut gerathene Familie um sich hat? — Ich dächte, dort nichts als fleißiger Muth und geduldiges Vertrauen — hier nichts als Glauben und ein freundlicher Tod.

———

Ich wünschte, daß meine Leser die Bemerckung, daß der Anfang der Philosophie ein erster Kuß iſt, in einem Augen=
blick läsen, wo sie Mozarts Compoſition: Wenn die Liebe

in deinen blauen Augen — recht seelenvoll vortragen hörten — wenn sie nicht gar in der ahndungsvollen Nähe eines ersten Kusses seyn sollten.

Ueber das musikalische Accompagnement der verschiednen Meditationen, Gespräche und Lectüren.

Wenn die Theorie auf die Erfahrung warten sollte, so käme sie nie zu Stande.

Ich = Nicht=Ich: höchster Satz aller Wissenschaft und Kunst.

Alles angenehme Gefühl ist Friction; alles angenehme Gefühl reizt die Seele zur positiven Mitwirckung.

Von dem negativen Princip des Staats (Sicherheit) und dem positiven Princip des Staats (Erweiterung oder Sicherheit im höhern Sinne). Beyde greifen in einander ein. Politzey und Politik.

Von der Kantischen und antifichtischen Bearbeitung der Philosophie überhaupt — die Eintheilung der Gemüthskräfte, ihr vereinigendes, zentrirendes Princip, die Vernunft — Vereinigung der Gemüths= und Naturkräfte — Vereinigung ihrer Centralmonaden — höchste Centralmonade.

Educirende und producirende Denker.

Hier ist America oder Nirgends. Philosophische Zusätze und Corollarien zu diesem Text.

[Episch didactisches Gedicht. Empedokles und Lukrez.]

Witz über Kant und seine Anhänger.

Läßt sich nicht auch die Fichtische Philosophie lernen? vid. Forberg. Wissenschaftslehre = Systematik.

[Sapphische Fragmente.]

Zeichen der Antithesis ± ∓

Sich selbst Gesellschaft leisten.

[Giebt es eine schöne Mathematik? Mystische Mathematik, musicalische Mathematik. Hat die Mathematik blos einen endlichen Zweck? Ist sie nicht rein theoretisch? Wahrhafte reine Mathematik! Größen werden durch Größen construirt.]

[Nerven — Gehirn. (Rhetorische Philosophie.) Protokoll über meine Studien. Fragmente über die Fragmente. (Bücher in Receptform.) Erwerbsbergbau — wissenschaftlicher, geognostischer Bergbau. Kann es auch einen schönen Bergbau geben?] Wenn alle Staaten vortrefflich wirthschafteten, wie würde es mit denen aussehen, die nicht im Besitz von gewissen unentbehrlichen Bedürfnissen, z. B. Metallen, oder sonst nicht begünstigt wären? Bevölkerung — höchste Thätigkeit. (Ueber das Talent zu lernen, zuzuhören, zu betrachten, kurz, nachzubilden, ohne eigne Mitwirckung.) (Glorie von Melodieen, wie Engel um die Madonna.)

Ich bin Du. [Unterschied der Analysis und Algebra] Göthens reinen Verstand in der Darstellung. Garkeine Fantasie — versteht sich — als Directrice; denn sie ist eigentlich der Stoff des Verstandes. [Begriff eines Werckzeugs, eines selbstthätigen Werckzeugs.] Annihilation der niedern Bedürfnisse. Nur durch Bedürfnisse bin ich eingeschränkt oder einschränkbar. Man muß ein niedres Bedürfniß und alles das, dem man keinen Einfluß auf sich gestatten will, absolut, als nicht für mich vorhanden, als non existent setzen. Dadurch heb ich alle Gemeinschaft mit ihm auf. [Ueber mimische Nachahmung — mahlenden Ausdruck. vid. Göthes Prosa Anfang. Verständiger Ausdruck, seine Kunst zu beschreiben, zu zeigen. Einfaches Auseinanderlegen und Zusammensetzen der Dinge mit Worten.]

[Innere Wärme hängt von der Dichtigkeit des Körpers ab.] Entweder muß das Medium der Wahrnehmung durch den Gegenstand bewegt werden — Schall — oder das Medium muß sich bewegen und nur von dem ruhenden Gegenstand afficirt werden — Licht. (Man sollte, um das Leben und sich selbst kennen zu lernen, einen Roman immer nebenher schreiben.

Groteske   Epos und Roman   Philosophie, Geschichte
(Fantasie)   (Verstand)   (Vernunft).

Heftiger Karacter, ruhiger Ausdruck. Je höher wir stehn, desto mehr gefällt uns alles — behagt uns jede Action. Wir machen dann alles mit Vergnügen — höchste Ruhe und Bedürfniß — Verhältnißlosigkeit — stete Bereitwilligkeit, in jedes Verhältniß zu treten und sich darnach zu stimmen. [Lebenselegieen.] Beywörter sind dichterische Hauptwörter. [Aeußre und innere Poesie.] Poesie im Ganzen — Poesie im Einzelnen. Z. B. ad 1 Hermann und Dorothee, z. B. ad 2 Luise. Jene vielleicht romantische, dies descriptive Poesie. Romantisch didaktische Poesie.

Unterschied zwischen Dichten und ein Gedicht machen. Der Verstand ist der Inbegriff der Talente. Die Vernunft sezt, die Fantasie entwirft — der Verstand führt aus. Umgekehrt, wo die Fantasie ausführt und der Verstand entwirft.
Romantische und rhetorische Poesie.

[Der Mann ist phlogistisch — ein überwiegender Verdichtungs= — die Frau dephlogistisch, ein überwiegender Verdünnungsproceß.]

[Das Auge ist das Sprachorgan des Gefühls. Sichtbare Gegenstände sind die Ausdrücke der Gefühle.]

Der Geist galvanisirt die Seele mittelst der gröbern Sinne; seine Selbstthätigkeit ist Galvanism, Selbstberührung en trois.

Der Sinn der Sokratie ist, daß die Philosophie überall oder Nirgends sey, und daß man mit leichter Mühe am Ersten, Besten sich überall orientiren und das finden könne, was man suche. Sokratie ist die Kunst, von jedem gegebenen Orte aus, den Stand der Wahrheit zu finden, und so die Verhältnisse des Gegebenen zur Wahrheit genau zu bestimmen.

Ehemals war alles Geistererscheinung. Jezt sehn wir nichts als todte Wiederholung, die wir nicht verstehn. Die Bedeutung der Hieroglyphe fehlt. Wir leben noch von der Frucht besserer Zeiten.

Die Welt muß romantisirt werden. So findet man den ursprünglichen Sinn wieder. Romantisiren ist nichts als eine qualitative Potenzirung. Das niedre Selbst wird mit einem bessern Selbst in dieser Operation identificirt. So wie wir selbst eine solche qualitative Potenzenreihe sind. Diese Operation ist noch ganz unbekannt. Indem ich dem Gemeinen einen hohen Sinn, dem Gewöhnlichen ein geheimnißvolles Ansehn, dem Bekannten die Würde des Unbekannten, dem Endlichen einen unendlichen Schein gebe, so romantisire ich es. — Umgekehrt ist die Operation für das Höhere, Unbekannte, Mystische, Unendliche — dies wird

durch diese Verknüpfung logarythmisirt — es bekommt einen
geläufigen Ausdruck. Romantische Philosophie. Lingua
romana. Wechselerhöhung und Erniedrigung.

Es geht mit der Liebe wie der Ueberzeugung. Wie viele
glauben überzeugt zu seyn und sind es nicht. Nur vom
Wahren kann man wahrhaft überzeugt seyn — nur das
Liebe kann man wahrhaft lieben.

Das Beste am Brownischen System ist die erstaunende
Zuversicht, mit der Brown sein System als allgemeingeltend
hinstellt. — Es muß und soll so seyn, die Erfahrung und Natur
mag sagen was sie will. Darinn liegt denn doch das Wesent=
liche jedes Systems, seine wircklich geltende Kraft. Das
Brownische System wird dadurch zum ächten System für die
Brownianer. Dagegen läßt sich mit Grunde nichts mehr
einwenden. Je größer der Magus, desto willkührlicher sein
Verfahren, sein Spruch, sein Mittel. Jeder thut nach seiner
eignen Art Wunder.

Auf Vergleichen, Gleichen läßt sich wohl alles Erkennen,
Wissen ꝛc. zurückführen.

In allen wahrhaften Schwärmern und Mystikern haben
höhere Kräfte gewirckt — freylich sind seltsame Mischungen
und Gestalten daraus entstanden. Je roher und bunter der
Stoff, je geschmackloser, je unausgebildeter und zufälliger der
Mensch war, desto sonderbarer seine Geburten. Es dürfte
größestentheils verschwendete Mühe seyn, diese wunderliche,
groteske Masse zu säubern, zu läutern und zu erklären —
wenigstens ist jezt die Zeit noch nicht da, wo sich dergleichen
Arbeiten mit leichter Mühe verrichten ließen. Dies bleibt
den künftigen Historikern der Magie vorbehalten. Als sehr
wichtige Urkunden der allmälichen Entwickelung der magischen

Kraft sind sie sorgfältiger Aufbewahrung und Sammlung werth.

Magie ist Kunst, die Sinnenwelt willkührlich zu gebrauchen.

———

Ich ist Wahl und Realisirung der Sphäre individueller Freyheit und Selbstthätigkeit. Fichte ist wie Brown zu Wercke gegangen — nur noch universeller und absoluter.

———

Wir haben zwey Systeme von Sinnen, die so verschieden sie auch erscheinen, doch auf das innigste mit einander verwebt sind. Ein System heißt der Körper, Eins die Seele. Jenes steht in der Abhängigkeit von äußern Reitzen, deren Inbegriff wir die Natur oder die äußre Welt nennen. Dieses steht ursprünglich in der Abhängigkeit eines Inbegriffs innerer Reitze, den wir den Geist nennen, oder die Geisterwelt. Gewöhnlich steht dieses leztere System in einen Associationsnexus mit dem andern System, und wird von diesem afficirt. Dennoch sind häufige Spuren eines umgekehrten Verhältnisses anzutreffen, und man bemerckt bald, daß beyde Systeme eigentlich in einem vollkommnen Wechselverhältnisse stehn sollten, in welchem jedes von seiner Welt afficirt, einen Einklang, keinen Einton bildete. Kurz, beyde Welten, so wie beyde Systeme sollen eine freye Harmonie, keine Disharmonie oder Monotonie bilden. Der Uebergang von Monotonie zur Harmonie, wird freylich durch Disharmonie gehn — und nur am Ende wird eine Harmonie entstehn. In der Periode der Magie dient der Körper der Seele, oder der Geisterwelt. (Wahnsinn — Schwärmerey.)

Gemeinschaftlicher Wahnsinn hört auf Wahnsinn zu seyn und wird Magie, Wahnsinn nach Regeln und mit vollem Bewußtseyn.

Alle Künste und Wissenschaften beruhn auf partiellen Harmonieen. (Poeten, Wahnsinnige, Heilige, Profeten.)

———

Vermögen, Fertigkeit, nach Belieben Empfindungen hervorzubringen. (Glaube ist eine solche Willkühr, Empfindungen hervorzubringen, verbunden mit dem Bewußtseyn der absoluten Realität des Empfundnen.)

Wenn wir blind, taub und fühllos wären, unsre Seele hingegen vollkommen offen, unser Geist jetzige äußere Welt, so würde die innere Welt mit uns in dem Verhältnisse stehn, wie jezt die äußere Welt, und wer weiß, ob wir einen Unterschied gewahr würden, wenn wir beyde Zustände vergleichen könnten. Wir würden so manches fühlen, wofür uns nur der Sinn fehlte, z. B. Licht, Schall 2c. Wir würden nur Veränderungen hervorbringen können, die Gedanken ähnlich wären, und wir würden ein Bestreben fühlen, uns jene Sinne zu verschaffen, die wir jezt äußre Sinne nennen. Wer weiß, ob wir nicht nachgerade durch mannichfache Bestrebungen Augen, Ohren 2c. hervorbringen könnten, weil dann unser Körper so in unsrer Gewalt stände, so einen Theil unsrer innern Welt ausmachte, als jezt unsre Seele. Unser Körper dürfte ebenfalls nicht so absolut sinnlos seyn, so wenig wie unsre Seele jezt. Wer weiß, ob er nicht in sofern nur sinnlos schiene, weil er einen Theil unsres Selbst ausmachte, und die innere Selbstscheidung, wodurch der Körper erst sehend, hörend und fühlend für unser Bewußtseyn würde — unbeschadet des Fortgangs und der Einwirckung unsrer übrigen Welt — jene Operation, wodurch wir uns auf mannichfaltige Art selbst vernähmen, sehr schwierig wäre. Hier würde auch ein absolut practisches und empirisches Ich entstehn.

Dies noch weiter fortgesezt. Wir würden in jenem Zustande schon darum sinnlos scheinen, weil die Seele die überwiegende, alle Aufmercksamkeit in Erregbarkeit an sich ziehende Potenz wäre, so wie wir schon jezt oft nicht sehn, hören, fühlen, wenn unsre Seele lebhaft beschäftigt ist — und unsre Aufmercksamkeit allein an sich gezogen hat und so vice versa.

Willkühr und Zufall sind die Elemente der Harmonie. Willkührliche und zufällige Welt. In beyden Zuständen dasselbe Verhältniß.

Wunderwelt und Naturwelt.

Geisterreich und wirckliche Welt.

Freyer Wechsel dieser beyden Zustände. Willkühr und Zufall Eins. Wunder und gesetzmäßige Wirckung. Natur und Geist = Gott.

———

Zwey Individuen in beyden Zuständen Eins.

Es ist ein starcker Beweis, wie weit wir schon sind, daß wir so verächtlich von unsern Fortschritten, von unsrer Stufe denken.

———

Wir werden die Welt verstehn, wenn wir uns selbst verstehn, weil wir und sie integrante Hälften sind. Gotteskinder, göttliche Keime sind wir. Einst werden wir seyn, was unser Vater ist.

———

Es ist mit dem Volke, wie mit den Weibern. Es hat für alles Leidenschaft, was seine Aufmercksamkeit an sich zieht. Es sucht in diesem Gegenstande alles, denn es fühlt durch denselben sein unendliches Wesen in dunkler Ahndung. Je schwächer der Mensch, desto mächtiger, ahndungsvoller und behaglicher dünckt ihm ein leidenschaftlicher Zustand. Es ist ihm genug, daß er geweckt und gerührt wird — was ihn weckt und rührt ist ihm einerley — er ist noch nicht gebildet genug, um irgend eine Wahl zu treffen und die erregenden Gegenstände zu ordnen und zu unterscheiden, oder gar manchem seine Aufmercksamkeit und Theilnahme zu versagen.

———

Die Herrnhuter annihiliren ihre Vernunft, die Empfindsamen ihren Verstand, die Leute von Verstand ihr Herz.

Kein Act ist gewöhnlicher in uns, als der Annihilationsact. Eben so gewöhnlich ist der Positionsact. Wir setzen und nehmen etwas willkührlich so an, weil wir es wollen. Nicht aus bewußten Eigensinn, denn hier wird wircklich mit Hinsicht auf unsern Willen etwas festgesezt, sondern aus instinktartigen Eigensinn, der ebenfalls in der Trägheit, so sonderbar es auch scheint, seinen Grund hat. Es ist ein äußerst bequemes Verfahren, sich aller Mühe des Forschens zu überheben, und allem innern und äußern Streit und Zwiespalt ein Ende zu machen. Es ist eine Art von Zauberey, durch die wir die Welt umher nach unsrer Bequemlichkeit und Laune bestellen.

Beyde Handlungen sind verwandt und werden meistens zusammen angetroffen. Es entsteht aber dadurch lauter Mißklang, und der Mensch, der auf diese Weise zu verfahren pflegt, befindet sich im Zustand der mehr oder minder ausgebildeten Wildheit.

Es giebt mancherley Arten, von der vereinigten Sinnenwelt unabhängig zu werden.

Erstens, durch Abstumpfung der Sinne. (Gewöhnung, Erschöpfung, Abhärtung ꝛc.) Zweitens, durch zweckdienliche Anwendung, Mäßigung und Abwechselung der Sinnenreitze (Heilkunst). Drittens durch Maximen a) der Verachtung und b) der Feindlichkeit gegen alle Empfindungen. Die Maxime der Verachtung äußrer Empfindungen war den Stoikern und ist zum Theil den Wilden von America eigen — die der innern Empfindungen den sogenannten Leuten von Verstand in der großen Welt und sonst.

Die Maxime der Feindlichkeit gegen äußre und innre Empfindungen haben die strengen Anachoreten, Fakirs, Mönche, Büßer und Peiniger aller Zeit aufgestellt und oft und zum Theil befolgt. Manche sogenannte Bösewichter mögen diese Maxime wenigstens dunkel gehabt haben.

Beyde Maximen gehen leicht in einander über und vermischen sich.

Viertens, durch theilweise Aushebung gewisser Sinne oder gewisser Reitze, die durch Uebung und Maxime einen beständigen, überwiegenden Einfluß erhalten. — So hat man sich mittelst des Körpers von der Seele, und umgekehrt mittelst dieses oder jenes äußern oder innern Gegenstandes von der Einwirckung aller übrigen Gegenstände losgemacht. Dahin gehört Leidenschaft aller Art, Glauben und Zuversicht zu uns selbst, zu andern Personen und Dingen, zu Geistern 2c. Vorurtheile und Meynungen befördern ebenfalls eine solche Theilfreyheit. So kann auch eine Unabhängigkeit von der wircklichen Sinnenwelt entstehn, indem man sich an die Zeichenwelt oder auch die vorgestellte Welt entweder gewöhnt oder sie statt jener, als allein reitzend, für sich festsezt. Das erste pflegt bey Gelehrten und sonst noch sehr häufig der Fall zu seyn — und beruht, nach dem, was oben gesagt wurde, auf dem gewöhnlich trägen Behagen des Menschen am Willkührlichen und Selbstgemachten und Festgesezten. Umgekehrt findet man Leute, die von der Vorstellungs- und Zeichenwelt nichts wissen wollen; das sind die rohsinnlichen Menschen, die alle Unabhängigkeit der Art für sich vernichten und deren träge, plumpe, knechtische Gesinnung man in neuern Zeiten auch theilweise zum System erhoben hat — (Rousseau, Helvetius, auch Lokke 2c.) ein System, dessen Grundsatz zum Theil ziemlich allgemein Mode geworden ist.

Von der unsinnlichen oder unmittelbaren Erkenntniß. Aller Sinn ist repräsentativ, symbolisch, ein Medium. Alle Sinnenwahrnehmung ist aus der zweiten Hand. Je eigenthümlicher, je abstracter, könnte man sagen, die Vorstellung, Bezeichnung, Nachbildung ist, je unähnlicher dem Gegenstande, dem Reitze, desto unabhängiger, selbstständiger ist der Sinn. Bedürfte er nicht einmal einer äußern Veranlassung, so hörte er auf Sinn zu seyn und wäre ein correspondirendes Wesen. Als solches können seine Gestaltungen wieder mehr oder weniger ähnlich und entsprechend Gestaltungen andrer Wesen seyn. — Wären seine Gestaltungen und ihre Folge der Gestaltenfolge eines andern Wesens vollkommen gleich und ähnlich, so wäre der reinste Einklang zwischen beyden vorhanden.

Sinn ist ein Werckzeug, ein Mittel. Ein absoluter Sinn wäre Mittel und Zweck zugleich. So ist jedes Ding das Mittel selbst, es kennen zu lernen, es zu erfahren, oder auf dasselbe zu wircken. Um also eine Sache vollständig zu empfinden und kennen zu lernen, müßte ich sie zu meinem Sinn und Gegenstand zugleich machen, ich müßte sie beleben, sie zum absoluten Sinn, nach der vorherigen Bedeutung, machen.

Wenn ich nun dies aber nicht vollständig könnte oder wollte, so müßt ich mir einen Theil derselben, und zwar einen individuellen, ihr ganz eigenthümlichen Theil, ein Glied, zum Sinn machen. Was entstände nun hier? Ich bekäme eine zugleich mittelbare und unmittelbare, repräsentative und nicht repräsentative, vollkommne und unvollkommne, eigne und nicht eigne, kurz antithetisch-synthetische Erkenntniß und Erfahrung von dem Dinge. Das Glied, oder der Sinn würde zugleich Glied und Nicht-Glied seyn, weil ich es durch meine Belebung auf gewisse Weise vom Ganzen abgesondert hätte.

Nenne ich das ganze Ding Welt, so würde ich ein integrantes Glied der Welt in mir, und das Uebrige außer mir haben. Ich würde mir in theoretischer Hinsicht, in Rücksicht dieses Sinns, als abhängig, und unter dem Einflusse der Welt erscheinen.

Ich würde mich ferner, in Betreff dieses Sinns, zu einer Mitwirckung als Mitglied genöthigt seyn; denn sonst würde ich meine Absicht bey der Belebung nur unvollständig erreichen. Ich würde meinen Sinn, oder Körper, theils durch sich selbst, theils durch die Idee des Ganzen — durch seinen Geist — die Weltseele, bestimmt finden, und zwar beydes als unzertrennlich vereinigt, so daß man genau weder das Eine noch das Andre ausschließend sagen könnte. Mein Körper würde mir nicht specifisch vom Ganzen verschieden, sondern nur als eine Variation desselben vorkommen. Meine Erkenntniß des Ganzen würde also den Karacter der Analogie haben — diese würde sich aber auf das innigste und unmittelbarste auf die directe und absolute Erkenntniß des Gliedes beziehn. Beyde zusammen machten zusammen eine antithetisch-synthetische Erkenntniß aus. Sie wäre unmittelbar, und mittelst des Unmittelbaren mittelbar, real und symbolisch zugleich. Alle Analogie ist symbolisch. — Ich finde meinen Körper durch sich und die Weltseele zugleich bestimmt und wircksam. Mein Körper ist ein kleines Ganzes, und hat also auch eine besondere Seele; denn ich nenne Seele, wodurch Alles zu einem Ganzen wird, das individuelle Princip. — — Was die Belebung des besondern Gliedes betrifft, so finde ich mich in dieser Hinsicht blos durch mich selbst, und zwar mittelbar durch die allgemeine Belebung bestimmt. Die Belebung selbst aber betreffend, so ist sie nichts anders, als eine Zueignung, eine Identification. Ich kann etwas nur erfahren, in sofern ich es in mir aufnehme; es ist also eine Alienation meiner selbst, und eine Zueignung oder Verwandlung einer andern Substanz in die meinige zugleich; das neue Produkt ist von den beyden Factoren verschieden, es ist aus beyden gemischt. Ich vernehme nun jede Veränderung der zugeeigneten Substanz als die meinige und eine fremde zugleich; als die meinige, in sofern ich sie überhaupt vernehme; als eine fremde, in wie fern ich sie so oder so bestimmt vernehme. Jeder Action in jenem entspricht eine gleichzeitige Action in mir, die Action des Vernehmens. Jeder Beschaffenheit dort entspricht eine vernehmende Erkenntniß-Beschaffenheit in mir. Ich unterscheide so viel Erkenntniß-Kräfte in mir, als es wirckende Kräfte dort giebt. Hier entstehn eben die sonderbaren Widersprüche in uns, über uns selbst. Wir würden ohne diese Beseelung keine solchen Unterscheidungen in uns machen. So entstehn nur diese Kräfte in und mittelst dieser Beseelung.

Ich selbst weiß mich, wie ich mich will, und will mich, wie ich mich weiß — weil ich meinen Willen will, weil ich absolut will. In mir ist also Wissen und Willen vollkommen vereinigt.

Indem ich meinen Willen, meine That, besonders noch vernehmen will, mercke ich, daß ich auch einen Willen haben, etwas thun kann, ohne daß ich darum weiß; ferner, daß ich etwas wissen kann und weiß, ohne daß ich es gewollt habe.

(Entschluß — Ausschluß. Unterschied zwischen Glied — Theil — Element. Theil ist blos quantitativ vom Ganzen unterschieden. Element ist ein bloßes Accidens, es steht also in Relation mit dem Ganzen. Glied ist eine Variation des Ganzen, es besteht aus denselben Elementen, die nur auf eine verschiedne und durch die Gesetze des Ganzen bestimmte Weise in denselben geordnet sind.)

Alles Werckzeug ist Vehikel einer fremden Aeußerung — Wirksamkeit. Es modificirt und wird modificirt. Die Ausführung ist ein Produkt der individuellen Beschaffenheit des Werckzeugs und der Gestion. Beyde können veränderlich seyn — so wird auch das Produkt veränderlich. Doch könnte der Fall eintreten, daß sie polarisch veränderlich sind, und dann ist das Produkt beständig und einerley.

Die Gestalt (Natur) des Werckzeugs ist gleichsam das eine Element des Produkts. So ist der Punct ein Element der Linie, die Fläche ein Element des Körpers. Aus diesem Beyspiel erhellt sich, wie mir scheint, der Begriff des Elements sehr mercklich.

Ich kann mit einem Werckzeug auf keine andre Weise wircksam seyn, als auf die, die ihm seine natürlichen Ver=

hältnisse bestimmen. So kann ich mit einem Meißel nur stoßen, schaben, schneiden oder sprengen; insofern er scharfes Eisen ist, ihn electrisch als Metall zum galvanischen Excitator gebrauchen. In beyden leztern Fällen wirckt er nicht mehr als Meißel. Ich fühle mich also durch jedes bestimmte Werckzeug auf eine besondre Art von Wircksamkeit eingeschränckt — diese besondre Sphäre kann ich freylich unendlich variiren — ich kann so manches stoßen, sprengen ꝛc. so oft die Wirckung modificiren — durch Aenderung des Stoffs, durch Variation der Elemente der Wirckung — die Resultate können unendlich verschieden seyn — das Resultat kann die Spaltung eines Steins — ein Pulverloch — eine Statue ꝛc. seyn.

Jedes Werckzeug modificirt also einerseits die Kräfte und Gedanken des Künstlers, die es zum Stoffe leitet und umgekehrt — die Widerstandswirckungen des Stoffs, die es zum Künstler leitet.

Reihe von Werckzeugen. Kette von Sinnen, die einander suppliren und verstärcken. (Directe und indirecte Wirckungen — z. B. directe Wirckung ist die Wirckung eines Kunstrads aufs Gestänge — hingegen das Ausströmen der Dämpfe und des Wassers, indem das Kunstrad das Ventil aufdrückt, ist nur eine indirecte Wirckung.)

Sind die Erscheinungen des Galvanism directe (nothwendige) oder indirecte (zufällige) Wirckungen der Schließung und Trennung der Ketten? Indirecte. Sind die Wirckungen der Außenwelt auf unsre Seele ꝛc. directe oder indirecte Wirckungen? Indirecte.

―――――

Wer mit dem Meißel mahlen, musiciren ꝛc., kurz zaubern könnte, bedürfte des Meißels nicht; der Meißel wär ein Ueberfluß. Uebrigens könnte ein Zauberstab auch ein indirectes Werckzeug seyn.

―――――

Durch Glauben armirt oder verstärckt man seine Kraft, seine Reitzbarkeit. (Sollte Reitzbarkeit nichts als fortdauernde Action, gespannte, permanente, sich selbst erhaltende Kraft seyn?) Das Phänomen der Reitzbarkeit ist Krampf. Alle Kraftäußerung ist instantant — vorüberschwimmend. Bleibende Kraft ist Stoff. Alle Kraft erscheint nur im Uebergehn.

In sofern ein Ding für mich da ist, bin ich sein Zweck — es bezieht sich auf mich. Es ist meinetwillen da. Mein Willen bestimmt mich — also auch mein Eigenthum. Die Welt soll seyn, wie ich will. Ursprünglich ist die Welt, wie ich will; wenn ich sie also nicht so finde, so muß ich den Fehler dieses Produkts in den beyden Factoren suchen, oder in Einem. Entweder ist die Welt eine ausgeartete Welt — oder mein widersprechender Willen ist nicht mein wahrer Willen — oder beydes zugleich ist ununterscheidbar zugleich wahr. Ausgeartetes Ich — ausgeartete Welt. Wiederherstellung.

Die Welt hat eine ursprüngliche Fähigkeit, durch mich belebt zu werden.

Sie ist überhaupt a priori von mir belebt — Eins mit mir. Ich habe eine ursprüngliche Tendenz und Fähigkeit, die Welt zu beleben. Nun kann ich aber mit nichts in Verhältniß treten, was sich nicht nach meinem Willen richtet, oder ihm gemäß ist. Mithin muß die Welt die ursprüngliche Anlage haben, sich nach mir zu richten, meinem Willen gemäß zu seyn.

Meine geistige Wirckſamkeit, meine Realisation von Ideen, wird also keine Decomposition und Umschaffung der Welt — wenigstens nicht, insofern ich Mitglied dieser bestimmten Welt bin — seyn können, sondern es wird nur eine Variations-Operation seyn können. Ich werde unbeschadet der Welt und ihrer Gesetze, mittelst derselben, sie für mich ordnen, einrichten und bilden können. Diese höhere Bildung streitet mit der mindern nicht, sie geht, unbeschadet dieser, ihren Weg und benuzt die Welt, die eben deshalb Welt ist, weil sie sich nicht vollständig und total bestimmt — und also noch mannichfach anderwärts her bestimmbar bleibt — welches bey einem vollkommnen, vernünftigen Individuo nicht der Fall ist — zu beliebigen Zwecken.

Zur Welt gehört also alles, was sich nicht absolut vollständig bestimmt — was einem andern Wesen noch zu mannichfachen Behuf dienen kann, ohne daß es davon weiß und dadurch gestört und im Wesentlichen verändert wird.

Ein vollkommen vernünftiges Wesen kann nicht einmal gedacht werden — ohne um diesen Gedanken zu wissen und ihn mit zu bestimmen. (Gott ꝛc.)

(Ein organischer Körper gehört in Rücksicht seiner innigen Gemeinschaft — und seines Grundsatzes: Alle für Einen und Einer für alle, nicht ganz in die Welt — er ist ein gemischtes Produkt.)

———

Seele und Körper wircken galvanisch auf einander, wenigstens auf eine analoge Art, deren Gesetze aber in einer höhern Region liegen.

———

[Alle Kranckheit entsteht durch widersprechende, gleichzeitige Empfindungen. Anhäufungen der Reitzbarkeit — selbst bey sthenischen Entzündungen. Der Aderlaß verbreitet höhere Reitzbarkeit überall und hilft dadurch. Mehrere Aderläße an verschiednen Orten zugleich.]

———

Ueber Hypochondrie und Eifersucht, zwey sehr merckwürdigen Phänomenen zur Kenntniß der Seele ꝛc.

———

Stoff, oder das Erregbare; sein Verhältniß zum Reitz. Verbindung des äußern und innern Reitzes. Die Welt ist die Summe des Vergangnen und von uns Abgelösten.

Liebe ist ein Produkt der Wechselreitzung zweyer Individuen — daher mystisch und universell und unendlich ausbildsam, wie das individuelle Princip selbst.

Alles was (uns) erregt, was (unsre) Aufmercksamkeit, Erregbarkeit an (auf) sich zieht — damit sucht sich das Erregte in ein bleibendes Verhältniß zu setzen — mit ihm verbunden zu bleiben und es gleichsam mit sich zu identificiren.

Allgemeine Anwendung der Wärme-Theorie.

[Je geringer die Capacität ist, desto schneller die Wirckung des Reitzes — desto empfindlicher der Stoß oder das Erregbare (desto leichtentzündbarer). Reitzbarkeit und Capacität stehn im umgekehrten Verhältnisse.

Capacität und Erregbarkeit stehn im Verhältnisse, wie O. und Phlogiston.]

Alles Mystische ist personell und mithin eine Elementar-Variation des Weltalls.

Alle Ueberzeugung ist unabhängig von der Naturwahrheit. Sie bezieht sich auf die magische, oder die Wunderwahrheit. Von der Naturwahrheit kann man nur überzeugt werden, insofern sie Wunderwahrheit wird. Aller Beweis fußt auf Ueberzeugung, und ist mithin nur ein Nothbehelf im Zustand des Mangels an durchgängiger Wunderwahrheit. Alle Naturwahrheiten beruhen demnach ebenfalls auf Wunderwahrheit.

Der Act des sich selbst Ueberspringens ist überall der höchste, der Urpunct, die Genesis des Lebens. So ist die Flamme nichts, als ein solcher Act. So hebt alle Philosophie da an, wo der Philosophirende sich selbst philosophirt, d. h. zugleich verzehrt (bestimmt, sättigt) und wieder erneuert (nicht bestimmt, frey läßt). Die Geschichte dieses Processes ist die Philosophie. So hebt alle lebendige Moralität damit an, daß ich aus Tugend gegen die Tugend handle; damit beginnt das Leben der Tugend, durch welches vielleicht die Capacität ins Unendliche zunimmt, ohne je eine Grenze, d. i. die Bedingung der Möglichkeit ihres Lebens zu verlieren.

Alles Leben ist ein überschwänglicher Erneuerungs-Proceß, der nur von der Seite den Schein eines Vernichtungs-Processes hat. Das Präcipitat des Lebens ist ein Lebendiges, Lebensfähiges. Wie sich Wärme zur Flamme verhält, so x zum Leben.

Der Eine Factor ist ein Lebendiges (Erregbares), der andere Leben (Reitz). (x ist subalterner; noch unter der Grenze befindliches Leben, besser, unvollkommne Wirckung des Lebens.) Das Produkt ist Leben. Beyde Factoren sind relativ und veränderlich. Daraus entsteht eine Reihe von Leben. Leben überhaupt wirckt in Allem. Nur heißt dasjenige, dessen Erregung die Grenze nicht erreicht, todt, todte Natur. x ist die Erregung und das Erregende der todten Natur.

Die Capacität der Materie (Oxigéne, organischer Stoff) ist unterschieden — daher es eine Leiter des Lebens giebt. Vielleicht hat die Pflanze ein einfaches, das Thier ein zweyfaches, der Mensch ein dreyfaches Leben 2c.

Das Wesentliche des Lebens ist das unaufhörliche, gleichförmige Strömen von z durch y. Z giebt im Durchgehn neue Energie der Capacität, neue Repulsivenergie gegen das äußre z.

Z überwältigt y + z, entzündet es, blos durch Uebermacht des Z gegen z. Aber gerade in dem Augenblick der Ueberwältigung, dem Moment u verliert Z an y + z etwas — es geht etwas von ihm hinüber — und so dauert das Leben von y + z durch den immer erneuten Kampf und Sieg — durch den verlängerten Moment u fort.

Alle Verzweiflung ist deterministisch — aber auch Determinismus ist ein Element des philosophischen Weltalls, oder Systems. Die Vereinzelung und der falsche Glaube an die Realität der Elemente ist die Quelle der meisten, vielleicht aller bisherigen Irrthümer.

Project zu einem Roman, beynah wie Werther. Zwey Liebende, die sich aus Ueberdruß des Lebens und der Menschen selbst tödten. Karacter: tiefe Wehmuth.

Eigentliche romantische Prosa — höchst abwechselnd, wunderbar, sonderliche Wendungen, rasche Sprünge, durchaus dramatisch. Auch zu kleinen Aufsätzen.

Es ist höchst begreiflich, warum am Ende alles Poesie wird. Wird nicht die Welt am Ende Gemüth?

Von Gott nur recht einfach, menschlich und romantisch gesprochen.

Auch Geschäftsarbeiten kann man poetisch behandeln. Es gehört ein tiefes, poetisches Nachdenken dazu, um diese Verwandlung vorzunehmen. Die Alten haben dies herrlich verstanden. Wie poetisch beschreiben sie Kräuter, Maschinen, Häuser, Geräthschaften ꝛc.

Eine gewisse Alterthümlichkeit des Styls, eine richtige Stellung und Ordnung der Massen, eine leise Hindeutung auf Allegorie, eine gewisse Seltsamkeit, Andacht und Verwunderung, die durch die Schreibart durchschimmert, — dies sind einige wesentliche Züge dieser Kunst, die ich zu meinem bürgerlichen Roman recht nöthig habe.

Arten der Prosa:	Johannes Müller. Göthe.
Vermischte Prosa.	Livius. Lavater. Friedrich
Dramatische Prosa.	Schlegel. Cervantes. Luther.
Epische Prosa.	Tieck. Altdeutsche Prosa.
Rhetorische Prosa.	Lessing. Böhm.
Oeconomische Prosa.	

Es fehlt noch an romantischer Anordnung und Veränderung in den Gedanken. Aeußerst simpler Styl, aber höchst kühne, romanzenähnliche, dramatische Anfänge, Uebergänge, Folgen; bald Gespräch, dann Rede, dann Erzählung, dann Reflexion, dann Bild und so fort. Ganz Abdruck des Gemüths, wo Empfindung, Gedanke, Anschauung, Bild, Gespräch, Musik rc. unaufhörlich schnell wechselt und sich in hellen, klaren Massen neben einander stellt.

Sonderbar, daß der eigentliche Grund der Grausamkeit Wollust ist.

In meinem Körper ist ein sehr schneller Oxydations- und Desoxydations-Proceß im Gange. Jedes hohle Gefäß sondert ab und saugt ein. Wunderlicher Zusammenhang der mannichfachen Theile des Körpers.

Durch unaufhörliches freyes Nachdenken muß man sich begeistern. Hat man gar keine Zeit zum Ueberschauen, zum freyen Meditiren, zum ruhigen Durchlaufen und Betrachten in verschiednen Stimmungen, so schläft selbst die fruchtbarste Fantasie ein, und die innre Mannichfaltigkeit hört auf. Für die Dichter ist nichts nützlicher, als eine flüchtige Betrachtung der vielen Weltgegenstände und ihrer Eigenschaften, sowie der mancherley Wissenschaften.

Ich lese jezt zu wenig und meditire zu wenig.

Wieder etwas Chymie, Physik, Geographie, Geschichte, alte Chroniken rc. Don Quichote, Shakespeare, Göthe, Tieck, Boccaz.

De officio judicis.

Intelligenz und Sinnenwesen — was dort einfach ist, ist hier mannichfach et vice versa. So mit Freyheit und Zwang, Allgemeinheit und Besonderheit, Qualität, Quantität, Relation, Modalität, Leiden und Thun, Position, Negation.

Von der productiven Einbildungskraft. Im bloßen Begriff der Bestimmung liegt der Begriff der Wechselbestimmung, des Entgegensetzens, der Substantialität. Darinn liegt auch der Grund, warum die höchste Bestimmung sich selbst immer mitbestimmt. Die Bestimmung des Unendlichen ist immer Bestimmung. Seyn — Bestimmtseyn $\overset{a}{\vdash}\!\!-\!\!-\!\!\overset{b}{\dashv}$ daher die Eintheilung des Grundes.

Adam und Eva. Was durch eine Revolution bewirckt wurde, muß durch eine Revolution aufgehoben werden. (Apfelbiß.)

Wenn ein Begriff Accidens wird, so stehn seine Bestandtheile in veränderter Ordnung, als wo er Substanz ist. Seine Bestandtheile sind aber ebenfalls Substanz und Accidens — folglich, wenn der ganze Begriff Accidens ist, so steht sein Accidens in ihm voran und ist Substanz. (Recht und Billigkeit.)

Ueber die Versöhnung — ihre Nothwendigkeit — Glauben und Sphäre der christlichen Religion.

Kategorieen — Urbeschaffenheiten eines Noumenons.

Im Manne ist Vernunft, im Weibe Gefühl (beydes positiv) das Tonangebende. Die Moralität des Weibes ist im Gefühl — wie die des Mannes in der Vernunft gegründet.

Ueber die verschiedne Art der Unterhaltung beyder Geschlechter.
(Der Mann darf das Sinnliche in vernünftiger Form, die Frau das Vernünftige in sinnlicher Form begehren.)
Das Beywesen des Mannes ist das Hauptwesen der Frau.

Das größeste Gut besteht in der Einbildungskraft.

Männer können Weiber, Weiber können Männer am natürlichsten gut unterhalten.

Der positiven Thätigkeit steht negative Leidenschaft entgegen, nicht positive.

Unterscheidung des Nichtzuunterscheidenden.

Recht von Richten — urtheilen — unterscheiden und beziehn. Es deutet auf ein bestimmtes Ausschließen eines bestimmten Gegenstandes. Alles Recht gründet sich auf Eigenthum. Das allgemeine Ich besizt ipso jure die Accidenzen, und zwar ex jure identitatis. Die Nothwendigkeit seines Daseyns begründet dieses Recht — was aber in dieser Sphäre noch nicht Recht ist — da nichts ist, was das Ich hier ausschließen könnte.
Es ist so, weil es so seyn muß. Es muß so seyn, weil es so ist.

Das Recht entsteht erst in der Sphäre der Individuen. In der Sphäre der absoluten Gattung hat es einen absoluten Grund. Das Individuum, welches ein Recht hat, ist sein Real=, das was ausgeschlossen wird, ist sein Idealgrund. Ich erhalte ein Recht worauf, wenn ich alle andern davon ausschließe. Alles Recht bezielt eine Befugniß. Materie und Form der Substanz des Rechts — Accidens desselben ist der Gegenstand, wozu ich ein Recht habe. Lezterer muß von der Beschaffenheit seyn, daß er eine besondre, ausschließliche Beziehung auf ein Individuum haben kann.

Die Materie der Rechtssubstanz wird durch das Individuum, welches ein Recht hat, bestimmt — die Form durch die Individuen, die ausgeschlossen werden. Bey beyden Bestimmungen wirckt die Beschaffenheit der Accidens mit.

(Das und Ein.) Die Gattung besteht aus Geschlechtern — dies wird im Lateinischen vorzüglich durch das Wort Genus, welches Gattung und Geschlecht bedeutet, ausgedrückt. (Generischer, Special= und Individual Begriff.) Der Mensch hat als solcher keine Rechte, aber er hat Rechte gegen einen Menschen, gegen den quantitativen Menschen. Nur die Substanz hat Rechte, nie die Accidens; denn nur die Substanz kann überhaupt: haben. (Real=Personal=Recht, oder besser generische, specielle und individuelle Rechte.)

———

Die doppelten Nerven, des äußern wie des innern Sinns — beyde können nur durch einander kurirt werden. — Zerstörung der ganzen Maschine durch Ausschweifung ist freylich auch den Nerven schädlich. Hier leiden sie aber nur mittelbar, dort unmittelbar, und in diesem Falle versteh ich auch nur die gegenseitige Kur.

(Innre Sinnlichkeit widersteht der äußern, wenn eine Begierde durch Vorstellung weicht.)

———

Die Kantischen Kategorieen sind blos für die accidentielle Substanz.

———

Die Rechte der Gattung derapiren den Rechten der Individuen et sic porro.

———

Die Idee eines Ganzen muß durchaus ein ästhetisches Werck beherrschen und modificiren. Selbst in den launigsten Büchern. Wieland, Richter und die meisten Komiker fehlen hier sehr oft. Es ist so entsezlich viel Ueberflüssiges und Langweiliges, recht eigentliche hors d'oeuvres, in ihren Wercken. Selten ist der Plan und die große Vertheilung ästhetisch. Sie haben nur ästhetische oder komische Laune, nicht ästhetisch komischen Sinn oder Geist. (Einheit des Mannichfachen.)

Es muß nichts Willkührliches, Regelloses in einer bestimmten Handlungsweise des menschlichen Geistes seyn — überall Kunst und Wissenschaft. Alle Wissenschaft ist etwas Positives — oder vielmehr, ihr muß etwas Gegebnes zum Grunde liegen. Sie ist vollständige Kenntniß eines Gegenstandes — Kunst — die vollkomme Anwendung einer Kenntniß.

———

Andre expressivere Zahlenbenennungen.

Ueber die Natur des Worts. Jedes Wort hat seine eigenthümliche Bedeutung, seine Nebenbedeutungen, seine falschen und durchaus willkührlichen Bedeutungen. Etymologie ist verschieden — genetische — pragmatische — (wie es gebraucht werden sollte).

———

(Es ist doch keine größere Freude, als alles zu verstehn, überall zu Hause zu seyn, von allem Bescheid zu wissen, überall sich helfen zu können. Will man dann auch überall das Rechte, sucht man überall guten, lebendigen Willen zu erregen, zu erhalten und alles zu einer schönen Absicht zu erheben, so kann man sich getrost für einen musterhaften Menschen halten und sich herzlich lieb haben und verehren.)

Ein Karacter ist ein vollkommen gebildeter Willen.

Wenn alles Anschießen, Festwerden und Verdichten mit Wärme verbunden — und jede Verflüchtigung, Zerrinnung und Verdünnung von Kälte begleitet ist, so macht das Lernen und Lieben im eigentlichen Sinne warm, und das Müßiggehn und die Absonderung kalt, und es lassen sich überhaupt manche Phänomene der Seele hieraus erklären.

Eine Geschichte ist ein eigenthümliches Produkt des Willens und des Verstandes — ohne deren Zuthun giebt es keine Geschichte — durch sie kann aber alles zur Geschichte, zum Beyspiel, zum Bilde eines Gesetzes werden.

Religiöse Fantasieen — Erbauungsbuch. Geistliche Lieder. Gebete für J(edermann). **Das heilige Leben oder die beßre Welt, eine Geschichte.** Loosungen.

Ueber die Sphäre der Frauen: die Kinderstube — die Küche — der Garten — der Keller — das Speisegewölbe — die

Schlafkammer — die Wohnstube — das Gastzimmer — der Boden oder die Rumpelkammer.

Unschuld und Unwissenheit sind Schwestern. Es giebt aber edle und gemeine Schwestern. Die gemeine Unschuld und Unwissenheit sind sterblich. Es sind hübsche Gesichterchen, aber ohne alle Bedeutung und nicht dauerhaft. Die edlen Schwestern sind unsterblich. Ihre hohe Gestalt ist unveränderlich, und ewig leuchtet ihr Antlitz vom Tage des Paradieses. Beyde wohnen im Himmel, und besuchen nur die edelsten und geprüftesten Menschen.

Manchen fehlt es an Gegenwart des Geistes — dafür haben sie desto mehr Zukunft des Geistes.

Luthers Idee der Versöhnung und des Verdienstes Christi. Begriff eines Evangelii. Läßt sich nicht die Verfertigung mehrerer Evangelien denken? Muß es durchaus historisch seyn? Oder ist die Geschichte nur Vehikel? Nicht auch ein Evangelium der Zukunft?

Vereinigung mit Tieck und Schlegel und Schleyermacher zu diesem Behuf.

Sonderbarer alter Schul- und Erziehungsgeist im Herrnhutismus — besonders meines Vaters.

Die Religion des unbekannten Gottes zu Athen.

Noch ist keine Religion. Man muß eine Bildungsloge ächter Religion erst stiften. Glaubt ihr, daß es Religion gebe? Religion muß gemacht und hervorgebracht werden durch die Vereinigung mehrerer Menschen.

Daß Denken auch Galvanismus sey, läßt sich äußerst wahrscheinlich machen — es läßt sich aber sehr viel drüber sagen — hin und her — gerade und verkehrt.

———

Sollte Kälte wircklich die Muskeln stärcken, so müßte Witz und Scherz und Leichtsinn auch wohl die geistigen Muskeln stärcken und erfrischen? und so wäre die Vermischung des Lustigen und Ernsthaften — die Verwebung des Lächerlichen mit dem Heiligen vielleicht eine sehr wohlthätige und heilsame Verbindung.

———

Neigungen sind materiellen Ursprungs — Anziehungs- und Abstoßungskräfte sind hier wircksam. Die Neigungen machen uns zu Naturkräften. Sie perturbiren den Lauf des Menschen, und man kann von leidenschaftlichen Menschen im eigentlichsten Sinn sagen, daß sie fallen. Wer sich den Neigungen unbedingt ergiebt, handelt selbst gegen das eigentliche Interesse der Neigungen, weil sie nur durch einen verhältnißmäßigen Widerstand eine volle und dauerhafte Wirckung thun können.

———

Es ist gewiß, daß mit Erfindungsgeist und Geschick sich jeder Gegenstand artig zu Papier bringen, zeichnen, coloriren und gruppiren läßt.

Mannichfaltigkeit in Darstellung von Menschenkaracteren — nur keine Puppen — keine sogenannte Karactere — lebendige, bizarre, inconsequente, bunte Welt — (Mythologie der Alten).

Elemente des Romantischen. Die Gegenstände müssen, wie die Töne der Aeolsharfe, daseyn, auf einmal, ohne Veranlassung — ohne ihr Instrument zu verrathen.

———

Die Physik ist nichts, als die Lehre von der Fantasie.

Die abstracten Wörter sind die Gasarten unter den Wörtern — das Unsichtbare — die abstracten Kräfte.

Synthetische Gedanken sind associirende Gedanken. Ihre Betrachtung führt auf die natürlichen Affinitäten — und Sippschaften der Gedanken. Gedanken müssen doch im Reiche der Gedanken wohl am besten Bescheid wissen. Idealism ist die Lehre von den Kräften oder Gasarten.

Ein Roman muß durch und durch Poesie seyn. Die Poesie ist nämlich, wie die Philosophie, eine harmonische Stimmung unsers Gemüths, wo sich alles verschönert, wo jedes Ding seine gehörige Ansicht, alles seine passende Begleitung und Umgebung findet. Es scheint in einem ächt poetischen Buche alles so natürlich — und doch so wunderbar. Man glaubt, es könne nichts anders seyn, und als habe man nur bisher in der Welt geschlummert — und gehe einem nun erst der rechte Sinn für die Welt auf. Alle Erinnerung und Ahndung scheint aus eben dieser Quelle zu seyn. So auch diejenige Gegenwart, wo man in Illusion befangen ist — einzelne Stunden, wo man gleichsam in allen Gegenständen, die man betrachtet, steckt und die unendlichen, unbegreiflichen, gleichzeitigen Empfindungen eines zusammenstimmenden Pluralis fühlt.

Höherer Mysticism der Kunst — als Veranstaltung des Schicksals, als Naturereigniß.

Die Menschen sind durch nichts, als Meynungen beschränckt. Daher ließe sich durch Meynung jeder Mensch erheben und erniedern. Wahrhafte Menschenliebe.

Allzugroße geistige Beweglichkeit und Sensibilität deutet auf Mangel an Capacität. (vid. die fantastischen, ahndungsvollen Menschen. Man kann sie als Meter brauchen.)

Aus Fichte's Voraussetzung der Logik und seiner Annahme Eines allgemeingeltenden Gedankens folgt seine ganze Philosophie nothwendig. Angewandte Logik ist die Wissenschafts=Lehre — weiter nichts. Die Philosophie fängt mit so einer Armseeligkeit, einem trivialen Gedanken an — das gehört zu ihrem Wesen. Mit einem Hauch fängt sie an. Die Wissenschafts=Lehre ist nichts, als ein Beweis der Realität der Logik — ihrer Zusammenstimmung mit der übrigen Natur, und völlig der Mathematik analog in Rücksicht ihrer Entdeckungen und Berichtigungen — und dessen, was sie leisten kann. Le Sage hat mit der Mathematik etwas Aehnliches geleistet.

Wenn unser körperliches Leben ein Verbrennen ist, so ist wohl auch unser geistiges Leben eine Combustion (oder ist dies gerade umgekehrt?). Der Tod also vielleicht eine Veränderung der Capacität.

Ritter's Ansicht der Entstehung und Verschwindung der Stoffe giebt auch Licht über den Tod. — Wer weiß, wo wir in dem Augenblick anschießen, in dem wir hier verschwinden. — Muß denn auf allen Weltkörpern einerley Art der Erzeugung seyn? Der Einfluß der Sonne macht es wohl wahrscheinlich, daß es die Sonne seyn könnte, wo wir wieder abgesezt werden.

Die eigentliche sichtbare Musik sind die Arabesken, Muster, Ornamente ⁊c.

Neue Ansicht des Theaters.

Der Tod ist das romantisirende Princip unsers Lebens. Der Tod ist — das Leben †. — Durch den Tod wird das Leben verstärckt.

Die Herrnhuter haben den Kindergeist einführen wollen? Aber ist es auch der ächte? Oder nicht vielmehr Kindermuttergeist — alter Weibergeist?

Wenn Christ sagt, werdet wie die Kinder, — so meynt er indeterminirte Kinder — nicht verzogene, verweichlichte, süßliche — moderne Kinder.

Psalmen. (Dr. Luthers Schriften. Zinzendorfs Schriften. Alte fromme Bücher und Predigten.)

Mir scheint ein Trieb in unsern Tagen allgemein verbreitet zu seyn — die äußre Welt hinter künstliche Hüllen zu verstecken — vor der offnen Natur sich zu schämen und durch Verheimlichung und Verborgenheit der Sinnenwesen eine dunkle Geisterkraft ihnen beyzulegen. Romantisch ist der Trieb gewiß — allein der kindlichen Unschuld und Klarheit nicht vortheilhaft; besonders bey Geschlechtsverhältnissen ist dies bemercklich.

Der vollendete Mensch muß gleichsam zugleich an mehreren Orten und in mehreren Menschen leben — ihm müssen beständig ein weiter Kreis und mannichfache Begebenheiten gegenwärtig seyn. Hier bildet sich dann die wahre, großartige Gegenwart des Geistes, die den Menschen zum eigentlichen Weltbürger macht und ihn in jedem Augenblicke seines Lebens durch die wohlthätigsten Associationen reizt, stärckt, und in die helle Stimmung einer besonnenen Thätigkeit versezt.

Es ist eine unangenehme Empfindung, bey einem bestimmten Endzweck überflüssige Worte zu hören, und da die Poesie nichts, als ein gebildeter Ueberfluß — ein sich selbst bildendes Wesen ist, so muß die Poesie recht zuwider werden, wenn man sie am unrechten Orte sieht, und wenn sie raisonniren und argumentiren, und überhaupt eine ernsthafte Miene annehmen will, so ist sie nicht mehr Poesie.

Daß die Poesie keine Effekte machen soll, ist mir klar. Affekte sind schlechterdings etwas fatales, wie Kranckheiten.

Selbst die Rhetorik ist eine falsche Kunst, wenn sie nicht zu Heilung von Volkskranckheiten und Wahnsinn methodisch gebraucht wird. Affekten sind Arzeneyen — man darf mit ihnen nicht spielen.

Klarer Verstand, mit warmer Fantasie verschwistert, ist die ächte, Gesundheitbringende Seelenkost. Der Verstand thut lauter vorhergesehene, bestimmte Schritte.

Ueber die Freyheit und Gemeinschaft im Reiche des Lichts. Sehen, so recht dynamisch.

Neue Behandlung der Moral (vid. Hemsterhuis).

Neues Studium des Thier- und Pflanzenreichs — comparative Naturgeschichte und Physiologie.

Erbauungsbücher — Predigten — Gebete — Neue Evangelien. Begriff des alten und neuen Testaments — Episteln. Geistliche Stücke auf dem Theater.

Geheimnisse der Kunst, jede Naturerscheinung, jedes Naturgesetz zur Formel zu gebrauchen — oder die Kunst, analogisch zu construiren.

Nichts bewahrt gewiß so sicher vor Unsinn — als Thätigkeit, technische Wircksamkeit.

———

Höchst mannichfaltige Ansichten der Natur.

Der Ton scheint nichts als eine gebrochne Bewegung in dem Sinn, wie die Farbe gebrochnes Licht ist, zu seyn.

Der Tanz ist auf das Engste mit der Musik verbunden und gleichsam ihre andre Hälfte. Ton verbindet sich gleichsam von selbst mit Bewegung.

Farbe ist gleichsam ein Neutralzustand der Stoffe und des Lichts — ein Bestreben, Licht zu werden des Stoffs — und ein entgegengeseztes Bestreben des Lichts.

Sollte alle Qualität ein gebrochner Zustand in der obigen Bedeutung seyn?

Lust an der Mannichfaltigkeit der Bewegungen.

Sollten die Krystallisationsformen — eine gebrochne Schwerkraft seyn?

Einfluß der Mischung auf die Figurenbildung.

Könnten nicht die Krystallformen electrischen Ursprungs seyn?

———

Bewegungsspiel — Freude an mannichfaltigen Bewegungen. Tanzspiel. Maschinen-Spiel. Electrischer Tanz.

———

Die Schreibart des Romans muß kein Continuum, es muß ein in jeden Perioden gegliederter Bau seyn. Jedes kleine Stück muß etwas Abgeschnittnes, Begränztes, ein eignes Ganze seyn.

———

Meynung ist individuell und wirckliche Meynung nur unter Meynungen. Welche also nicht alle übrigen necessitirt, ist noch keine wirckliche Meynung. So mit den Religionen, so den Naturwesen und Allem.

———

Der ächte Genuß ist auch ein Perpetuum mobile. (Ueberhaupt ist die Mechanik die brauchbarste Formel der Analogie für die Physik.) Er bringt sich eigentlich immer selbst wieder hervor, und daß dies nicht geschieht — die Friktion — ist der Grund alles Mißvergnügens und Unmuths in der Welt.

Warum kann in der Religion keine Virtuosität statt finden? Weil sie auf Liebe beruht. Schleyermacher hat Eine Art von Liebe, von Religion verkündigt — eine Kunstreligion, — beynah eine Religion wie die des Künstlers, der die Schönheit und das Ideal verehrt. Die Liebe ist frey —, sie wählt das Aermste und Hülfsbedürftigste am Liebsten.

Gott nimmt sich daher der Armen und Sünder am Liebsten an. Giebt es lieblose Naturen, so giebt es auch Irreligiöse.

Religiöse Aufgabe: Mitleid mit der Gottheit zu haben.

Unendliche Wehmuth der Religion. Sollen wir Gott lieben, so muß er hülfsbedürftig seyn. Wiefern ist im Christianismus diese Aufgabe gelöst?

Liebe zu leblosen Gegenständen. Menschwerdung der Menschen. Vorliebe Christi zur Moral.

Freyheit ist, wie Glück, dem schädlich und jenem nüzlich.

Ueberwindung des Lebens.

Verwandtschaft von Dank und Mitleiden.

Successive Construction durch Rede und Klang. Die Wirkung der Rede beruht auf dem Gedächtniß, die Redekunst lehrt die Regeln der Aufeinanderfolge der Gedanken zur Erreichung einer bestimmten Absicht. Jede Rede sezt die Gedanken erst in Bewegung und ist so eingerichtet, daß man die Gedankenfinger in der leichtesten Ordnung auf bestimmte Stellen sezt.

Wer keinen Sinn für Religion hätte — müßte doch an ihrer Stelle etwas haben, was für ihn das wäre, was andern die Religion ist, und daraus mögen wohl viel Streite entstehn, da beyde Gegenstände und Sinne Aehnlichkeit haben müssen und jeder dieselben Worte für das Seinige braucht, und doch beyde ganz verschieden sind — so muß daraus manche Confusion entspringen.

Komische Gespräche, zur Uebung mit großen Ideen und ächter Poesie vermischt.

Man muß schriftstellern, wie componiren.

Dichtkunst ist wohl nur willkührlicher, thätiger, produktiver Gebrauch unsrer Organe — und vielleicht wäre Denken selbst nicht viel etwas anders — und Denken und Dichten also einerley. Denn im Denken wenden ja die Sinne den Reichthum ihrer Eindrücke zu einer neuen Art von Eindrücken an — und was daraus entsteht, nennen wir Gedanken.

Die Vernichtung der Sünde, dieser alten Last der Menschheit, und alles Glaubens an Buße und Sühnung, ist durch die Offenbarung des Christenthums eigentlich bewirkt worden.

Ueber Substitutionsformeln in der Philosophie. Die ganzen Handgriffe lassen sich in der Philosophie nachmachen.

Hauptaufgabe: Wie läßt sich Qualität auf Quantität reduciren?

(Historische) Romane z. B. aus den Zeiten der Reformation — des Theophrasts Paracelsus — Niederländischen Kriegs — der Entdeckung von America — den ersten christlichen Zeiten — den Zeiten der Kreutzzüge — zu Jesus Zeiten — Mahomets Zeiten — Constantinopels Zerstörung.
Sehr viel Gespräch im Romane.

Die empfindsamen Romane gehören ins medicinische Fach zu den Kranckheitsgeschichten.

Das Leben eines gebildeten Menschen sollte mit Musik und Nicht=Musik schlechthin so abwechseln, wie mit Schlaf und Wachen.

Novelle. Ein Mann hat seine Geliebte gefunden — unruhig wagt er eine neue Schiffahrt — er sucht Religion ohne es zu wissen — Seine Geliebte stirbt — Sie erscheint ihm im Geiste nun, als die Gesuchte — Er findet zu Haus ein Kind von ihr und wird ein Gärtner. (Schifferleben — fremde Länder — Meer — Himmel — Wetter — Sterne — Gärtnerleben.)

Es ist seltsam, daß in einer guten Erzählung allemal etwas Heimliches ist — etwas Unbegreifliches. Die Geschichte scheint noch uneröffnete Augen in uns zu berühren — und wir stehn in einer ganz andern Welt, wenn wir aus ihrem Gebiete zurückkommen.

Predigten müssen Associationen göttlicher Inspirationen, himmlischer Anschauungen seyn.

Die musicalischen Verhältnisse scheinen mir recht eigentlich die Grundverhältnisse der Natur zu seyn.

Krystallisationen: acustische Figuren chemischer Schwingungen. (chemischer Sinn)

Genialische, edle, divinatorische, wunderthätige, kluge, dumme 2c. Pflanzen, Thiere, Steine, Elemente 2c. — Unendliche Individualität dieser Wesen, — ihr musicalischer und Individualsinn — ihr Karacter — ihre Neigungen 2c.

Es sind vergangene geschichtliche Wesen. Die Natur ist eine versteinerte Zauberstadt.

Bilder — allegorische aus der Natur. Mein Neuliches vom Springbrunnen   Regenbogen um die Quelle. Aufsteigende Wolken als Quellengebete.

Der Raum, als Niederschlag aus der Zeit — als nothwendige Folge der Zeit.

Mathematische Fragmente.

Polemik gegen Jurisprudenz und Staatsverbindung überhaupt.

Neue Arten von Haushalt. (Kunst ein Stück Erdoberfläche zu benutzen.) Weniger Aussaat — mehr Braache. Mehr Bearbeitung. Abschaffung der Viehzucht. Anwendung des Galvanism auf Oeconomie. (Ausdruck: saure Wiesen) Verbesserung des Erdbodens — Verbesserung der Lage.

Predigten sollten eigentlich Legenden heißen, denn der eigentliche Stoff der Predigten ist der Legendenstoff.

Unter Menschen muß man Gott suchen. In den menschlichen Begebenheiten, in menschlichen Gedanken und Empfindungen offenbart sich der Geist des Himmels am hellsten.

Religionslehre ist davon ganz abgesondert. Sie kann nur religiösen Menschen verständlich und religiös nuzbar seyn.

Religion kann man nicht anders verkündigen, wie Liebe und Patriotism. Wenn man jemand verliebt machen wollte, wie fienge man das wohl an?

Jede unrechte Handlung, jede unwürdige Empfindung ist eine Untreue gegen die Geliebte, ein Ehebruch.

Ueber das Verhältniß des Alten und Neuen Testaments: Die Häuslichkeit des erstern und die Weltbürgerlichkeit des leztern.

Sonderbares Zusammentreffen der Gründung des Christenthums und der römischen Monarchie.

Tragoedische Gestalt des ersten Christenthums.

Entstehung des Rittergeistes in den Kreutzzügen. In den Kreutzzügen ist Europa sichtbar. Neue Ansicht der Kreutzzüge. Andrer Gesichtspunct für die Geschichte, die Gibbon behandelt hat — die Scheidung der alten und neuen Welt, des alten und neuen Testaments, den Sieg des Uebersinnlichen, die Verwandlung des Himmels, die römische Republik als Weltopfer.

Behandlung der Geschichte, als Evangelium. Mönche, als Geschichtschreiber. Zeitpunct der Entdeckung von America.

Experimentalreligionslehre.

Es giebt nur Einen Tempel in der Welt, und das ist der menschliche Körper. Nichts ist heiliger, als diese hohe Gestalt. Das Bücken vor Menschen ist eine Huldigung dieser Offenbarung im Fleisch. (Göttliche Verehrung des Lingam, des Busens, der Statuen.) Man berührt den Himmel, wenn man einen Menschenleib betastet.

Ueber die Tödtung krüppelhafter, alter und krancker Menschen.

Die Geschichte Christi ist eben so gewiß ein Gedicht wie eine Geschichte, und überhaupt ist nur die Geschichte Geschichte, die auch Fabel seyn kann.

Partielle Geschichten sind durchaus nicht möglich. Jede Geschichte muß Weltgeschichte seyn, und nur in Beziehung auf die ganze Geschichte ist historische Behandlung eines einzelnen Stoffs möglich.

Aecht litterärisch ist die Schreibart in Folianten.
Ungeheure Litteratur, Schätze des Mittelalters.

Das Naive ist nicht polarisch. Das Sentimentale ist es.

Religiosität der Physiognomik. Heilige, unerschöpfliche Hieroglyphe jeder Menschengestalt. Schwierigkeit, Menschen wahrhaft zu sehn. Relativität und Falschheit der Begriffe von schönen und häßlichen Menschen. Recht häßliche Menschen können unendlich schön seyn. Oeftere Beobachtung der Mienen. Einzelne Offenbarungsmomente dieser Hieroglyphe.

Poetische Fantasien über den Sinnengenuß.
Herders Paramythien — ähnliche aus der Bibel — von Jesus 2c. — nur allegorischer und poetischer.

Es giebt keine Religion, die nicht Christenthum wäre.
Erhöht die Religion, wie der Galvanism, alle natürliche Functionen? Durch Enthaltsamkeit comprimirte Religion.

In gottesdienstlichen Versammlungen sollte jeder aufstehn und aus dem Schatze seiner Erfahrungen göttliche Geschichten den Andern mittheilen. Diese religiöse Aufmercksamkeit auf die Sonnenblicke der andern Welt ist ein Haupterforderniß des religiösen Menschen. Wie man alles zum Gegenstande eines Epigramms oder eines Einfalls machen kann, so kann man auch alles in einen Spruch, in ein religiöses Epigramm, in Gottes Wort verwandeln.

Das Lamentable unsrer Kirchenmusik ist blos der Religion der Buße, dem alten Testament, angemessen, in dem wir eigentlich noch sind. Das neue Testament ist uns noch ein Buch mit sieben Siegeln.

Wir haben aber einige treffliche Versuche wahrer geistlicher Musik, z. B. God save und: Wie sie so sanft ruhn ꝛc.

Ist ein wahrer Unterschied zwischen Weltlichem und Geistlichem? Oder ist gerade diese Polarität unsrer Theologie noch alttestamentlich? Judaism ist dem Christenthum schnurstracks entgegen und liegt, wie dieses, allen Theologieen gewissermaaßen zum Grunde.

Moralisirt, der ächte Geist Gottes. Der Moralist ist der Johannes.

Klosterkirchen, wie die Unsrigen schicken sich nur für eine Ecclesia pressa — nicht für die Ecclesia Triumphatrix. Der ächt gothische Tempel ist wahrhaft religiös. (Griechische Tempel.)

Cultur des Enthusiasmus. Die Hörsäle sind vielleicht dem Theater entgegengesezt, insofern dasselbe zur Erregung des Enthusiasmus, zur Bildung und Sammlung des Herzens und Gemüths bestimmt wird.

Ueber den Ausdruck: Glaubenslehren.

(Der protestantische Gottesdienst ist fortlaufende Apotheose der Bibel — Evangelium, daß es eine Bibel gebe.)

(Es ist unmöglich, daß ein Mensch in wiederkehrenden bestimmten Stunden ächte Religionsvorträge halten kann, daher der Vorzug der Quäker=Sitte, daß jeder aufsteht und spricht, wenn er begeistert ist.)

Es giebt mehrere Arten von Vorträgen; manche sind poetisch, manche dogmatisch oder besser scientifisch, andre herzlich, manche blos conversativ, manche wahrhafte Inspirationen.

(Der Vortrag der protestantischen Prediger soll eigentlich musicalisch seyn, und zwar eine Variation; doch kann er auch nur Auslegung oder conversativ seyn.)

Das Gebet und der Segen sind die eigentlich religiösen Acta unsers Gottesdienstes, der sonst musicalisch und scientifisch oder theologisch ist.

Nessir und Zulima, die Bekenntnisse der schönen Seele und das Heimweh sind ächte Legenden oder Predigten. (Legende = Evangelium.)

Soldaten haben bunte Kleider, weil sie die Blüthen des Staats sind, die weltlichen Enthusiasten, Oxyde.

Die Geistlichen sind reiner Kohlenstoff — durchaus brennlicher, Lichtconcentrirender, bindender Natur, wärmend und glühend. Große Verwandtschaft zum Sauerstoff.

Im Staate muß alles Privatrecht und Eigenthum historisch documentirt werden können. Was nicht ausdrücklich jemand gehört, gehört dem Staate. Der Staat wird, wie die Ehe, unter kirchlicher Sanktion geschlossen — es ist eine Personalverbindung. Was der Privatmann hat, das hat er vom Staate. Abgaben sind zu erstattender Verlag — Staatsbesoldung.

Es ist sonderbar, daß nicht längst die Association von Wollust, Religion und Grausamkeit die Menschen aufmercksam auf ihre innige Verwandtschaft und ihre gemeinschaftliche Tendenz gemacht hat.

Naturgenuß und Naturwissenschaft. — Naturverba oder Operationen und dann Substitutionen.

Was bildet den Menschen, als seine Lebensgeschichte? Und so bildet den großartigen Menschen nichts, als die Weltgeschichte.

Manche Menschen leben besser mit der vergangenen Zeit und der zukünftigen, als mit der gegenwärtigen.

Auch ist die Gegenwart gar nicht verständlich, ohne die Vergangenheit, und ohne ein hohes Maaß von Bildung, eine Sättigung mit den höchsten Produkten, mit dem gediegensten Geist des Zeitalters und der Vorzeit, und eine Verdauung, woraus der menschlich profetische Blick entsteht, dessen der Historiker, der thätige, idealistische Bearbeiter der Geschichtsdaten nicht so entbehren kann, wie der grammatische und rhetorische Erzähler.

Der Historiker muß im Vortrag oft Redner werden. Er trägt ja Evangelien vor, denn die ganze Geschichte ist Evangelium.

Historisches Gemählde der Revolution.

Bücher sind eine moderne Gattung historischer Wesen, aber eine höchstbedeutende. Sie sind vielleicht an die Stelle der Traditionen getreten.

Kranckheiten müssen als körperlicher Wahnsinn und zwar als fixe Ideen zum Theil angesehen werden.

Das ist ein eigener Reitz der Republik, daß sich alles in ihr viel freyer äußert. Tugenden und Laster, Sitten und

Unarten, Geist und Dummheit, Talent und Ungeschicklichkeit treten viel stärker hervor, und so gleicht eine Republik dem tropischen Klima, nur nicht in der Regelmäßigkeit der Witterung.

Viele Tage gehen vorüber, ohne eine Spur hinter sich zu lassen. Nur wenige bleiben als feste Puncte des Lebens stehn. Keiner verdient wohl fester gehalten zu werden, als der Hochzeittag. Was ist der Hochzeittag? Wir feyren heute einen solchen Tag. Laßt ihn uns ewig im Andenken behalten. Die Aelteste führt auch hier billig den Reigen. Die meisten Hochzeittage werden Tage der trüben Erinnerung — dieser wird es nicht seyn. Der Tag sey uns allen ein Tag des festern Bundes — ein ächter Familientag. Der Kranz soll ihr bleiben. Jezt soll er erst blühen. Der Hochzeittag der Eltern.

Eine seltsame Aehnlichkeit, einen Irrthum, irgend einen Zufall zusammen: so entstehn wunderliche Einheiten und eigenthümliche Verknüpfungen — und Eins erinnert an alles, wird das Zeichen vieler und wird selbst von vielen bezeichnet und herbeygerufen. Verstand und Fantasie werden durch Zeit und Raum auf das sonderbarste vereinigt, und man kann sagen, daß jeder Gedanke, jede Erscheinung unsers Gemüths das individuellste Glied eines durchaus eigenthümlichen Ganzen ist.

Hamlet ist eine Satyre auf ein modernes zivilisirtes Zeitalter, gewissermaaßen eine Aeußerung des englischen Nationalhasses gegen Dänemark. Norwegen steht mit Fleiß in Heldenherrlichkeit triumphirend dahinten. Die hohe Schule von Wittenberg ist ein höchstwichtiger Umstand — Hamlet soll Held seyn, und ist ein Gelehrter ꝛc. Frankreich paßt gut dazu. Einige erhabene Ideen schimmern durch und erheben das Ganze. Ophelias Wahnsinn und der Geist sind poetische Erscheinungen.

———

Die christliche Religion ist auch dadurch vorzüglich merckwürdig, daß sie so entschieden den bloßen guten Willen im Menschen und seine eigentliche Natur, ohne alle Ausbildung, in Anspruch nimmt, und darauf Werth legt. Sie steht in Opposition mit Wissenschaft und Kunst und eigentlichen Genuß.

Vom gemeinen Manne geht sie aus. Sie beseelt die große Majorität der Beschränckten auf Erden.

Sie ist das Licht, was in der Dunkelheit zu glänzen anfängt.

Sie ist der Keim alles Democratismus, die höchste Thatsache der Popularität.

Ihr unpoetisches Aeußre, ihre Aehnlichkeit mit einem modernen häuslichen Gemählde scheint ihr nur geliehen zu seyn.

Sie ist tragisch und doch unendlich mild; ein ächtes Schauspiel, Vermischung des Lust= und Trauerspiels.

Die griechische Mythologie scheint für die gebildeteren Menschen zu seyn — und also in gänzlicher Opposition mit dem Christenthum. Der Pantheism ist ein drittes Ende.

———

Spinoza ist ein Gotttrunkener Mensch.

Ton zu jeder Gestalt, — Gestalt zu jedem Ton.

Pflanzenähnlichkeit der Weiber. Dichtungen auf diese Idee. (Blumen sind Gefäße.)

Chemische, organische und physiologische Natur der Schönheit eines Körpers.

Fantasie, wie ein Mährchen, über die wunderlichsten Gegenstände.

Sonderbare Natur meines politischen Romans. Sichtbarer Naturstand — unsichtbare Monarchie.

Sollten die Naturkräfte gerade in gegenseitigen und individuellen Verhältnissen stehn, wie die Glieder an unserm Körper?

Im Heinrich ist zulezt eine ausführliche Beschreibung der innern Verklärung des Gemüths. Er kommt in Sofiens Land — in die Natur, wie sie seyn könnte — in ein allegorisches Land.
Der kayserliche Hof muß eine große Erscheinung werden. Das Weltbeste versammelt. Dunkle Reden von America und Ostindien 2c. Gespräch mit dem Kayser über Regierung, Kayserthum 2c.
Poetischer Zusammenhang und Anordnung von Heinrich.

Sphäre einer beschränckten Kraft ist ihr Raum. Specifisch verschiedne Räume. (Nicht auch Zeiten?) Was das Licht in der Sphäre der expansiven, concentrativen und intensiven Kraft ist — so etwas muß es für jede specifische Kraft geben.

———

Schwäche ist überhandnehmende, vorwaltende, karacterisirende fremde Kraft.

———

Neigungen zu haben und sie zu beherrschen ist rühmlicher als Neigungen zu meiden.

———

Gleichnisse à la Lessing, aus dem gemeinen Leben. Gemeiner Witz.

———

Galvanism zwischen zwey bis drey und mehreren Menschen, vermittelst der Metalle.

———

Wie feuriger Wein dem leichten Stöpsel folgt, so fliegt die Jugend leichtfertigen Mädchen nach. Der Leichtsinn genialischer Menschen ist wie der Korck auf der Weinflasche; wird der Korck beweglich, so rührt sich auch der Wein.

———

Eine wahrhafte Liebe zu einer leblosen Sache ist wohl gedenkbar, auch zu Pflanzen, Thieren, zur Natur — ja, zu sich selbst. Wenn der Mensch erst ein wahrhaft innerliches Du hat, so entsteht ein höchst geistiger und sinnlicher Umgang, und die heftigste Leidenschaft ist möglich. Genie ist vielleicht nichts, als Resultat eines solchen innern Plurals. Die Geheimnisse dieses Umgangs sind noch sehr unbeleuchtet.

Ueber Adern und Gefäßbildung; Haut, Knochen, Nerven und Muskeln.
Weit feiner und flüssiger, die Knochensubstanz, nicht consistenter wie Luft.
Sollte unsere Atmosphäre nicht oft so organisirt und animirt werden können? vid. Magnetism.

Profezeyungen könnten auch aus Gefälligkeit und Einmüthigkeit des Schicksals mit dem Profeten wahr werden.

Alle Flamme ist eine Wassererzeugung.

Vermehrung der Kraft durch weitgehenden Widerstand.

Nähere, vergleichende Betrachtung der Verwandtschaften der Glieder am menschlichen Körper, der Kranckheitssymptome, der Kranckheiten selbst, der möglichen Kranckheiten.

Seelenmagnet.

Sollten mehrere unsrer Gefühle nicht sympathetische Gefühle mit den Leiden und Affecten unsrer einzelnen Glieder seyn?

Ueber das Poetische der Armuth und Unordnung.

Wenn man recht hungrig ist, so kann man sich durch andere Reitze helfen. So äußert sich oft ein Bedürfniß oder eine Kranckheit, ein Reitz, auf eine ganz fremde Weise, durch ein anderes Organ, durch andre Bedürfnisse und Neigungen (gastrische Kranckheiten). Der Mensch ist durch viele Stricke oder Reitze ans Leben gebunden, niedrige Naturen durch wenigere.

Je erzwungner das Leben ist, desto höher.

Ich bin überzeugt, daß man durch kalten, technischen Verstand und ruhigen, moralischen Sinn eher zu wahren Offenbarungen gelangt, als durch Fantasie, die uns blos ins Gespensterreich, diesen Antipoden des wahren Himmels, zu leiten scheint.

Mühe und Pein haben eine angenehme Reaction. Sie sind Heilmittel, und daher scheinen sie den Menschen so verdienstlich und wohlthätig.

Karactermenschen sind Werckzeuge. Im Staat muß man deswegen vielleicht auch einen innern Karacter haben. Die Idee der Reactionen ist eine ächte, historische Idee.

Ich muß ordentlichen Aberglauben zu J(esus) haben. (Der Aberglaube ist überhaupt nothwendiger zur Religion, als man gewöhnlich glaubt.)

Thierisch magnetische Versuche.

Es kann oft regnen, ohne daß ein Tropfen herunter kömmt.

Bey heftigen Wind sind die Tropfen klein, wegen der schnellen Verdunstung. Dicke Tropfen zeugen von einer gänzlichen Sättigung der Luft, oder von ihrer wenigen Verschluckungsfähigkeit, oder von dem Daseyn eines niederschlagenden Mittels in großer Menge: daher die gemeine Meynung eines starcken, darauf folgenden Regens.

Wind befördert die Capacität der Luft für das Wasser — befördert die Verdunstung; daher kein Regen zur selben Zeit.

Kälte vermehrt auch die Capacität der Luft, daher man oft sagt, es sey zu kalt um zu regnen.

Die Verkühlung macht wohl überhaupt weniger den Dunst in der Vorlage zu Dampf, weil zu wenig Luft da ist zur Aufnahme.

Einfluß der Nacht auf die Witterung — des Sommers, des Winters (Morgen= und Abendröthe; Gestalt und Durchsichtigkeit und Lage und Farbe der Wolken und Gang. Anziehende Kraft der Wolken.) (Nothwendigkeit der vergleichenden Meteorologie.)

Man kann auch sagen, daß sich alle Dinge zur Erde selbst herabziehn. Sie wollen sie an sich ziehn, und weil dies nicht geht, so nähern sie sich ihr immer, — um die Anziehungskraft zu verstärcken.

Jesus der Held. Sehnsucht nach dem heiligen Grabe. Kreutzlied. Nonnen und Mönchslied. Der Anachoret. Die Weinende. Der Suchende. Das Gebet. Sehnsucht nach der Jungfrau. Die ewge Lampe. Sein Leiden. Jesus in Sais.

Das Lied der Todten.

Kein Umstand in der Religionsgeschichte ist merckwürdiger als die neue Idee im entstandnen Christenthum: einer Menschheit und einer allgemeinen Religion; damit entstand der Proselitism. Auch höchst sonderbar ist die Versprengung der orientalischen Juden ins Abendland und die Verbreitung der neuen Religion unter ein Volk von civilisirten Weltüberwindern — das sie den besiegten und rohen Nationen mittheilte.

Unnütze und gemeine Ansicht des Nutzens.

Es ist eine falsche Idee, daß man Langeweile haben würde, wenn man alles wüßte. Jede überwundne Last befördert die Leichtigkeit der Lebensfunctionen, und läßt eine Kraft übrig, die nachher zu etwas andern übrig bleibt. Es ist mit dem Wissen, wie mit dem Sehn, — je mehr man sieht, desto besser und angenehmer ist es. Ist man übler dran, weil man sieht?

Unwissenheit und Blindheit sind analog. (Farben des Wissens.)

Der Buchstabe ist, was ein Tempel oder Monument ist; ohne Bedeutung ist es freylich todt. (Ueber die Verwandlung des Geists in Buchstaben.) Es giebt geistvolle Historiker des Buchstabens, philologische Antiquare. (Der Antiquar ist eigentlich ein Restaurator des Buchstabens, ein Auferwecker desselben. Nutzen des Buchstabens.)

Die Natur ist nichts als lauter Vergangenheit, ehemalige Freyheit; daher durchaus Boden der Geschichte.

In jeder Bewegung in der Natur liegt Grund zu einer beständigen Mobilität.

Alles Sichtbare haftet am Unsichtbaren, das Hörbare am Unhörbaren, das Fühlbare am Unfühlbaren. Vielleicht das Denkbare am Undenkbaren.

Das Fernrohr ist ein künstliches, unsichtbares Organ. (Gefäß.)

Die Einbildungskraft ist der wunderbare Sinn, der uns alle Sinne ersetzen kann und der so sehr schon in unsrer Willkühr steht. Wenn die äußren Sinne ganz unter mechanischen Gesetzen zu stehn scheinen, so ist die Einbildungskraft offenbar nicht an die Gegenwart und Berührung äußrer Reitze gebunden.

Herders Plastik pag. 7. Man lehrte den Blindgebornen und Sehendgewordenen sein Gefühl sichtlich erkennen. Er vergaß oft die Bedeutungen der Symbole des Gefühls, bis sein Auge Fertigkeit erhielt, Figuren des Raums und Farbenbilder als Buchstaben voriger Körpergefühle anzusehn, sie mit diesen schnell zusammenzuhalten und die Gegenstände um sich zu lesen.

———

Die Einheit des Bildes, der Gestalt der mahlerischen Compositionen beruht auf festen Verhältnissen, wie die Einheit der musicalischen Harmonie. (Harmonie und Melodie.)

———

Raum. Plastik. Gesicht. Fläche.
Zeit. Musik. Gehör. Ton.
Kraft. Poesie. Gefühl. Körper. (Herder.)

———

Unser Körper ist ein Theil der Welt — Glied ist besser gesagt. Es drückt schon die Selbstständigkeit, die Analogie mit dem Ganzen, kurz, den Begriff des Microcosmus aus. Diesem Gliede muß das Ganze entsprechen. So viel Sinne, so viel Modi des Universums — das Universum völlig ein Analogon des menschlichen Wesens in Leib, Seele und Geist. Dieses Abbreviatur, jenes Elongatur derselben Substanz.

———

Auf die Welt soll ich und will ich im Ganzen, nicht willkührlich wircken — dafür hab ich den Körper. Durch Modification meines Körpers modificire ich mir meine Welt, durch Nichtwircksamkeit auf das Gefäß meines Daseyns bilde ich mir ebenfalls indirecte meine Welt.

———

Der Baum kann nur zur blühenden Flamme, der Mensch zur sprechenden, das Thier zur wandelnden Flamme werden.

———

Alles was wahrgenommen wird, wird nach Maaßgebung seiner Repulsivkraft wahrgenommen.

Erklärung des Sichtbaren und Erleuchteten nach Analogie der empfindbaren Wärme. So auch mit den Tönen. Vielleicht auch mit den Gedanken.

———

Electricität, Magnetism, Galvanism scheinen mir jezt allerdings gleichsam allgemeine, abstracte Formeln der mannichfaltigen chemischen Processe der Natur zu seyn — also alles angewandte Electricität oder Magnetism oder Galvanism.

———

Historie ist angewandte Moral und Religion, auch angewandte Anthropologie im allgemeinern Sinne. Daher der wunderbare Zusammenhang der Geschichte mit unsrer Bestimmung — des Christenthums und der Moral.

Wir tragen die Lasten unsrer Väter, wie wir ihr Gutes empfangen haben, und so leben die Menschen in der That in der ganzen Vergangenheit und Zukunft und nirgends weniger als in der Gegenwart.

Der heilige Geist ist mehr, als die Bibel. Er soll unser Lehrer des Christenthums seyn — nicht todter, irrdischer, zweydeutiger Buchstabe.

———

Es ist nicht das Wissen allein, was uns glücklich macht, es ist die Qualität des Wissens, die subjective Beschaffenheit des Wissens. Vollkommnes Wissen ist Ueberzeugung; und sie ist's, die uns glücklich macht und befriedigt. Todtes — lebendiges Wissen.

———

Worinn eigentlich das Wesen der Poesie bestehe, läßt sich schlechthin nicht bestimmen. Es ist unendlich zusammengesezt und doch einfach. Schön, romantisch, harmonisch sind nur Theilausdrücke des Poetischen.

Anweisung, als Mensch Subject zu seyn — Anweisung, als Mensch Object zu seyn.

Die Lehre von der Gnade und die Lehre vom freyen Willen widersprechen sich garnicht, wenn sie recht verstanden werden; beydes gehört zu einem Ganzen und oft necessitiren sie sich.

Herder. Vater. Ritter. Unger. Thielemann. Kreisamtmann.

Die Philosophie ist, wie alle synthetische Wissenschaft, wie die Mathematik, willkührlich. Sie ist eine ideale, selbsterfundene Methode, das Innre zu beobachten, zu ordnen 2c.

Auch kann die Philosophie die unerreichbare Wissenschaft kat exochin, das wissenschaftliche Ideal seyn?

Gleich ab von Fröhlichkeit und Trauer, vom Lustigen und Rührenden (ist) sowohl der verständige Mensch, als der wahre Dichter. (Heiterer, verständiger Ernst.)

Lieder, Epigramme 2c. sind für die Poesie, was Arien, Angloisen 2c. für die Musik sind.

Sonaten und Symphonieen 2c. — das ist wahre Musik.

So muß auch die Poesie schlechthin blos verständig, künstlich, erdichtet, fantastisch 2c. seyn.

Shakespeare ist mir dunkler, als Griechenland. Den Spaß des Aristophanes versteh ich, aber den Shakespeares noch lange nicht. Shakespeare versteh ich überhaupt noch sehr unvollkommen.

Wenn der Spaß poetisch seyn soll, muß er durchaus unnatürlich und Maske seyn.

Auch auf dem Theater tyrannisirt der Grundsatz der Nachahmung der Natur. Darnach wird der Werth des Schauspiels gemessen. Die Alten verstanden das auch besser. Bey ihnen war alles poetischer.

Unser Theater ist durchaus unpoetisch — nur Operette und Oper nähern sich der Poesie, und doch nicht in den Schauspielern, ihrer Action 2c.

Gedanken sind nur mit Gedanken gefüllt, nur Denk=
funktionen, wie Gesichte Augen= und Lichtfunktionen. Das
Auge sieht nichts wie Auge — das Denkorgan nichts wie
Denkorgane, oder das dazu gehörige Element.

Ueber den Mechanism des Denkens — Machen und
Betrachten zugleich — in einem unzertrennten Acte.

Philosophiren ist nur ein dreyfaches oder doppeltes
Wachen, — Wachseyn — Bewußtseyn.

Jacobi hat keinen Kunstsinn, und darum verfehlt er den
Sinn der Wissenschaftslehre, sucht derbe, nüzliche Realität
und hat keine Freude am bloßen Philosophiren, am heitern,
philosophischen Bewußtseyn — Wircken und Anschauen.

Sollte die Natur nicht an sich verständlich seyn, gar
keines Commentars bedürftig? Bloße Beschreibung, reine
Erzählung hinlänglich?

Göthes Meynung, daß jede Substanz seine engeren
Rapports mit sich selbst habe, wie das Eisen im Magnetism.

Die Sprache ist für die Philosophie, was sie für Musik
und Mahlerey ist, nicht das rechte Medium der Darstellung.

Ueber den Begriff des Betens. Beten ist in der Religion,
was Denken in der Philosophie ist. Beten ist Religion

machen — Predigten sollten eigentliche Gebete seyn. Der religiöse Sinn betet, wie das Denkorgan denkt. Religion geht auf Religion. Sie hat eine eigne religiöse Welt, ein eignes religiöses Element.

Der Mensch ist unter den Thieren, oder in der Natur, was Staat und Philosophie in ihren Verhältnissen sind: das Associationswesen.

Mögliche Veränderung des Weltraums. Unpoesie der astronomischen Natur.

An Schelling die Erzählung von der Rauschenberger (?) Schlacht. Honigstein an Göthe. Böhme von Weimar. Astronomische Ideen an Schlegel.

Die Ehe bezeichnet eine neue, höhere Epoke der Liebe: die gesellige, die Zwangs=Liebe, die lebendige Liebe. Die Philosophie entsteht mit der Ehe.

Der Mensch ist eine Sonne, seine Sinne sind seine Planeten.

Polemik gegen Göthe. Durch die Welt, wie sie ist, sind die Menschen Menschen; daher ihr Drang nach Einverständniß — denn dadurch sind sie Menschen.

Umgang mit dem Poetischen, dem Romantischen, der alten Welt ꝛc. Lektüre des Heterogenen, Romantischen.

Nach Jacobi — Fichtes Theorie der Bewegungen im widerstrebenden Mittel, in der Intellectualwelt —.

Poesie, über die Construction des Innern.

Ritters Art, die Physik zu behandeln. Meine Idee vom Princip der Personalität in jeder Substanz — oder der Kraft des Hypomochlions.

Richters Stöchyometrische Untersuchungen.

Idee, daß mehrere Metalle in einander stecken.

Den 1ten Februar 1800.
Dramatische Darstellung in einzelnen, unabhängigen Capiteln. Unbequemlichkeiten einer chronologisch fortschreitenden Erzählung.

Eigner historischer Sinn und Tact. Eigenthümlicher Geist jeder Begebenheit.

Die Guitarre, oder Reliquien romantischer Zeit. Eine Sammlung Romanzen von Novalis.

Abhandlung über Jacob Boehme — seinen Werth, als Dichter. Ueber dichterische Ansichten der Natur überhaupt.
Ansicht der alten Arzeneykunde. Ihr dichterischer Werth. Wunderbarkeit der mathematischen Figuren.
Ueber die Methode, die Heilkunde wircklich als experimentale Physik zu behandeln.

Gegen Wilhelm Meisters Lehrjahre. Es ist im Grunde ein fatales und albernes Buch — so pretentiös und pretiös — undichterisch im höchsten Grade, was den Geist betrifft, so poetisch auch die Darstellung ist. Es ist eine Satyre auf die Poesie, Religion ꝛc. Aus Stroh und Hobelspänen ein wohlschmeckendes Gericht, ein Götterbild zusammengesezt. Hinten wird alles Farce. Die Oeconomische Natur ist die Wahre, Uebrigbleibende.

Göthe hat auf alle Fälle einen widerstrebenden Stoff behandelt. Poetische Maschinerie.

Friedrich verdrängt Meister von der Philine und drängt ihn zur Natalie hin. Die Bekenntnisse sind eine Beruhigung des Lesers — nach dem Feuer, Wahnsinn und wilden Erscheinungen der ersten Hälfte des dritten Theils.

Das viele Intriguiren und Schwatzen und Repräsentiren am Schluß des vierten Buchs verräth das vornehme Schloß und das Weiberregiment — und erregt eine ärgerliche Peinlichkeit.

Der Abbé ist ein fataler Kerl, dessen geheime Oberaufsicht lästig und lächerlich wird. Der Thurm in Lotharios Schlosse ist ein großer Widerspruch mit demselben.

Die Freude, daß es nun aus ist, empfindet man am Schlusse im vollen Maaße.

Das Ganze ist ein nobilitirter Roman.

Wilhelm Meisters Lehrjahre, oder die Wallfahrt nach dem Adelsdiplom.

Wilhelm Meister ist eigentlich ein Candide, gegen die Poesie gerichtet.

Die Poesie ist der Arlequino in der ganzen Farce. Im Grunde kommt der Adel dadurch schlecht weg, daß er ihn zur Poesie rechnet, und die Poesie, daß er sie vom Adel repräsentiren läßt.

Er macht die Musen zu Comödiantinnen anstatt die Comödiantinnen zu Musen zu machen. Es ist ordentlich tragisch, daß er den Shakespeare in diese Gesellschaft bringt.

Aventuriers, Comoedianten, Maitressen, Krämer und Philister sind die Bestandtheile des Romans. Wer ihn recht zu Herzen nimmt, liest keinen Roman mehr.

Der Held retardirt das Eindringen des Evangeliums der Oeconomie. Marionettentheater im Anfange. Der Schluß ist wie die lezten Stunden im Park der schönen Lili.

Meine Erzählungen und romantischen Arbeiten sind noch zu grell und zu hart gezeichnet, nichts als derbe Striche und Umrisse, nackt und unausgeführt. Es fehlt ihnen jener sanfte, rundende Hauch, jene Fülle der Ausarbeitung, Mitteltinten, feine, verbindende Züge, eine gewisse Haltung, Ruhe und Bewegung in einander, individuelle Beschlossenheit und Fremdheit, Geschmeidigkeit und Reichthum des Styls, ein Ohr und eine Hand für reizende Periodenketten.

Epische Reden — lyrische Reden — dramatische Reden — rhetorische Reden.

Man kann aus jedem Gesetz klagen. Der juristische Beweis, ist 1. daß das Gesetz auf einen concreten Fall seine Anwendung findet. 2. Daß das Gesetz hier Gültigkeit hat. 3. Daß es verlezt worden sey, oder in Gefahr stehe.

Das Petitum ist ein Aufruf an die Kraft des Gesetzes, wircksam zu seyn.

Eine ganz verschiedne Art von Proceß ist der constitutionelle — oder der wissenschaftliche; eine Verbesserung, Erweiterung, Ausbildung des Gesetzkörpers, zu der ein einzelner Fall Anlaß giebt, muß sorgfältig geprüft werden. Genaue Vergleichung der vorhandenen, hierauf sich beziehenden Gesetze, Aufmerksamkeit auf eine anwendbare [unleserlich] und Rücksicht auf die allgemeinen Grundsätze, auf den Geist der Gesetzgebung muß hier obwalten. Dieser Proceß ist durchaus wissenschaftlich.

Sonderbar, daß man bisher so wenig auf das Phaenomen acht gegeben hat, daß durch das Zerfließen die specifische Schwere zunimmt.

Mit der Welt entsteht die Begierde: ein Hang zum Zerfließen, oder die Schwere.

Seltsame Ausführung eines Gleichnisses — z. B. die Liebe ist süß, also kommt ihr alles zu, was dem Zucker zukommt.

Ueber die Philosophie und ihre Darstellung. Historische Constructionen. Nichts ist poetischer, als alle Uebergänge und heterogene Mischungen.

Vortheile der Perspective, der rechten Vertheilung und der Sparsamkeit in der Poesie.

Recht grobe und gemeine Prosa ist noch wenig da. Mischung des Groben, Gemeinen, Sprüchwörtlichen mit dem Edeln, Hohen, Poetischen. Dr. Luthers Sprache. Lessing.

Historische Schauspiele, die ganze Nationen und die Weltgeschichte begreifen.

Neue Art von Predigten.

Originelle Naturansichten.

Ueber die Handlung: Ich.

Collectaneen aus der Geschichte.

Kleine Trauerspiele aus dem ganz gemeinen Leben, höchst poetisch und tragisch.

Naturalien. Indische Mährchen.

Poetische Satyre und Annihilation der Poesie.

Religiöse Ansicht der Welt, als des Ursprungs aller Begierde.

Epische Dichtung: die französische Expedition nach Aegypten. Ein Versuch.

Meine Versuche in Reden und meine Ideen über Moral in einen Roman verwebt.

Die Geschichte erzeugt sich selbst. Erst durch Verknüpfung der Vergangenheit und Zukunft entsteht sie. Solange jene nicht festgehalten wird durch Schrift und Satzung, kann diese nicht nutzbar und bedeutend werden.

Die Menschen gehen viel zu nachlässig mit ihren Erinnerungen um.

Nuzbarkeit jedes Menschen.

Aufsätze über meine gesellschaftlichen Verhältnisse. Eintheilung der menschlichen Geschäfte und Stände. Ihr Einfluß auf die Menschen.

Der Rathgeber für alle Lagen des Lebens.

Ueber die Opposition jedes Einzelnen mit den Zufälligkeiten des Lebens.

———

Im Grunde lebt jeder Mensch in seinem Willen. Ein fester Vorsatz ist das Universal-beruhigende Mittel. Unser Karakter, unsre Vorneigungen rc. machen uns alles angenehm und zuwider.

———

Ein wahrhaft gottesfürchtiges Gemüth sieht überall Gottes Finger und ist in steter Aufmercksamkeit auf seine Winke und Fügungen.

———

Geschichte meines Lebens.

Dramatische Logik einer eingreifenden Rede, ohne viel Epitheta, ganz dialogisch.

———

Lobrede aufs Militair. Muß sie nicht polemisch seyn?

———

In einer wahren Rede spielt man alle Rollen, geht durch alle Karactere durch, durch alle Zustände, nur um zu überraschen, um den Gegenstand von einer neuen Seite zu betrachten, um den Zuhörer plötzlich zu illudiren, oder auch zu überzeugen. Eine Rede ist ein äußerst lebhaftes und geistreiches, abwechselndes Tableau der innern Betrachtung eines Gegenstandes. Bald frägt der Redner, bald antwortet er; dann spricht er und dialogirt, dann erzählt er, dann scheint er den Gegenstand zu vergessen, um plötzlich zu ihm zurück zu kommen; dann stellt er sich überzeugt, um desto hinterlistiger zu schaden, dann einfältig, gerührt, muthig — er wendet sich zu seinen Kindern, er thut, als ob alles vorbey und beschlossen wäre; bald spricht er mit Bauern, bald mit diesen, bald mit jenen, selbst mit leblosen Gegenständen.

Kurz, eine Rede ist ein monologes Drama. Es giebt blos offne, gerade Redner — die schwülstigen Redner sind garnichts werth. Die ächte Rede ist im Styl des hohen Lustspiels, nur einzeln mit großer Poesie verwebt, sonst recht klare, einfache Prosa des gemeinen Lebens, dialogen Styl. Der Redner muß jeden Ton annehmen können.

––––––

Aufsatz über Wilhelm Meister. Meine Ideen darüber in den bürgerlichen Roman gebracht.

––––––

Der Romandichter sucht mit Begebenheiten und Dialogen, mit Reflexionen und Schilderungen Poesie hervorzubringen, wie der lyrische Dichter durch Empfindungen, Gedanken und Bilder.

Es kommt also alles auf die Weise an, auf die künstlerische Wählungs= und Verbindungskunst.

––––––

In dem bürgerlichen Roman über den Umgang mit Menschen, über Betragen in Kranckheiten, über das Schuldenwesen junger Leute, über das vornehme Leben, über Kleidung, Lebensart, Vergnügungen, Wirckungssphäre einer Frau, Ehe ꝛc. über den Wahlspruch: hier ist America ꝛc.

––––––

Es giebt Menschen von eigensinniger und wunderlicher Individualität, die nicht zum Ehestande gemacht sind. Eheleute müssen eine Art von Mischung der Selbstständigkeit und Unselbstständigkeit haben. Sie müssen festen Karacter, als Sachen, haben, um ein Besizthum seyn zu können, und doch geschmeidig, elastisch und durchaus bestimmt seyn, ohne eigensinnig und ängstlich zu seyn.

––––––

Der Spinozism ist eine Uebersättigung mit Gottheit. Unglauben, ein Mangel an göttlichem Organ und an Gottheit. Es giebt also directe und indirecte Atheisten. Je besonnener und ächt poetischer der Mensch ist, desto gestalteter und historischer wird seine Religion seyn.

Poesie ist Darstellung des Gemüths, der innern Welt in ihrer Gesammtheit. Schon ihr Medium, die Worte, deuten es an, denn sie sind ja die äußre Offenbarung jenes innern Kraftreichs. Ganz, was die Plastik zur äußern, gestalteten Welt ist und die Musik zu den Tönen. Effect ist ihr gerade entgegengesezt, in sofern sie plastisch ist, doch giebt es eine musicalische Poesie, die das Gemüth selbst in ein mannichfaltiges Spiel von Bewegungen sezt.

Die Natur hat Kunstinstinkt — daher ist es Geschwätz, wenn man Natur und Kunst unterscheiden will. Beym Dichter sind sie höchstens dadurch verschieden, daß sie durchaus verständig und nicht leidenschaftlich sind, welches sie von denjenigen Menschen unterscheidet, die aus Affect unwillkührlich musicalische, poetische oder überhaupt interessante Erscheinungen werden.

Lustspiel und Trauerspiel gewinnen sehr und werden eigentlich erst poetisch durch eine zarte, symbolische Verbindung.

Der Ernst muß heiter, der Scherz ernsthaft schimmern.

Die Darstellung des Gemüths muß, wie die Darstellung der Natur, selbstthätig, eigenthümlich allgemein, verknüpfend und schöpferisch seyn. Nicht wie es ist, sondern wie es seyn könnte und seyn muß.

Es sind nicht die bunten Farben, die lustigen Töne und die warme Luft, die uns im Frühling so begeistern. Es ist der stille, weissagende Geist unendlicher Hoffnungen, ein Vorgefühl vieler frohen Tage, des gedeyhlichen Daseyns so mannichfaltiger Naturen, die Ahndung höherer, ewiger Blüthen und Früchte, und die dunkle Sympathie mit der gesellig sich entfaltenden Welt.

———

In unserm Gemüth ist alles auf die eigenste, gefälligste und lebendigste Weise verknüpft. Die fremdesten Dinge kommen durch Einen Ort, Eine Zeit.

Weißenfels, den 21. März [1800].

Die Menschen verändern sich gegen die Extreme und sind nur das, was sie nach ihrer Umgebung und gegen die Gegenstände und Gegenmenschen seyn können — daher Veränderlichkeit der Karactere und relativer Karacter überhaupt.

———

Glück und Unglück — beydes negativ und positiv.

———

Der lateinische Dichter.

———

Der Punct kann nicht als bewegt gedacht werden. Bestimmte Sphäre der Bestimmung. (Grundsätze des Definirens.) (Namengeben.)

———

Ueber Gedankenordnung. Wonach ordnet man einen Gedanken? Wo fängt man eine Beschreibung an? Man schreitet entweder der Zeit nach fort, oder man schreitet vom Allgemeinen aufs Besondre. Einen sinnlichen Gegenstand beschreibt man analytisch, einen geistigen synthetisch; dort fängt man vom Allgemeinsten an, hier vom Besondersten. Die Ordnung, wie man einen Begriff fassen sollte, diese suchen wir. Die Ordnung des nothwendigen Ich. In einem Ganzen muß alles ordentlich zusammenhängen.

Welcher Zusammenhang ist zwischen Gedanken? Er ist, wie alles, entweder im Subject oder im Object begründet.

———

Sollte der Fehler, warum ich nicht weiter komme, etwa darinn liegen, daß ich nicht ein Ganzes fassen und festhalten kann?

———

Ein Buch kann ein sehr verschiednes Interesse haben. Der Autor, der Leser, ein Zweck, eine Begebenheit, seine bloße, individuelle Existenz können die Achse seyn, um die es sich dreht.

Wir erwecken die Thätigkeit, wenn wir ihr reitzenden Stoff geben. (Das Ich muß sich als darstellend setzen. Das Wesentliche der Darstellung ist, was das Beywesentliche des Gegenstands ist.) Giebt es eine besondre darstellende Kraft, die blos um darzustellen darstellt? Darstellen um darzustellen ist ein freyes Darstellen. Es wird damit nur angedeutet, daß nicht das Object als solches, sondern das Ich, als Grund der Thätigkeit, die Thätigkeit bestimmen soll. Dadurch erhält das Kunstwerck einen freyen selbstständigen, idealischen Karacter, einen imposanten Geist, denn es ist sichtbares Produkt eines Ich. Das Ich aber jezt sich auf diese Art bestimmt, weil es sich als ein unendliches Ich sezt, — weil es sich als ein unendlich darstellendes Ich setzen muß — so sezt es sich frey, als ein bestimmt darstellendes Ich.

Das Object darf nur der Keim, der Typus seyn, der Vestpunct. Die bildende Kraft entwickelt an, in und durch ihn erst schöpferisch das schöne Ganze. Anders ausgedrückt, das Object soll uns als Produkt des Ich bestimmen, nicht als bloßes Object. (Unterschied der mündlichen und schriftlichen Darstellung. Nothwendigkeit der regelmäßigen Zeitenabtheilung.) Der Sphärenwechsel ist nothwendig in einer vollendeten Darstellung. Das Sinnliche muß geistig, das Geistige sinnlich dargestellt werden. Die Rede erfordert, wie der Gesang, einen ganz andern Text, als die Schrift. Zwischen Musik und Schrift steht Rede. Deklamationswissenschaft a priori. (Ueber das in einer Composition zu Unterscheidende und zu Verknüpfende.) Wie findet man in Theilen das Ganze, und im Ganzen die Theile? (Das Beywesentliche muß nur als Medium, als Verknüpfung behandelt werden — also nur dies aufnehmende und fortleitende Merckmal muß ausgezeichnet werden.) Es darf kein Wort überflüssig seyn.

(Wir sind jezt nur im Anfang der Schriftstellerkunst.)

Ueberall, wo mehrere Einheiten sind, müssen sie etwas von ihren Ansprüchen, ihrer Freyheit aufgeben. Es existirt sodann eine Gemeinschaft, Gattungsähnlichkeit der Ganzen überhaupt, z. B. eines Staats und einer Composition.

Stimme — Stimmung — stimmen — bestimmen — einstimmen. Stimme drückt ein sich selbst Constituirendes aus. Stimmung entsteht aus zwey Thätigen und zwey Leidenden.

Was sind die Erfordernisse eines vernünftigen Staats? Staatswissenschaft, Staatskenntniß, Staatskunst. (In der Wissenschaft muß alles in sich und durch sich begründet und zusammenhängend seyn. In der Kenntniß finden wir nur einzelne Merckmale eines Ganzen, ohne innern Zusammenhang. Die Methodik und die angewandte Wissenschaft machen die Kunst aus.)

Alles selbstständige, materiale Ganze muß aus zwey blos in der Reflexion zu unterscheidenden Gliedern bestehn, die zusammen Eins und Etwas sind. So Wissenschaft, Kenntniß und Kunst.

Darstellung ist eine Aeußerung des innern Zustands, der innern Veränderungen, Erscheinung des innern Objects. Das äußere Object wechselt durch das Ich und im Ich mit dem Begriffe, und producirt wird die Anschauung. Das innre Object wechselt durch das Ich und im Ich mit einem ihm angemeßnen Körper, und es entsteht das Zeichen. Dort ist das Object der Körper, hier ist das Object der Geist. Das gemeine Bewußtseyn verwechselt das Entstandne, die Anschauung und das Zeichen mit dem Körper, weil es nicht zu abstrahiren weiß, nicht selbstthätig ist, sondern nur nothwendig leidend, nur halb, nicht ganz.

Kriegswissenschaft — Kriegskenntniß — Kriegskunst.

Kunst ist Ausbildung unserer Wircksamkeit — Wollen auf eine bestimmte Art, einer Idee gemäß — Wircken und Wollen sind hier Eins. Nur die öftere Uebung unserer Wircksamkeit, wodurch sie bestimmter und kräftiger wird, bildet die Kunst aus.

Ueber die Empfindung des Denkens im Körper.

Antiken. Die Madonna. (Der Mensch ist ein sich selbst gegebenes, historisches Individuum. Graduelle Menschheit. Wenn die Menschheit die höchste Stufe erreicht hat, so offenbart und schließt das Höhere von selbst sich an.) Ansicht der Geschichte der Menschheit: der Haufen — die Nationen — die Gesellschaften — die Einzelnen Menschen. Erhebung der Mechanik. Fichtes intellectuelle Chemie. Die Chemie ist der leidenschaftliche Boden. Die Chemie ist die roheste und Erste Formation. (Gemähldebeschreibungen ꝛc. Ueber Landschaftsmahlerey, und Mahlerey gegen Sculptur überhaupt.) (Alles muß sich zugleich quadriren und nicht quadriren lassen. Der Nutzen, der Gebrauch ist unendlich graduell, so die Messung.) Landschaften — Oberflächen — Structuren — Architectonische. Höhlenlandschaften. Atmosphären=, Wolkenlandschaften. Die ganze Landschaft soll Ein Individuum bilden; Vegetation und unorganische Natur — flüssige, feste, männliche, weibliche. Geognostische Landschaften. Natur=Variationen. Müssen nicht Sculptur und Mahlerey symbolisch seyn? (Die Gemählde-

Gallerie ist eine Vorrathskammer indirecter Reitze aller Art für den Dichter.) (Nothwendigkeit aller Kunstwercke.) Jedes Kunstwerck hat ein Ideal a priori, eine Nothwendigkeit bey sich, da zu seyn. Hierdurch wird erst eine ächte Kritik der Mahler möglich. (Madonnen Suite. Heroen Suite. Suite weiser Männer. Genien Suite. Götter Suite. Menschen Suite.)

Man wird durch die Antiken gezwungen, sie als Heiligthümer zu behandeln.

Besondere Arten von Seelen und Geistern, die Bäume, Landschaften, Steine, Gemählde bewohnen. Eine Landschaft muß man als Dryade und Oreade ansehn. Eine Landschaft soll man fühlen, wie einen Körper. Jede Landschaft ist ein idealischer Körper für eine besondre Art des Geistes. (Das Sonnett.) (Der Witz) (Sinn fürs Alterthum, durch die Antiken geweckt.)

Alle Materialien borgt der Dichter, bis auf die Bilder. (Ueber Frdr. Schlegel 2c. Karacter. Sinn.)

Ewige Jungfrauen — geborne Frauen. (Fichtens Apotheose der Kantischen Philosophie.) Denken aus Denken lehrt freylich das Denken in seine Gewalt bekommen, — weil wir dadurch lernen zu denken, wie und was wir wollen. (Inneres, äußerst weites, unendliches Weltall; Analogie mit dem Aeußern; Licht — Gravitation.)

Müssen denn alle Menschen Menschen seyn? Es kann auch ganz andere Wesen als Menschen in menschlicher Gestalt geben. (Tugendhaft seyn. Der Erzieher ist das indirect positive Princip der Erziehungskraft.) (Universelle Schriftstellerfertigkeit.) Ueber die Vieldenker und die Eindenker; Schlegel z. B. und Fichte. (Civilisirung des Göttlichen und Apotheosiren des Gemeinen.) Wir sind aus der Zeit der allgemein geltenden Formen heraus. (Einfluß des Sculpturmaterials auf die Figur, und ihre Wirckung. Sollte die anziehendere und stärckere Wirckung feinerer und seltenerer Stoffe nicht galvanisch seyn?) Der Zwang ist ein Reiz für den Geist, der Zwang hat etwas absolut reizendes für den Geist. Medicinische Anwendung von Glück und Unglück. (Ueber Neutralisation — complicirte Kranckheiten — Localübel — Zeugungssysteme.) Aller Zweifel, alles Bedürfniß nach Wahrheit, Auflösung, Wissen ist Folge von Rohheit und Ueberbildung, Symptom von unvollkommner Constitution. Alle wissenschaftliche Bildung geht daher auf Geschicktmachung, Uebung. Alle wissenschaftliche Heilung auf Restitution der Gesundheit, wo man keine wissenschaftlichen Bedürfnisse hat.

Revolutionirung und Bearbeitung der Mathematik. (Brief über die Kunst und Antike von Schlegel sen. Gedichte. Brief von F. S.) (Fichtens Synthesis — ächt chemische Mischung. Schweben. Individualität und Generalität der Menschen und — Kranckheiten. Ueber das nothwendige Selbstbegränzen — unendliche Versabilität des gebildeten Verstandes. Man kann sich aus allem ziehn, alles drehn und wenden wie man will.) Die Kraftgenies. (Ueberschriften der Hauptmassen in Briefen 2c. Ueber die Tinten und den Ton — analogisch moralisch. Ueber den ächten Dialog. Ueber das Experiment.)

Der eigentliche Geschäftsmann hat weniger Kenntnisse und Fertigkeiten als historischen Geist und Bildung nöthig.

Geistige Meter. Ueber Mechanik. ..... [unleserlich] Die Mimik in Noten. Witz im Großen. Experimentalreligion und Philosophie. Wie wirckt gewöhnlicher Umgang im Brownischen Sinne auf mich? Reiz wird zum Reizbaren 2c. Physiologie. Begriff von Neutralisation. Ist das Neutrum das höchste — negatives Neutrum, positives Neutrum und Synthesis. Ueber die Verwandlung der Geschichte in Tradition. Leztere ist höher.

Je persönlicher, localer, temporeller, eigenthümlicher ein Gedicht ist, desto näher steht es dem Centro der Poesie. Ein Gedicht muß ganz unerschöpflich seyn, wie ein Mensch und ein guter Spruch.

Was war der Parallelism der orientalischen Poesie?

Was oben vom Gedicht gesagt ist, gilt auch vom Roman.

Wenn Gott Mensch werden konnte, kann er auch Stein, Pflanze, Thier und Element werden, und vielleicht giebt es auf diese Art eine fortwährende Erlösung in der Natur.

Die Individualität in der Natur ist ganz unendlich. Wie sehr belebt diese Ansicht unsre Hoffnungen von der Personalität des Universums.

Bemerckungen über das, was die Alten Sympathie nannten?

Auch unsre Gedanken sind wircksame Factoren des Universums.

Manche haben mehr eine räumliche Personalität, andere mehr eine zeitliche. Sollte dies der Unterschied unter Helden und Künstlern seyn?

Sollten die Menschen nicht auch mehr, wie Geld, circuliren?

Im stillen friedlichen Hausleben entstehn . . . [unleserlich]

Ich gerathe sonst auf den kümmerlichen Weg der Philisterey. Thätigkeit soll mich kuriren.

Es ist sehr wahrscheinlich, daß in der Natur auch eine wunderbare Zahlenmystik statt finde. Auch in der Geschichte. Ist nicht alles voll Bedeutung, Symmetrie, Anspielung und seltsamen Zusammenhang? Kann sich Gott nicht auch in der Mathematik offenbaren, wie in jeder andern Wissenschaft?

Die Qualitäten oder Eigenthümlichkeiten können z. B. durch gewisse Zeiten, Verhältnisse, Volumina, Umrisse und Intensitäten bestimmt und mit ihnen wesentlich associirt seyn.

Sollte nicht die Lehre von den Verhältnissen, Logik, auf Mathematik angewandt seyn?

Da die Electricität blos auf Flächen Beziehung, Chemism aber auf Masse sich bezieht, und daher im eigentlichen Sinn die Ponderabilien begreift, so scheint bey der Krystallisation ein Uebergang des Chemism in Electricität statt zu finden und die Krystalle electrische Bildungen an sich zu seyn.

Sonderbar, daß in Kranckheiten der Entzündung die animalische Electricität vernichtet ist. Wie im Asthenischen?

Sollte Electricität wieder in Galvanism übergehn?

Alle Pflanzen verstärcken im thierischen Körper den organischen Bildungstrieb und die Reproductionskraft; vielleicht daß sie daher in den Erscheinungen der herrschenden Sensibilität ein mittleres Produkt, verstärckte Irritabilität befördern. Thierische Speisen stärcken die Irritabilität gerade zu, möchten aber bey zu hoher Sensibilität wegen der Neutralisation immer kein so wircksames Mittel zur Restauration der Irritabilität seyn als Pflanzentheile. Noch wircksamer aber als Pflanzen, besonders bey verletzten Organen, werden Mineralsubstanzen seyn, die den Bildungstrieb und den Chemism anfachen und dadurch die Sensibilität noch kräftiger, selbst bis unter die Irritabilität herabbringen.

Zwischen Galvanism und Electricität müssen noch 1—2 Mittelglieder seyn, wie zwischen Krystallen und Nerven — Pflanzen und Muskeln.

———

Ueber die mögliche Mythologie (freyes Fabelthum) des Christenthums und seine Verwandlungen auf Erden. Gott als Arzt, als Geistlicher, als Frau, Freund 2c. Alles Gute in der Welt ist unmittelbare Wircksamkeit Gottes. In jedem Menschen kann mir Gott erscheinen. Am Christenthum hat man Ewigkeiten zu studiren. Es wird einem immer höher und mannichfacher und herrlicher.

Die Idee der Philosophie ist eine mysteriöse Tradition. Philosophie ist überhaupt die Aufgabe zu wissen.

Es ist eine unbestimmte Wissenschaft der Wissenschaften, ein Mystizism des Wissenstriebes überhaupt; gleichsam der Geist der Wissenschaften, mithin undarstellbar, als im Bilde oder in der Anwendung — in der vollkommnen Darstellung einer speciellen Wissenschaft.

Nun hängen alle Wissenschaften zusammen — also wird die Philosophie nie vollendet. Erst im vollständigen System aller Wissenschaften wird die Philosophie recht sichtbar seyn.

Aus dieser mystischen Beschaffenheit der Philosophie ist es erklärbar, warum jeder in der Philosophie etwas anderes sucht und warum die wahre Philosophie nie dargestellt werden konnte.

In der Schellingschen Naturphilosophie wird ein beschränkter Begriff der Natur und der Philosophie vorausgesezt. Was die Schellingsche Naturphilosophie eigentlich sey?

Das System der Moral hat große Anwartschaft auch das einzig mögliche System der Philosophie zu seyn.

Philosophie ist nur practisch darstellbar und läßt sich, wie Geniethätigkeit überhaupt, nicht beschreiben.

Simplification und Combination der Wissenschaften, Verwandlung aller Wissenschaften in Eine ist freylich eine philosophische Aufgabe — eine absolute Forderung der Lust zu wissen.

Kranckheiten sind gewiß ein höchst wichtiger Gegenstand der Menschheit, da ihrer so unzählige sind und jeder Mensch so viel mit ihnen zu kämpfen hat. Noch kennen wir nur sehr unvollkommen die Kunst sie zu benutzen. Wahrscheinlich sind sie der interessanteste Reitz und Stoff unsers Nachdenkens und unsrer Thätigkeit. Hier lassen sich gewiß unendliche Früchte erndten, besonders, wie mich dünkt, im intellectuellen Felde, im Gebiete der Moral, Religion und Gott weiß in welchem wunderbaren Gebiete noch. Wie wenn ich Profet dieser Kunst werden sollte?

Kranckheiten zeichnen den Menschen vor den Thieren und Pflanzen aus. Zum Leiden ist der Mensch geboren. Je hülfloser, desto empfänglicher für Moral und Religion.

Die Natur fängt, um mich so auszudrücken, mit dem Abstracten an. Der Grund der Natur ist, wie Mathematik, durchaus nothwendige Hypothese. Die Natur geht auch a priori ad posterius — wenigstens für uns. Die Personalität ist ihr entgegen. Sie ist ein gehemmter Personifications=proceß. Je gehemmter, desto natürlicher.

Universale Vorstellung des Christenthums.

Liebe ist durchaus Kranckheit: daher die wunderbare Bedeutung des Christenthums.

Das Christenthum ist durchaus historische Religion, die aber in die natürliche der Moral und die künstliche der Poesie, oder die Mythologie, übergeht.

Glück ist Talent für die Historie, oder das Schicksal. Der Sinn für Begebenheiten ist der profetische, und Glück ist der divinatorische Instinkt. (Die Alten rechneten daher mit Recht das Glück eines Menschen zu seinen Talenten.) Es giebt eine divinatorische Lust. Der Roman ist aus Mangel der Geschichte entstanden. Er sezt für den Dichter und Leser divinatorischen oder historischen Sinn und Lust voraus. Er bezieht sich auf keinen Zweck und ist absolut eigenthümlich.

Die Geschichte muß immer unvollständig bleiben.

Lebensbeschreibungen, Geschichten der Wissenschaften und Künste, Geschichten der Verfassungen, Geschichte der Menschheit in Rücksicht ihrer Civilisirung, dies kann noch am ersten sich der wahren Geschichte nähern, denn hier hat man Einheit.

Große, schwer zu bestimmende Einheiten als Nationen, Zeitalter ꝛc. sind für jezt noch zu schwierig zu behandeln, besonders in Ermangelung richtiger und genugsamer Quellen.

Die besten bisherigen Geschichten sind mehr geografische, unvollständige Chroniken, mit einzelnen historischen Bemerckungen durchwebt.

Der Roman ist gleichsam die freye Geschichte, gleichsam die Mythologie der Geschichte.

Sollte nicht eine Naturmythologie möglich seyn? — Mythologie hier in meinem Sinn, als freye poetische Erfindung, die die Wircklichkeit sehr mannichfach symbolisirt.

Die Menschen unterscheiden sich durch (schnelle) Progressivität oder Perfectibilität von den übrigen Naturwesen.

Wenn der vorwaltende Stickstoff der Karacter der animalischen Masse ist, was muß der Karacterstoff des Menschen wohl für ein Stoff seyn?

Eine gute Geschichte kann nur aus Quellen entstehn, die auch schon gute Geschichten sind.

Sittliches Gefühl ist Gefühl des absolut schöpferischen Vermögens, der productiven Freyheit, der unendlichen Personalität, des Microcosmus, der eigenthümlichen Divinität in uns.

Data zum zweiten Theil von Lessings Erziehung des Menschengeschlechts: Unterschied des Lutherthums und Protestantism.

Warum die Juden zur Erscheinung des Messias gewählt wurden?

Einzelne Stellen entscheiden nichts. Der Geist des Evangeliums entscheidet am sichersten über die Aechtheit.

Es giebt eine Reihe idealischer Begebenheiten, die der Wircklichkeit parallel läuft. Selten fallen sie zusammen. Menschen und Zufälle modificiren gewöhnlich die idealische Begebenheit, so daß sie unvollkommen erscheint, und ihre Folgen gleichfalls unvollkommen sind. So bey der Reformation. Statt des Protestantism kam das Lutherthum hervor.

Vernunft, Gemüth, Ernst und Wissenschaft sind von der Sache Gottes unabtrennlich.

Richtiger, christlicher Begriff vom Glauben, von der Gnade und der Sünde.

Insufficienz menschlicher Tugend — wie zu verstehn?

Sehr Vieles in der Schrift ist lokal und temporell, vid. das alte Testament. — In den Evangelien liegen die Grundzüge künftiger und höherer Evangelien. Begriff der Liebe zu Gott und Christus.

Unzertrennlichkeit der angebornen, der analytischen und der gegebenen oder synthetischen Religion — i. e. der natürlichen und geoffenbarten. Ihre gegenseitige Necessitation.

Wird je ein Tugendhafter rechtliche Ansprüche formiren?

Geheimnisse des Christenthums.

Die Lehre vom servo arbitrio ist realistisch und Spinozistisch. Ihr Gegensatz Vereinigung. Unmittelbare d. h. unbemerckbare, und mittelbare d. h. objective Einwirckung Gottes, Inspiration.

Affecten und Leidenschaften sind unterschieden. Jene gehören zum Gefühl, so fern es die Ueberlegung verhindert. Sie gehören zur Untugend.

Diese sind zu bleibenden Neigungen gewordene Begierden. Sie sind ruhig, und der Mensch bey ihnen der Ueberlegung sehr wohl fähig. Durch sie entsteht das qualificirte Böse, wenn sie auf das Gesetzwidrige gehn. (Nicht so auch das qualificirte Gute, wenn sie auf das Gesetzmäßige gehn?)

Moralische Apathie (ist) Folge tugendhafter Gesinnungen.

Enthusiasm, Affect des Guten, ist eine Kranckheit, welche Mattigkeit hinterläßt.

Das Gemüth in Ruhe, fest für das Gesetz entschlossen, ist der Zustand der Gesundheit im moralischen Leben.

Fantastische Tugend, die keine adiaphora einräumt.

Ohne moralische Empfindung ist der Mensch sittlich todt, und wenn die sittliche Lebenskraft keinen Reiz mehr auf dies Gefühl bewircken könnte, so würde sich die Menschheit in die bloße Thierheit auflösen und mit der Masse andrer Naturwesen vermischt werden. (Mikrologische Tugend; warum denn keine makrologische?)

Tugend ist in steter Progression und fängt immer a priori an.

Das Gesetz der Ethik ist nicht für Handlungen, sondern nur für Maximen der Handlung gegeben. Die ethische Pflicht ist weite, nicht enge Pflicht.

Es giebt nur Eine Tugendverpflichtung: Aufmercksamkeit aufs Gesetz überhaupt; aber viel Pflichten. Die Pflicht tritt mit dem Zweck ein, oder dem Gegenstande, der die Bedingung zur speciellen Verpflichtung ist.

Rechtslehre und reine Mathematik haben keine besondere Methodenlehre nöthig, weil beyde an sich schon streng bestimmend sind und selbst schon Methodenlehren im höhern Sinne sind, Gesetze enthalten, die sich selbst erklären, indem sie sich selbst legitimiren. Ihre Erkenntniß, als Gesetze, ist zugleich ein ihnen gemäßer Proceß; indem ich das Gesetz als solches verstehe, mache ich auch die Natur, von der es das Gesetz ist, procedire ich also nach dem Gesetze. Ein ächtes Gesetz kann ich nur insofern erkennen, verstehn, als ich darnach handle.

Die Moral ist, wohl verstanden, das eigentliche Lebenselement des Menschen. Sie ist innig eins mit der Gottesfurcht. Unser reiner, sittlicher Wille ist Gottes Wille. Indem wir seinen Willen erfüllen, erheitern und erweitern wir unser eignes Daseyn, und es ist, als hätten wir um unsrer selbst willen, aus innerer Natur so gehandelt. Die Sünde ist allerdings das eigentliche Uebel in der Welt. Alles Ungemach kommt von ihr her. Wer die Sünde versteht, versteht die Tugend und das Christenthum, sich selbst und die Welt. Ohne dies Verständniß kann man sich Christi Verdienst nicht zu eigen machen — man hat keinen Theil an dieser zweiten, höhern Schöpfung.

Jedes Willkührliche, Zufällige, Individuelle kann unser Weltorgan werden. Ein Gesicht, ein Stern, eine Gegend, ein alter Baum ꝛc. kann Epoke in unserm Innern machen. Dies ist der große Realism des Fetischdienstes.

Sprechen, als Secerniren betrachtet.

Die Aesthetik ist ganz unabhängig von der Poesie.

In Shakspeares historischen Stücken ist durchgehends Kampf der Poesie mit der Unpoesie. Das Gemeine erscheint witzig und ausgelassen, wenn das Große steif und traurig ꝛc. erscheint. Das niedrige Leben wird durchgehends dem höhern entgegen gestellt, oft tragisch, oft parodisch, oft des Contrasts wegen. Geschichte, was dem Dichter Geschichte heißt, wird in diesen Stücken dargestellt. Geschichte in Gespräch aufgelöst. Just das Gegentheil der wahren Geschichte und doch Geschichte, wie sie seyn soll — weissagend und synchronistisch. Alles Dramatische gleicht einer Romanze. Klar, einfach, seltsam, ein ächt poetisches Spiel, ohne eigentliche Zwecke.

Große Romanzen in Gesprächen. Große und kleine Gegenstände poetisch vereinigt.

Die Kunst, auf eine angenehme Art zu befremden, einen Gegenstand fremd zu machen und doch bekannt und anziehend, das ist die romantische Poetik.

Es giebt einen speciellen Sinn für Poesie, eine poetische Stimmung in uns. Die Poesie ist durchaus personell, und darum unbeschreiblich und indefinissabel. Wer es nicht unmittelbar weiß und fühlt, was Poesie ist, dem läßt sich kein Begriff davon beybringen. Poesie ist Poesie. Von Sprach= oder Redekunst himmelweit verschieden.

Tanz und Liedermusik ist eigentlich nicht die wahre Musik. Nur Abarten davon. Sonaten, Symphonieen, Fugen, Variationen, das ist eigentliche Musik.

In Fichtens Moral sind die wichtigsten Ansichten der Moral. Die Moral sagt schlechthin nichts Bestimmtes — sie ist das Gewissen, eine bloße Richterin ohne Gesetz. Sie gebietet unmittelbar, aber immer einzeln. Sie ist durchaus Entschlossenheit. Richtige Vorstellung vom Gewissen. Gesetze sind der Moral durchaus entgegen.

Der Sinn für Poesie hat viel mit dem Sinn für Mystizism gemein. Er ist der Sinn für das Eigenthümliche, Personelle, Unbekannte, Geheimnißvolle, zu Offenbarende, das Nothwendig=Zufällige. Er stellt das Undarstellbare dar. Er sieht das Unsichtbare, fühlt das Unfühlbare ꝛc. Kritik der Poesie ist ein Unding. Schwer schon ist zu entscheiden, doch einzig mögliche Entscheidung, ob etwas Poesie sey oder nicht. Der Dichter ist wahrhaft sinnberaubt, dafür kommt alles in ihm vor. Er stellt im eigentlichsten Sinn (das) Subject=Object vor — Gemüth und Welt. Daher die Unendlichkeit eines guten Gedichts, die Ewigkeit. Der Sinn für Poesie hat nahe Verwandtschaft mit dem Sinn der Weissagung und dem religiösen, dem Seherfinn überhaupt. Der Dichter ordnet, vereinigt, wählt, erfindet — und es ist ihm selbst unbegreiflich, warum gerade so und nicht anders.

Das Gefühl der Gesundheit, des Wohlbefindens, der Zufriedenheit ist durchaus persönlich, zufällig und hängt nur indirect von äußern Umständen ab. Daher alles Suchen es nicht hervorbringt, und vielleicht liegt hier der reale Grund aller mythologischen Personificationen.

Sonderbar genug ist es, daß die griechische Mythologie so unabhängig von der Religion war. Es scheint, daß die Kunstbildung in Griechenland vor der Religion, und ein unendlich erhabner Idealism der Religion den Griechen Instinkt war. Die Religion war wesentlich Gegenstand der menschlichen Kunst. Die Kunst schien göttlich, oder die Religion künstlich und menschlich. Der Kunstsinn war der Religions=Erzeugungssinn. Die Gottheit offenbarte sich durch die Kunst.

Es ist mit dem geistigen Genuß wie mit dem leiblichen Essen. Es kommt viel auf Magen, Gesundheit, Alter, Zeit, Gewohnheit 2c. an. (Beschäftigungen sind Absonderungen, Genuß oder Ableitungen.)

Kranckheiten, besonders langwierige, sind Lehrjahre der Lebenskunst und der Gemüthsbildung. Man muß sie durch tägliche Bemerckungen zu benutzen suchen. Ist denn nicht das Leben des gebildeten Menschen eine beständige Aufforderung zum Lernen? Der gebildete Mensch lebt durchaus für die Zukunft. Sein Leben ist Kampf; seine Erhaltung und sein Zweck Wissenschaft und Kunst.

Je mehr man lernt, nicht mehr in Augenblicken, sondern in Jahren u. s. w. zu leben, desto edler wird man. Die hastige Unruh, das kleinliche Treiben des Geistes, geht in große, ruhige, einfache und vielumfassende Thätigkeit über, und die herrliche Geduld findet sich ein. Immer triumphirender wird Religion und Sittlichkeit, diese Grundvesten unsers Daseyns.

Jede Bedrängniß der Natur ist eine Erinnerung höherer Heymath, einer höhern, verwandtern Natur.

Der Trieb unsrer Elemente geht auf Desoxydation. Das Leben ist eine erzwungne Oxydation.

Märtyrer sind geistliche Helden. Jeder Mensch hat wohl seine Märtyrerjahre. Christus war der große Märtyrer unsers Geschlechts. Durch ihn ist das Märtyrerthum unendlich tiefsinnig und heilig geworden. O! daß ich Märtyrersinn hätte!

Sollte der Teufel, als Vater der Lüge, selbst nur ein nothwendiges Gespenst seyn? Trug und Illusion steht allein der Wahrheit, Tugend und Religion entgegen.

Dem freyen Willen steht die Grille, die sklavische Willkühr, der Aberglauben, die Laune, die Verkehrtheit, die durch lauter Zufälligkeiten bestimmte Willkühr gegenüber: daraus geht die Täuschung hervor.

Für Gott giebts gar keinen Teufel — aber für uns ist er ein leider sehr wircksames Hirngespinnst. Reich der Dämonie.

Pflicht, heiter und ruhig zu seyn.

Die Welt ist ein System nothwendiger Voraussetzungen — eine Vergangenheit, eine ante eigner Art — unsre Ewigkeit a parte ante vielleicht.

Grundsätze, Gedanken und Zwecke gehören zu der Ewigkeit a parte post, zur nothwendigen Zukunft — sie machen ein System der nothwendigen Folge aus. Aus der wircklichen und Idealwelt entspringt die gegenwärtige Welt, die eine Mischung aus fester und flüssiger, sinnlicher und intellectualer Welt ist.

———

Wer rechten Sinn für den Zufall hat, der kann alles Zufällige zur Bestimmung eines unbekannten Zufalls benutzen — er kann das Schicksal mit gleichen Glück in den Stellungen der Gestirne, als in Sandkörnern, Vogelflug und Figuren suchen.

———

Der Roman ist völlig als Romanze zu betrachten.

Die Poetik ließe sich freylich als eine Combination untergeordneter Künste betrachten, z. B. der Metrik, der Sprachkenntniß, der Kunst uneigentlich zu reden, witzig und scharfsinnig zu seyn; werden diese Künste gut verbunden und mit Geschmack angewandt, so wird man das Produkt Gedicht nennen müssen.

Wir sind freylich gewöhnt, nur dem Ausdruck des Höchsten, der eigentlichen, eigenthümlichen Erfindung unter vorgedachten Bedingungen den Namen eines Gedichts zu geben.

Freylich wird auf jeder höhern Stufe der Bildung die Poetik ein bedeutenderes Werckzeug, und ein Gedicht ein höheres Produkt.

Manches wird erst dem dichterisch Gestimmten — Gedicht, was es sonst, oder dem Verfasser, nicht ist.

———

Aechte, poetische Karactere sind schwierig genug zu erfinden und auszuführen. Es sind gleichsam verschiedne Stimmen und Instrumente. Sie müssen allgemein, und doch eigenthümlich, bestimmt und doch frey, klar und doch geheimnißvoll seyn. In der wircklichen Welt giebt es äußerst selten Karactere. Sie sind so selten, wie gute Schauspieler. Die meisten Menschen sind noch nicht einmal Karactere. Viele haben gar nicht die Anlage dazu. Man muß wohl die Gewohnheitsmenschen, die Alltäglichen, von den Karacteren unterscheiden. Der Karacter ist durchaus selbstthätig.

———

Sonderbar genug, daß man in Gedichten nichts mehr als den Schein von Gedichten zu vermeiden gesucht hat, und nichts mehr darinn tadelt, als die Spuren der Fiction, der erfundnen Welt.

Das, was wir bey diesem Streben und Gefühl unwillkührlich beabsichtigen, ist allerdings etwas sehr Hohes; aber das zu frühe Greifen danach ist um deswillen äußerst ungeschickt und unzweckmäßig, weil man nur durch dreiste und richtige Zeichnung selbsterfundner Gegenstände und Geschichten fähig wird — freyes Gemüth in eine scheinbare Weltcopey zu legen.

———

Die historischen Stücke gehören zu der angewandten Historie. Sie können theils allegorisch, theils Poesie der Geschichte seyn. In wenige einfache Gespräche wird die Zeit gedrängt, die local, personell und temporell sind.

———

Der Dichter muß die Fähigkeit haben, sich andre Gedanken vorzustellen, auch Gedanken in allen Arten der Folge und in den mannichfaltigsten Ausdrücken darzustellen. Wie ein Tonkünstler verschiedne Töne und Instrumente in seinem Innern sich vergegenwärtigen, sie vor sich bewegen lassen und sie auf mancherley Weise verbinden kann, so daß er gleichsam der Lebensgeist dieser Klänge und Melodieen wird, wie gleichfalls ein Mahler, als Meister und Erfinder farbiger Gestalten, diese nach seinem Gefallen zu verändern, gegen einander und neben einander zu stellen, und zu vervielfachen, und alle mögliche Arten und Einzelne hervorzubringen versteht, so muß der Dichter den redenden Geist aller Dinge und Handlungen in seinen unterschiedlichen Trachten sich vorzubilden, und alle Gattungen von Spracharbeiten zu fertigen, und mit besondern, eigenthümlichen Sinn zu beseelen vermögend seyn. Gespräche, Briefe, Reden, Erzählungen, Beschreibungen, leidenschaftliche Aeußerungen, mit allen möglichen Gegenständen angefüllt, unter mancherley Umständen, und von tausend verschiednen Menschen, muß er erfinden, und in angemeßnen Worten aufs Papier bringen können. Er muß in Stande seyn, über alles auf eine unterhaltende und bedeutende Weise zu sprechen, und das Sprechen oder Schreiben muß ihn selbst zum Schreiben und Sprechen begeistern.

Das Nützliche kann nur so dem Angenehmen entgegengesezt werden, als der Buchstabe dem Geiste, oder das Mittel dem Zwecke. Unmittelbarer Besitz und Erwerb des Gemüthlichen ist freylich unser ursprünglicher Wunsch, aber in der gegenwärtigen Welt ist alles durchaus bedingt und alles kann nur unter gewissen fremdartigen Voraussetzungen erlangt werden.

5
81
35
37
53